高等职业教育养老服务类示范专业系列教材
老年服务与管理专业改革创新教材

养老机构经营与管理

主　　编　杨根来　刘开海
副 主 编　谭美青　杜吉林　陈琳翰　王　伟　刘　姝
参　　编（按章节编写顺序）
杨　扬　董瑞峰　贾德利　张欲博　郭铁海
林　娜　石小毛　杨俊才　龙岳华　徐晴岩
郝文幸　迟玉芳　曹雅娟　冯景明　陈立新
娄方丽　刘芳宏　杨　光　于　梅　张艺莹
顾晓霞　卢淑玲　赵　永　贾　镨

机械工业出版社

本书以培养老年服务类专业机构服务运营管理能力为目标。全书内容分为养老机构概述、养老机构建设、养老机构战略、养老机构经营、养老机构管理等5篇共19个单元。

本书突出理论与实践技能结合和情景式、体验式教学，每个单元有单元概述、学习目标（包括知识目标、技能目标和情感目标），每个项目包括任务情景、任务分析、学习探究、触类旁通、课堂练习、案例分析等。

本书可作为老年服务与管理、老年保健与管理、社区管理与服务、社区康复、民政管理专业教材，还可以作为全国养老院院长岗位技能培训教材与涉老行业管理人员和员工岗位培训教材。

图书在版编目（CIP）数据

养老机构经营与管理 / 杨根来，刘开海主编.
—北京：机械工业出版社，2019.8（2024.12 重印）
高等职业教育养老服务类示范专业系列教材　老年服务与管理专业改革创新教材
ISBN 978-7-111-63519-2

Ⅰ. ①养…　Ⅱ. ①杨…　②刘…　Ⅲ. ①养老院—经营管理—中国—高等职业教育—教材　Ⅳ. ① D669.6

中国版本图书馆 CIP 数据核字（2019）第 180381 号

机械工业出版社（北京市百万庄大街22号　邮政编码100037）
策划编辑：李　兴　　　责任编辑：李　兴
责任校对：孙丽萍　　　封面设计：马精明
责任印制：李　昂

天津光之彩印刷有限公司印刷

2024 年 12 月第 1 版第 13 次印刷
184mm×260mm・15.25印张・387千字
标准书号：ISBN 978-7-111-63519-2
定价：49.80元

电话服务　　网络服务
客服电话：010-88361066　　机　工　官　网：www.cmpbook.com
010-88379833　　机　工　官　博：weibo.com/cmp1952
010-68326294　　金　书　网：www.golden-book.com
封底无防伪标均为盗版　　机工教育服务网：www.cmpedu.com

高等职业教育养老服务类示范专业系列教材

老年服务与管理专业改革创新教材

编审委员会

序

进入21世纪以来，随着我国人口老龄化形势的日益严峻，老年人的服务需求越来越多样化，养老服务成为关乎老年人晚年生活质量及每个家庭福祉的民生事业。以习近平同志为核心的党中央，高度关注人口老龄化问题，并对加快发展养老服务业做出了系统安排和全面部署。自2013年《中华人民共和国老年人权益保障法》《国务院关于加快发展养老服务业的若干意见》颁布实施以来，国务院及各部门密集出台了近40项政策规定和标准规范。有效应对我国人口老龄化，事关国家发展全局，事关亿万百姓福祉。要立足当前、着眼长远，加强顶层设计，完善生育、就业、养老等重大政策和制度，做到及时应对、科学应对、综合应对。

2021年，国务院印发《“十四五”国家老龄事业发展和养老服务体系规划》，指出要实施积极应对人口老龄化国家战略，推动老龄事业和产业协同发展，构建和完善兜底性、普惠型、多样化的养老服务体系，不断满足老年人日益增长的多层次、高品质健康养老需求。党的二十大报告中也指出，要推进健康中国建设，把保障人民健康放在优先发展的战略位置。可以看出，党和国家高度重视老龄事业和养老服务体系的发展，也共同擘画了我国未来养老服务行业发展的蓝图。

社会化养老服务一方面带来全社会共同参与养老服务的良好局面，另一方面也面临着人才严重短缺的困境。目前，我国养老服务人才队伍的问题突出表现在人才严重短缺、队伍不稳定、文化程度偏低、服务技能和专业知识欠缺、年龄老化等方面。这些困难严重制约着我国养老服务水平的提高，严重影响老年人多样化的养老服务需求的实现。

“行业发展、教育先行”，人才队伍建设离不开教育和培训体系的构建，大力推进老年服务与管理相关专业的发展是未来一个历史时期民政部和教育部的重点工作之一。在这样的社会背景下，由全国民政行指委老年专指委、中国养老产业和教育联盟、机械工业出版社组织全国多所大专院校联合开发“高等职业教育养老服务类示范专业系列教材 老年服务与管理专业改革创新教材”，旨在以教材推进课程建设和专业建设，进而提高老年服务与管理人才培养质量。

在编写思想上，本系列教材充分体现工学结合的教学改革思路，突出“做中学、做中教、教学做合一，理论实践一体化”的特点；体现专业教学要求和养老护理员、失智老人照护员国家职业技能标准和“1+X”证书相关的职业技能等级标准；注重职业精神、素养（尊老敬老、

爱岗敬业、爱心奉献等）和能力的培养，以及健康心理、完善人格、良好卫生与生活习惯的养成。

在编写形式上，本系列教材应用创新的编写体例：采用情景导入、案例分析、项目式编写模式，紧密联系生产生活实际；设计新颖、活泼的学习栏目，图文并茂，可读性强，利于激发学生的学习兴趣。

在编写内容上，本系列教材立足老年服务与管理职业领域岗位需求，内容涵盖老年服务与管理岗位人才需要掌握的多项技能，包括老年服务沟通技巧、老年服务伦理、老年服务礼仪、老年生活照料、老年常见病的预防与照护、老年康复护理、老年心理护理、老年运动与保健、老年活动策划与组织、老年膳食与营养配餐、老年政策法规与标准、养老机构经营与管理等多个方面。

在配套资源上，本系列教材依托养老专业教学资源库，在重点知识处嵌入二维码，以呈现教学资源库成果，以利于教师教学和学生学习。

“十年树木，百年树人”，人才队伍建设非一朝一夕可实现。在此，我要感谢参与编写该系列教材的所有人员和出版社，是你们的全心投入和努力，才有了这样一系列优秀教材的出版。我要感谢各院校以及扎根于老年服务与管理人才教育一线的广大教师，是你们的默默奉献，为养老服务行业输送了大量的高素质人才。当然，我还要感谢有志于投身养老服务事业的青年学子们，是你们让我对养老服务事业的发展充满信心。

我相信，在教育机构和行业机构的共同努力下，在产教融合、校企共育的合作机制下，养老服务人才必定不断涌现，推动养老服务行业走上规范、健康、持续发展的道路。

前　言

“养老机构经营与管理”为高职院校老年服务与管理专业必修课和核心主干课，基本学时为64～90学时；基本学分为4～6学分，可在“养老政策法规和标准”课程之后开设，一般安排在第四或第五学期进行。

我是在2014年7月经北京社会管理职业学院党委书记、院长邹文开提议由民政部职业技能鉴定指导中心专职副主任兼办公室主任调任北京社会管理职业学院（民政部培训中心）社会福利系，接替孟令君教授担任社会福利系主任的。2014年12月18日，民政部人事司批准社会福利系更名为“老年福祉学院”，我也顺理成章地成为老年福祉学院首任院长。5年来，在学院领导和同事们的配合之下，作为老年服务与管理专业带头人，最为得意的事情就是打造了北京市首批健康养老专业群，申报并成为教育部老年服务类专业示范点，带头开发了教育部职业教育老年服务与管理专业教育资源库，制定了中高职老年服务与管理专业教学标准、老年服务与管理专业顶岗实习标准、老年服务与管理专业实践教学条件建设标准。这5年，也是我职业生涯中收获最大的5年，我荣获了北京市高等学校教学名师奖、北京市2017年职业教育教学成果奖特等奖、2018年职业教育国家级教学成果奖二等奖，还有优秀教师、优秀党员、优秀培训工作者、优秀科研工作者、省级优秀教师等称号。

但是有点遗憾的是“十三五”职业教育老年服务与管理专业规划教材中没有养老机构管理方面的教材。2016年，当机械工业出版社规划开发创新教材之时，我想补上这个空缺，决定编写本书。

本书创新点有两点：

在结构和体例上，全书内容分为养老机构概述、养老机构建设、养老机构战略、养老机构经营、养老机构管理5篇19个单元。其中每篇又分为2～5个单元，每个单元再分2～4个任务，分层次成系统地将知识呈现。

在编写队伍上，本书充分发挥中国养老产业与教育联盟、中国健康养老职业教育集团的作用。参编队伍由职业院校和养老机构的人员共同组成。由杨根来、刘开海编写大纲、主持编务并负责统稿和审定工作。

编写人员分工如下：单元一、单元二、单元三由杨根来、刘开海、杨扬编写；单元四由刘开海、顾晓霞、杜吉林编写；单元五由张欲博、郭铁海编写；单元六由刘开海、杨根来编写；单元七由王伟、林娜、郭铁海编写；单元八、单元九由陈琳翰、杨俊才编写；单元十由徐晴岩、刘姝、于梅、张艺莹编写；单元十一由郝文幸、石小毛编写；单元十二由娄方丽、刘芳宏、刘姝编写；单元十三由曹雅娟、冯景明编写；单元十四由谭美青、冯景明编写；单元十五由陈立新、郭铁海、杨根来编写；单元十六由龙岳华、刘开梅、杨根来编写；单元十七由杨光编写；单元十八由刘开海编写；单元十九由石小毛、迟玉芳、刘开海编写。刘姝和王伟老师协助主编开展了大量的编务工作，卢淑玲、赵永、贾镨、杨扬等参与本书有关章节的编写和审阅工作。

在本书即将付梓之际，我要特别感谢在本书编写和出版上给我帮助的北京社会管理职业学院党委书记、院长、民政部培训中心主任邹文开教授，北京社会管理职业学院党委常务副书记程伟博士，北京社会管理职业学院副院长、民政部培训中心副主任赵红岗教授，徐州开放大学党委书记、校长、淮海健康养老职业教育集团理事长杜吉林，北京社会管理职业学院老年福祉学院刘利君、陈立新、赵康、韩振秋、李长文副教授等，以及那些为老年专业人才队伍建设工作付出辛勤努力的各位同人。

特别感谢机械工业出版职教分社各位编辑的辛勤付出。

2019年元旦　于北京东燕郊　北京社会管理职业学院老年福祉学院、乐龄研究院

杨根来

目录

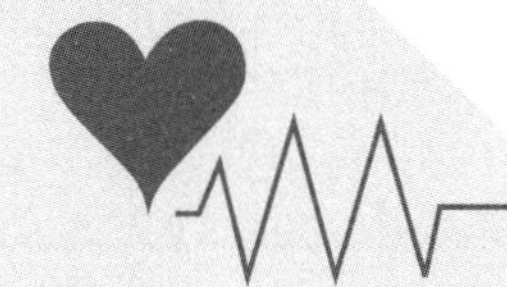

第一篇

养老机构概述

单元一　养老服务体系和养老服务机构

单元二　养老机构的分类及服务类型

单元三　养老机构的服务内容、对象和特点

单元一　养老服务体系和养老服务机构

单元概述

要学习好“养老机构经营与管理”这门课程，首先要学习和了解养老模式、养老服务体系、养老服务历史和内涵、国际国内养老基本状况，特别是认真学习我国现有养老模式成功经验。其次要学习和了解国际国内养老机构的特征、分类、功能等基本情况，养老机构的地位和作用，国家对养老机构管理的法律法规、标准知识。

学习目标

知识目标

（1）了解养老模式状况。

（2）了解养老机构的地位、作用。

（3）掌握医养结合的特点、要求。

（4）熟悉机构养老管理的观念。

（5）熟悉中国养老新发展。

技能目标

（1）能够基本判断养老机构类型。

（2）能够初步选择养老模式。

（3）能够简要分析我国传统养老模式。

（4）能够说明医养结合优势。

（5）能够认识我国养老模式发展前景。

情感目标

（1）明确学习“养老机构经营与管理”这门课程的重要性。

（2）陶冶养老敬老情感。

（3）培养热爱老年服务与管理专业志向和兴趣。

项目一　养老模式、服务体系和服务机构

任务情景

在上海市某知名养老院会客厅，来自广东的一家著名养老机构董事长带领公司高管一行8人听取高院长介绍养老机构管理经验。高院长说，前三个月养老院住进一位郊县的陈爷爷，75岁了，老人入院以来一直情绪低落、食欲不振，整天愁眉苦脸、唉声叹气，又不愿与其他人交流。刚入院8

天他就要求回家，我们和他交谈，征求他对我们的意见，他讲了养老院的很多优点，说我们养老院很好。他回家是因为怕亲友和邻居议论甚至骂他教子无方，讲他儿子不孝敬老人。

任务分析

养老院领导和护理员面对类似情况，应该研究应对措施，要与陈爷爷建立良好的互动关系，帮助陈爷爷建立信心，护理员还要和老人的亲友多交流，建议对陈爷爷说服力最强的亲友多与之交流，让他消除顾虑，快快乐乐养老。还可以放映一些影像让陈爷爷观看，开阔眼界，树立新观念。此外，还可以请院内老人和陈爷爷交朋友，交流心得体会，互相影响，共度幸福晚年。

学习探究

任务一　人口老龄化和我国传统养老模式

一、我国人口老龄化现状及基本特征

（一）我国人口老龄化现状

我国是世界上人口老龄化程度比较高的国家之一。我国老年群体数量庞大，老年人用品和服务需求巨大，老龄服务事业和产业发展空间十分广阔。

自从2000年中国进入老龄化社会以来，特别是党的十八大以来，养老已经成为党中央、国务院和地方各级政府、社会各界和老百姓关注的焦点问题和热门话题。正如习近平总书记指出的那样："有效应对我国人口老龄化，事关国家发展全局，事关亿万百姓福祉。"

"十三五"期间，全国60岁以上的老年人口将以年均900万、65岁以上的老年人口将以年均650万、80岁以上高龄老年人口将以年均100万的速度快速增加，见表1-1。

表1-1　改革开放以来我国人口和老年人口基本情况表[①]　（单位：万人）

年份	人口			65岁以上		60岁以上		净增人口
	总人口	城镇	农村	老年人口	占人口总数的%	老年人口	占人口总数的%	
1978	96 259	17 245	79 014	—	—			—
1979	97 542	18 495	79 047	—				1 283
1980	98 705	19 141	79 565	—	7.63			1 163
1981	100 072	20 171	79 901	—				1 367

① 民政部. 2018年中国民政统计年鉴（中国社会服务统计资料）[M]. 中国统计出版社（北京），2018（9）。

（续）

年　份	人　口			65岁以上		60岁以上		净增人口
	总人口	城镇	农村	老年人口	占人口总数的%	老年人口	占人口总数的%	
1982	101 654	21 480	80 174	4 991	4.9			1 469
1983	103 008	22 274	80 734	—	—			954
1984	104 357	24 017	80 340	—	—			1 349
1985	105 851	25 094	80 757	—	—			1 164
1986	107 507	26 366	81 141	—	—			1 476
1987	109 300	27 674	81 626	5 968	5.4			1 500
1988	111 026	28 661	82 365					1 541
1989	112 704	29 540	83 164					1 577
1990	114 333	30 195	84 138	6 368	5.6			1 629
1991	115 823	31 203	84 260					1 490
1992	117 171	32 175	84 996					1 348
1993	118 517	33 173	85 344					1 346
1994	119 850	34 169	85 681					1 333
1995	121 121	35 174	85 947	7 510	6.2			1 271
1996	122 389	37 304	85 085	7 833	6.4			1 268
1997	123 626	39 449	84 177	8 085	6.5			1 237
1998	124 761	41 608	83 153	8 359	6.7			1 125
1999	125 786	43 748	82 038	8 679	6.9			1 025
2000	126 743	45 906	80 837	8 821	7.0			957
2001	127 627	48 064	79 563	9 062	7.1			884
2002	128 453	50 212	78 241	9 277	7.3			826
2003	129 227	52 376	76 851	9 692	7.5			774
2004	129 988	54 283	75 705	9 857	7.6			761
2005	130 756	56 212	74 544	10 055	7.7	14 408	11.03	768
2006	131 448	57 706	73 742	10 419	7.9	14 901	11.3	692
2007	132 129	59 379	72 750	10 636	8.1	15 340	11.6	681
2008	132 802	60 667	72 135	10 956	8.3	15 989	12.0	673
2009	133 450	62 186	71 288	11 309	8.5	16 714	12.5	672
2010	134 091	66 558	67 415	11 883.2	8.9	17 764.9	13.26	642
2011	134 735	69 079	65 656	12 288	9.1	18 499	13.7	644
2012	135 404	71 182	64 222	12 714	9.4	19 390	14.3	669
2013	136 072	73 111	62 961	13 161	9.7	20 243	14.9	668
2014	136 782	74 916	61 866	13 755	10.1	21 242	15.5	710
2015	137 462	77 116	60 346	14 386	10.5	22 200	16.1	680
2016	138 271	79 298	58 973	15 003	10.8	23 086	16.7	809
2017	139 008	81 347	57 661	15 831	11.4	24 090	17.3	737
2018	139 538	83 137	56 401	16 638	11.9	24 949	17.9	530

（二）中国人口老龄化基本特征

我国人口老龄化形势严峻，主要呈现以下几方面特征：一是老年人规模大、发展快、峰值高。我国是世界上唯一老年人口超过 1 亿的国家，是世界老年人口总量的 1/5，是亚洲老年人口总量的 1/2。“十三五”期间，老年人口将持续增加，当前，老年人口规模已经超过 2.4 亿，而且正以每年 900 万～1 000 万的速度快速增加，2025 年，老年人口数量将超过 3 亿；到 2045 年 60 岁以上人口将占到总人口的 30%。到 2053 年将会达到峰值，有接近 5 亿老年人。二是未富先老、边富边老。西方国家是“先富后老”或者“富老同步”。相比发达国家在进入老龄化社会时都已实现工业化，我国现在仍处于工业化、城镇化的进程之中。我国进入老龄化社会时，人均 GDP 约为 873.29 美元，在世界排第 117 位，人口老龄化与经济发展协调指数（AECI）超过 50，属于比较典型的“未富先老”国家。到 2016 年，我国人均 GDP 已达到 8 866 美元，人口老龄化与经济发展协调指数（AECI）则下降到 30 左右，我国已进入“边富边老”国家行列。三是老而不健康、失能失智老人数量巨大。2010 年城乡空巢家庭接近 50%。失能和半失能老年人口将在 2020 年突破 4 600 万。由于缺乏对健康保障的战略性投资，老年期的健康促进和健康干预水平不高，健康老龄化相关行动滞后，国家和社会对这方面的投入还不多。四是家庭结构小型化加大了养老压力。第六次全国人口普查数据显示，目前我国平均每个家庭 3.1 人，家庭小型化使家庭养老功能明显弱化。我国实行了较长时间的计划生育政策，对控制人口增长起了重大的作用，但也导致家庭规模小型化，对传统的家庭养老带来极大冲击。五是社会化服务对居家养老的功能支撑滞后。居家养老是传统的家庭养老加上方便的社区服务。由于社区服务发展缓慢，与现代生活相联系的新的养老模式的构建迫在眉睫。从以上问题看，积极应对人口老龄化可谓任重道远。六是农村养老任务繁重。农村公共服务水平不高，加上随着城镇化加快及大量农村年轻人口外出务工，农村老年人家庭空巢化加剧，农村养老问题比城市更加突出。七是老年抚养比快速攀升。2010 年大约 5 个劳动年龄人口负担 1 个老人。而据预测，至 2030 年约 2.5 个劳动年龄人口负担 1 个老人。

二、中国“孝”文化和中国传统养老源远流长

自古以来，中国文明著称于世，有着五千年悠久历史。中国文化内容包罗万象，是世界文明中光辉灿烂的重要篇章。在养老文化上，创立了“孝”文化体系，“孝”最初是指孝顺的意思，常以“孝子”“孝顺”之词出现在口头语言和书面语言中。

在漫长的历史长河中“孝”文化得以尽情发扬，把中国人敬老养老的传统继承久远，极大地丰富了“孝”文化的内涵。“孝敬”是指孝顺尊敬长辈、孝敬公婆，表示对长辈的敬仰。“孝心”是指孝顺的心愿，如“一片孝心”。“孝顺”是指尽心奉养父母，顺从父母心意，孝顺双亲，如“他们都是孝敬双亲的新一代”。直至形成“孝道”即奉养父母的准则，上升到道德规范的层面，对全社会提出要求。

在相当长的历史时期，“孝”是尊长在去世后一段时间内，晚辈和亲友遵守的悼念故人的礼节，俗称“守孝”。古时候，中国人守孝有一套烦琐的仪式，各地有不同规矩、要求，现在我们提倡文明悼念逝者，但是，很多地区还有一些旧时留下的习俗存在。历史上，尊长去世后，一般要“守孝”三年，朝廷大臣也可以请假三年回家“守孝”，可见我国“孝”文化之根深蒂固。随着新文化的进步影响，传统文化不断发扬，“二十四”孝文化仍然作为可以继承的一个方面保留，对后人有一定启迪作用。

三、以家庭为单位的养老模式

一定文化形式决定和引领着一个国家的养老模式。我国传统养老模式是典型的家庭养老模式，即以家庭为单位，子传孙，孙传重孙，子子孙孙相传奉养老一代的居家养老模式。从根本上研究，这是由文化传统和长期的农业经济决定的。因此，我国有"养儿防老"的养老传统，因为，古时候社会生产力落后，体力劳动是社会生产的主要形式，女性所获得的劳动成果没有男性多，女性也没有男性战胜自然灾害的能力强大，尤其女性还要养育子女和进行家务劳动，加上社会意识形态影响，"养儿防老"习俗就流传下来。

我国"孝"文化的产生和继承经久不衰，是由其自身内在的合理因素决定的。一方面，"孝"文化包含如"父母在，不远游""好儿不当兵""君叫臣死，臣不得不死；父叫子亡，子不得不亡"的受历史局限性影响的不正确因素。另一方面，"孝"文化又大胆提倡"忠孝不能两全"，即在国家需要个人为国家做贡献、做牺牲的时候要以国家利益为重，放弃"小家"顾全大家，把对国家忠诚放在第一位，这就是中华民族爱国主义精神永存的原因所在。

中华人民共和国建国 70 年特别是改革开放 40 余年来，科学进步和生产力巨大发展。我国社会获得全面前进，人民生活水平极大提高。养老模式正在朝着更加科学合理的方向优化。传统养老模式正在发生重大改变。但是，由于我国农村人口占比重太大，居住又十分分散，传统养老模式还要在相当长时间内占主导地位。

任务二　我国养老服务体系

"人人都会老，家家有老人。"应对人口老龄化、做好养老服务工作确实是任重道远，也是新时代发展的挑战，它是改善民生的重要一环，不仅需要党和政府从全局上对养老制度改革的整体思路、战略取向进行顶层设计，还需要政府、社会、家庭、子女多方参与努力。这样才能逐步建立符合社会现状和中国特色的养老体系，真正让老百姓实现老有所养、老有所为、老有所教、老有所学、老有所乐、老有所依、老有所安。

现阶段，我国社会养老服务体系是建设居家为基础、社区为依托、机构为补充、医养相结合的紧密联系、互相配合的养老共同体。2019 年 10 月，中国共产党第十九届四中全会《决定》中指出："积极应对人口老龄化，加快建设居家社区机构相协调、医养康养相结合的养老服务体系。"

一、居家为基础

居家为基础、社区为依托，讲的都是居家养老，就是说"传统的家庭养老 + 完备的社区服务 = 居家养老"。居家养老和家庭养老有联系，也有区别。有些地方居家养老的老年人占 97%，有些地方甚至占到 99%，到养老机构的老年人只占 1% ～ 3%。居家养老的发展需要加强配套政策法规建设，如北京市出台了《居家养老服务条例》，取得了一些非常好的经验。

北京市大兴区等地把闲置的办公用房改建成了养老服务中心，提供助餐、日托和医疗服务，村里 65 岁以上的老年人，白天都可以到这里活动，还能为行动不便的老年人提供上门服务。如果一个村建一个这样的养老服务中心，就能解决整个村养老服务中存在的问题。政府在其中的作用主要是提供了场所，每个月给予一定的运营补贴。宁夏回族自治区从 2015 年开始，在国家支持下，拿

出10个亿建社区养老服务中心，社区也利用政府提供的房屋建设社区服务中心，采用公建民营的模式，由专业社会组织负责日常运营。社区养老服务机构的职能有：掌握社区老年人的需求信息、组织日间照料活动、联系服务机构送服务上门、协调志愿助老工作等。这种方式非常有生命力，它强化了社区服务，居家养老也有了坚实的支撑，使养老工作落到了实处。

由于欧美等西方发达国家具有较好的社会保障制度及家庭成员的独立意识比较强，老人大多不采用家庭养老方式，法律也不规定子女对老人负有赡养的责任和义务。但是，以东方文化为底蕴的日本、新加坡、韩国等国家，家庭养老仍占主体地位。由于受传统文化的影响，更多的中国老人还是选择在家颐养天年，特别是高龄老人和对到养老院和护理院养老都存在着一定的偏见或顾虑的老人。

二、社区为依托

社区养老服务是居家养老服务的重要支撑，具有社区日间照料和居家养老支持两类功能，主要面向家庭日间暂时无人或者无力照护的社区老年人提供服务。这是老年人在家庭居住与社会化上门服务相结合的一种新型养老模式。这种模式可以确保老人、子女、养老服务人员、政府各取所需，促使资源得到充分利用。社区居家养老弥补了家庭养老的不足，是政府大力倡导的一种新型养老模式。适合人群为子女工作太忙照顾不到，又不想离开家的空巢老人。

社区养老与居家养老有相似之处，都是以家庭养老为主，但具备更为统一的管理。这种模式将机构养老中的服务引入社区，实现社区的在家养老。社区向老人提供多种专业服务，同时可进行托老服务，让老人白天在社区过得开心，晚上回家睡得安心。

其立足点是一切为了老年人的实际需求。重点是优先保障孤老优抚对象、低收入的高龄独居失能半失能老年人，全面提高全体老年人的养老水平和生活质量。

三、机构为补充

机构养老服务以设施建设为重点，通过设施建设，实现其基本养老服务功能。养老服务设施建设重点包括老年养护机构和其他类型的养老机构。老年养护机构主要是为失能、半失能的老年人提供专门服务，鼓励在老年养护机构中内设医疗机构。符合条件的老年养护机构还应利用自身的资源优势，培训和指导社区养老服务组织和人员，提供居家养老服务，实现示范、辐射、带动作用。其他类型的养老机构可根据自身特点，为不同类型的老年人提供集中照料等服务。

喜欢过群体生活的老年人，尤其是孤寡老人可选择居住于养老院，或为其组建大型的老年社区，组织大量的老年人自愿前来入住，社区内为老年人提供所需要的各方面专门化服务。机构养老将是未来养老的一大主体方式。

该模式的优点在于通过集中管理，老年人可得到专业化的照顾和医疗护理服务，无障碍的居住环境设计也使老年人的生活更加便利。缺点在于容易造成老人与子女、亲朋好友间情感的缺失，而且成本较高。

在当今的中国，随着近年来人民生活水平进一步提高、医疗卫生等条件进一步完善，老年人口比例越占越大，还有一些富裕的人群逐步进入老龄化，他们完全承担得起高端居家养生养老、机构养生养老及旅游养生养老、候鸟式养生养老、异地养生养老、乡村田园养生养老等方式的消费水平，使得差异性养生养老具备了巨大的市场。目前一些敏锐的房地产开发企业、金融基金、保险公司、

医院等已经介入中高端养生养老产业。我国机构养老服务进入快速发展的“战国”时代。

四、医养相结合

医疗保障制度建立和完善是一个世界性的难题。老年人由于生理功能老化和身体抵抗力降低，处于体弱多病阶段，医药治疗对老年人是十分重要的事情。因此，我国养老体系建立抓住医养结合这个关键问题值得称道。虽然真正建立完善医养结合体系需要付出长期和艰苦的努力，但具有中国特色的医养结合体系正在建立之中，并且会逐步完善。

医养结合体系建立面临很多负面因素：老年人口数量巨大，老龄化速度增加，失能、半失能老人达4 600万之多，“未富先老”和“未备先老”双重压力同时存在，农村“空巢老人”和“留守儿童”并存局面，这都需要相当长时间才能得到根本改变。更为重要的是我国传统医疗医药系统本身的弊端也急需改变。国家大健康理念才初步提出，体系建设还远远没有完成，这显然是制约我们医养结合体系建立的瓶颈。

医养如何才能结合，关键是政策要有突破，比如医生如何上门看病？医院如何办养老机构？养老机构如何办医院？如何在医养结合机构中实现医保一卡通？这些都需要政策突破和规范。因此，医养结合还需要突破，还需要探索，还需要完善配套政策法规。同时，要考虑长期护理保险问题，这方面我国才刚刚起步，山东省青岛市、北京市海淀区、吉林省长春市、江苏省南通市等地都进行了一些探索。建立长期护理保险制度，对保障失能、半失能老人长期护理需求，减轻国家、社会、家庭和老年人个人负担具有重要作用。此外，还要考虑对贫困老年人发放养老补贴问题。目前，我国各级各部门对老年人的关心都有照顾性的政策，如果政府把这些碎片化的政策整合起来，制定一个统一的标准，对真正贫困的老年人每月发放一定的养老补助，就会收到更好的社会效果。

截至2017年年底，我国医养结合试点工作取得较大进展，全国93.4%的养老院以不同形式提供了医疗服务，提前完成50%的预定目标；养老院护理型床位占比由2015年低于30%提升到了46.4%。

由于老年人生理功能老化是由不可抗拒的客观因素决定，医药治疗是老年人养老的重要条件，医养结合显得尤为重要。虽然离建立理想完善医养结合体系还有一段较长的路要走，但是我国有很多优势可以充分发挥，中医药宝贵资源开发利用都会有利于医养结合体系建立。我国医药医疗系统改革和医养结合体系建立同步进行，将带来无限美好的想象空间。

任务三　机构养老和养老机构

一、机构养老

养老机构专门服务于老年人全天候养老，是我国养老产业中不可缺少的重要力量。养老机构是失能、半失能老人养老的主体力量，是提高老年人生命和生活质量的重要保障之一。随着人们生活水平的不断提高和养老观念的改变与进步，养老机构的社会需求会有较大增长。

机构养老具有更广阔的发展前景。由数据分析可知，现在我国公办和社会办养老机构在结构上失衡，表现在公办养老机构已严重短缺，“一床难求”已成为一种常态。而社会办的养老

机构床位空置率约为 40%，相对较高。有特色、定位准、老百姓“住得起、住得好”的养老机构已经开始形成品牌化、连锁化、规模化和标准化运营，还有相当一部分机构还在痛苦坚守、惨淡经营。

养老模式“9073”“9064”是指在 20 世纪末我国北京、上海等地为了应对来势凶猛的老龄化采取的养老模式选择。主要内涵是我国老年人总数的 90% 选择居家养老，7% 或者 6% 选择社区养老，3% 或者 4% 选择机构养老。经过 20 多年的实践探索，这个重要认知是基本正确的，但也要与时俱进。我们认为，中国还没有真正意义上的社区养老，社区是养老服务的载体，而不是养老服务模式。中国的居家养老占据98.5%的份额，而机构养老还不足1.5%，根据国际经验，中国机构养老还需要大的发展。

二、养老机构发展情况

根据民政部《2018 年民政事业发展统计公报》，全国各类养老服务机构和设施 16.8 万个，比 2017 年增长 10.8%。注册登记的养老服务机构 2.9 万个，社区养老机构和设施 4.5 万个，社区互助型养老设施 9.1 万个。各类养老床位合计 727.1 万张，比 2017 年增长 3.3%，其中社区留宿和日间照料床位 347.8 万张，每千名老年人拥有养老床位 29.1 张。

与 2015 年年末相比，注册登记的养老机构增加了 1 000 家，社区养老服务设施和互助型养老设施分别增加了 5 000 家。各类养老床位增加了 72.1 万张，社区留宿和日间照料床位增加了 40.4 万张。全国民办养老机构达到 1.25 万余家，同比增长 7.8%。

触类旁通

通过上述学习，大家对养老机构管理的一些基础知识和“养老机构经营与管理”这门课程有了一个大致了解。首先，系统学习一门学科必须站在历史的高度才能看到事物的本质。因此，了解中国传统养老模式是非常必要的。其次，要懂得养老模式内涵，知道我国养老模式的基本特征，我国的社会经济制度决定着养老制度必须使大多数老年人的基本养老得到保障，优先保障孤老优抚对象以及高龄、独居、失能、半失能老人。再次，医养结合是当前我国养老模式的一个重要特点，医疗保险制度改革和养老医疗保障有机协调是根本条件之一。最后，要在概念上区分养老机构和机构养老是两个不同的范畴。机构养老方式在我国还需要发展，一方面，需要经济层面的支持，另一方面，人们的养老观念要更新。

课堂练习

练习一：请同学们回忆并交流亲友中老年人的基本状况，他们是怎样认识我国养老基本状况的？他们愿意到养老机构去养老吗？

课堂练习组织：

1. 分组。以 6 ～ 8 人一组为宜。
2. 每组推选 1 人在全班交流。

练习二：请同学们描述你对养老机构的印象，特别是对老年人在养老机构中生活状况的印象。

课堂设计提示：

练习方式的选择，可以全班交流，如练习一可作为讨论交流的题目，也可以作为思考题。

案例分析

案例简介：浙江绿康医养投资管理有限公司是全国知名的医养结合公司，在杭州、南昌等地办有近 10 家分支机构，现有床位 6000 张，一半入院老年人为失能、半失能老年人。他们用十余年时间取得如此成绩。你有何体会？

案例分析：浙江绿康医养投资管理有限公司这一成功案例告诉我们，只要符合国家的产业方向，找到发展的机遇，又有广大的社会需求，根据自己的定位和发展要求，脚踏实地去真抓实干就会取得成功。

项目二　机构管理相关理论基础

任务情景

社会的发展是由生产方式决定的，经济、文化、教育、医疗、养老、住房、交通、公共安全、环保是关系国计民生的大事。学习经济学知识是人生发展、奉献社会、成就未来的重要条件之一。

任务分析

经济学发展至今，已成为一门庞大繁杂的科学体系。它涉及面非常广泛，无数的统计报表，堆积如山的著作，形形色色的经济学家，让人们眼花缭乱、目不暇接。为了学习好专业，我们必须学习一些基础知识。

学习探究

任务一　经济学基本理论

一、经济学说史常识

人类文明有 5000 多年历史，经济学说只有 400 多年的历史。1615 年，法国人安托万·德·蒙克莱田（1575—1622）正式出版《献给国王和王后的政治经济学》一书，“政治经济学”一词作为书中使用最多的词之一流传至今。

在我国“经济”一词很早就出现了，《说文解字注》就有“以经帮国”“济于天下”的记载。“经世济民”是我国近几百年来的常用词语。我国最早出版的经济学著作是 1908 年中国人朱宝绶翻译美国人麦克凡所著作的《经济学原理》一书。110 余年以来，我国翻译了大量西方出版的经济学著作，经济学成为我国学习外国科学文化的最多门类之一。改革开放以来，我国经济学家开

始创新和编写有中国特色的经济学著作，应用于经济实践，获得了很大的成功。

二、经济学的庞大体系

400多年来，经济学已发展成为庞大的科学理论体系。简介如下：

（一）理论经济学，也叫基本经济学理论

平时大家看见书名为《经济学》《经济学原理》《经济学概论》《经济学教程》《政治经济学》《实体经济学》等的书籍，都属于理论经济学著作。

（二）部门经济学，也叫专门经济学

部门经济学是根据国家经济部门分类论述的经济学，如教育经济学、工业经济学、农业经济学、体育经济学、商业经济学、劳动经济学、计划经济学、消费经济学、生产力经济学、银行学、财政与税收、养老产业经济学、旅游经济学等几十个门类。

（三）经济政策和经济实践

与经济学紧密联系的是经济政策的庞大系统，经济法律、法规、规范性文件，以及对这些法律法规文件进行阐述的书籍。经济实践、案例分析的书籍也汗牛充栋、浩如烟海。

三、经济学基本理论流派简介

400多年来，经济学流派纷呈，主要有：重商主义学派、古典经济学学派、新古典经济学学派、凯恩斯主义学派、自由主义学派等。自从设立“诺贝尔经济学奖”以来，世界上已有60多位经济学家获奖。如2008年诺贝尔经济学奖获得者美国普林斯顿大学教授保罗·克鲁格曼就创立了一套在自由贸易、全球化以及推动世界范围内城市化进程的动因方面的理论。我国现在主要运用市场经济理论、供求平衡理论、自由贸易理论等一系列经济学理论。

任务二　管理学基础知识

一、管理学的发展简介

1890年，英国经济学家马歇尔在他的著作《经济学原理》中第一次把企业管理作为经济要素纳入理论经济学。后来，美国人泰罗（1856—1915）首先提出“科学管理”概念，创立了“泰罗制”管理方法。他出版了《工厂管理》（1903）《科学管理》（1909）等多本著作，被誉为“科学管理之父”。管理学在发展，美国人道格拉斯·麦格雷戈（1906—1964）出版的《企业的人性方面》提出X—Y理论。针对X—Y理论，日裔美国管理学家威廉·大卫1981年出版《Z理论》，反映了日本企业管理精神。20世纪，日本管理出现了“丰田模式”“松下模式”等管理学案例。

二、养老机构管理科学的建立

从1998年至2019年的20余年间，我国养老产业经过从福利型向社会型转变阶段，从

2013年起我国养老机构开始向市场为主福利兼顾方面转变。养老机构从“纯福利型”“事业型”“公益型”“微利型”向“低利型”“混合型”“盈利型”或“市场经营型”转变。国家计划2020年50%以上公有福利型养老机构作为“公办民营”管理方式存在，以后还要扩大“公办民营”比重。

“养老机构经营和管理”成为养老行业关注的重要课题，“管理出效益”显得尤为重要。管理既是一门艺术，更是一门科学。因此，建立和学习养老机构经营与管理课程，需要学习一些经济学、管理学以及社会学、社会工作学理论基础知识。

触类旁通

我们学习了经济学和管理学的基础知识，关于经济学说方面的内容显得深刻一些，这对提高同学们的文化素养很有帮助。但是，可以不作必须掌握知识要求。

课堂练习

练习一：请大家谈谈对“你不理财，财不理你”这一通俗经济学观点的理解，说明学习经济学的重要性。

形式：建议全班讨论，活跃课堂氛围。

练习二：为什么说“管理既是一门艺术，又是一门科学”？请大家思考。

案例分析

案例简介：微软集团创立初期，比尔·盖茨管理微软集团虽然在科学发明开发方面有很大的成绩，但是整个集团的总体发展形势并不十分乐观，面临着很大的困难和危机。关键时刻，比尔·盖茨引进了一个很懂管理的人才，负责管理公司的内部事务，才让微软集团迅速地走上发展的快速通道。

通过上述案例我们可以得到如下启示：

第一，它再一次说明“管理既是一门科学，又是一门艺术”。一位伟大的科学家，只懂得科学技术，没有丰富而高超的管理艺术，要取得巨大的成功是不可能的。

第二，我们不能够轻视管理对社会进步的巨大作用，人人都要学习一些管理方法，特别是养老工作者。

任务三　学习本课程的意义

任务情景

某养老机构招聘现场，主考官问，你学习过“养老机构经营与管理”课程吗？企业员工应怎样

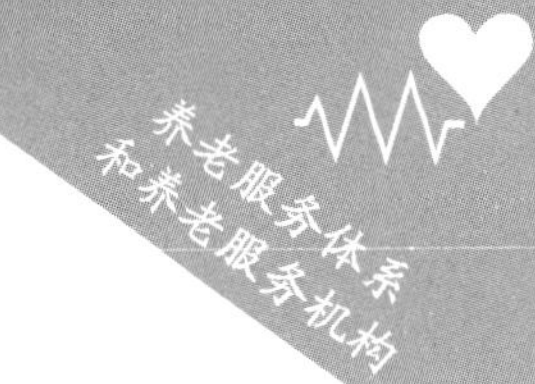

为公司发展和实现盈利贡献智慧？

任务分析

企业是社会的细胞，是为社会提供物质和服务的经济实体，同时，企业又是利润创造者。员工为企业创造利润，就要参与管理，服从管理，懂得管理的基础知识和基本理论。

学习探究

一、贯彻习近平新时代中国特色社会主义思想的需要

党的十九大报告做出了“中国特色社会主义进入了新时代”的重大判断，这是我国发展新的历史方位，我们要据此来把握老龄工作的新方位。党的十九大报告有6处直接提到养老和老龄工作，特别是在“实施健康中国战略”中提出：“积极应对人口老龄化，构建养老、孝老、敬老政策体系和社会环境，推进医养结合，加快老龄事业和产业发展。”这是习近平总书记站在决胜全面建成小康社会和全面建设社会主义现代化强国的全局和战略高度，对老龄工作创新发展的新部署、新要求。

二、落实新时代中国养老事业发展的需要

从指导思想看，习近平总书记对人口老龄化形势以及老龄工作的地位作用、基本方针、总体原则、战略方向、思路方法、重点任务等做了全面、深刻、系统的阐述，为老龄事业和产业发展提供了最根本的顶层设计和基本遵循。从法规政策看，新修订的老年人权益保障法颁布实施，以《老年人权益保障法》为主体的老龄工作法规政策体系基本建成。从规划布局看，国家层面出台涉老方面专项规划共30余部，“十三五”时期老龄事业发展的蓝图已经绘就并逐步实现。

希望全社会都来关心养老事业，各行业都来支持养老事业，特别是企业家与民间资本来支持养老事业，共同参与、兴办老年人的事情，帮助解决、应对老龄化的突出问题，把亿万老年人的养老问题解决好，把新时代养老、孝老、敬老、爱老、惠老的阳光雨露散播到每一个老年人的身上。

三、促进经济社会发展和实现健康中国战略的需要

（一）经济发展的需要

现代化进程迅速推进，传统的一、二、三产业层次划分状态，第三产业已远远超过一、二产业，占全国GDP总量的50%以上。养老产业占第三产业比重不断上升。养老产业已从整个产业形态独立出来，形成一个独立的产业形态。据预测，到2040年，我国养老产业占全国GDP的比重将超过30%。因此，社会需要我们积极融入养老产业。

（二）社会进步的需要

经过多年努力，我国以基本养老、基本医疗保障为主要内容的老年社会保障制度体系不断完善，覆盖面和保障水平逐步提高；以居家为基础、社区为依托、机构为补充、医养相结合的养老服务体系初步建立；面向老年人的健康促进、疾病预防工作进一步加强，老年医疗卫生服务设施、能力建设加快推进；面向老年人的文化、教育、体育、法律等公共服务供给能力大幅提升。

（三）人类文明的表现

全社会共同应对人口老龄化的氛围日益浓厚。各地各部门广泛、持续开展人口老龄化国情教育、积极老龄观宣传教育活动，将尊老敬老教育内容融入中小学相关课程标准，纳入青年学生行为规范。全社会敬老孝亲意识不断增强，老年人积极看待老年生活、踊跃参与社会发展。

有一条标语是这样写的："老人的今天就是我们的明天！"进入文明社会以来，人们就知道要敬老爱老养老，这是中华民族的光荣传统，也是我们年轻一代当仁不让的责任之一。

四、构建养老、孝老、敬老政策体系和社会环境的需要

要着力构建养老、孝老、敬老政策体系，加快相关政策的修订、废止、完善，做好政策储备，建立健全完善上下统一、左右协调、配套联动、务实管用的法规政策体系，为政府履行基本养老保障责任、家庭成员履行孝养责任、社会成员履行敬老助老责任提供遵循。

要优化养老、孝老、敬老的社会环境，深入开展人口老龄化国情教育，牢固树立、培育积极老龄观，大力弘扬孝亲敬老传统美德，深入开展和不断创新各类尊老、孝老、敬老社会活动，将养老、孝老、敬老纳入社会主义核心价值体系，加大宣传力度、创新教育方式，使之成为每一个社会成员的价值准则和行为规范。

要进一步健全多层次养老服务体系，着力补齐居家社区和农村养老服务短板，切实破解制约民间资本投资养老服务领域的瓶颈，加快公办养老机构改革，全面提高养老院服务质量，推进"互联网 +"与养老服务深度融合，为老年人提供更高质量、更富品质、更加便利的服务。

要拓展和深化医养结合，着重建立养老服务和医疗卫生服务资源的有效衔接机制，加快探索建立长期照护保障制度，积极推动医疗服务向社区、家庭延伸，为老年人提供全方位、全生命周期的健康养老服务保障。

要推动老龄产业加快发展，制定老龄产业标准和产品目录，完善产业发展政策体系，培育老年消费市场，促进养老与健康、养生、旅游、健身、休闲、互联网等产业融合发展。将老龄产业融入"中国制造 2025"和国家创新驱动发展战略，引导和支持市场主体研发、生产丰富实用的老年产品用品。积极推进新技术与老龄产业的应用集成，丰富高智能、高科技、高品质的适老新产品供给。

五、青春养老人——实现人生梦想的需要

（一）自我价值实现的需要

任何个人自身发展必须和社会发展和谐统一，任何个人自身价值实现必须融入社会发展潮流之中。个人事业要取得一定成就，个人自我价值能够得以实现，除了个人自身努力之外，社会环境、业态氛围也非常重要。养老产业为青年人发展、梦想实现提供了无限想象空间。

（二）圆中国梦的需要

党的十九大部署的两个"十五年"，与我国老年人口增长高峰基本吻合。2035 年，我国老年人口将增长到 4.18 亿；2050 年前后我国老年人口将达到 4.87 亿左右。一方面，我们要实现我们的中国梦，就要精准脱贫，全面实现小康社会，让成千上万的老年人过好养老生活也是我们实现小康社会的目标之一；另一方面，我们年轻人要在实现中国梦的过程中发展自己，投身养老产业也是重

要途径之一。

（三）有志青年的责任

当前，我国有 900 多万老年人的生活仍然困难，失能、半失能老年人超过了 4 600 万，空巢和独居老年人近 1 亿。这些老年人在基本生活、医疗、护理、住房等方面还存在不少困难，是全面建成小康社会的短板和难点，需要我们高度关注，格外努力，尽量从物质上和服务上做出制度安排，切实保障好、服务好、兜底好基本民生，确保广大老年人同步进入全面小康社会。为了应对我国老龄化带来的困难，国家需要大量的人力物力参与养老产业开发建设。青年大学生要从为国分忧认识高度出发，积极热情地投入养老产业。

触类旁通

通过以上学习，我们从国家需要、社会需要、自身发展需要的高度阐述了学习“养老机构经营与管理”课程的重要性和必要性。同学们要从学历教育和素质教育，以及能力培养需要等方面理解开设这门课程的现实意义和深远意义。

课堂练习

练习一：在教学见习中，你所接触的养老机构的员工、老师，印象最深刻的是谁？你能够初步判断他是否上过大学或受过何种层次的教育吗？

练习形式：小组讨论，小组代表交流。

练习二：你是如何理解我国养老产业发展状况的？

案例分析

案例简介：杭州某民营养老企业，2009 年就开始有养老人员入住，养老院规模适中，有 230 个床位，设备中等水平，服务人员素质较好，入住率 80% 以上，受到人们一致好评。但是，经营效果一直很不理想，年年亏损，投入 3 000 多万元人民币，每年收益难以支付银行利息。2016 年 6 月，养老院引进一位管理专业硕士任常务副总，经过 5 个月努力，2016 年 12 月终于实现盈利。虽然盈利只有 12 万元，但员工们第一次获得年终奖金都非常开心。现在，全院员工正齐心协力、精神饱满地工作。院长高兴地说：我们看到了知识的力量，管理出效益！

案例分析：通过以上分析，我们清楚地知道，养老机构的科学管理是一个极其重要的要求，专业人士才能把养老机构管理得更好，才能出效益、出成果。

单元二　养老机构的分类及服务类型

单元概述

根据我国养老机构发展的历史和当前的基本状况，首先对我国养老机构进行了分类，然后对养老机构的服务类型进行了介绍。

学习目标

知识目标

（1）了解我国养老机构分类的依据。

（2）掌握养老机构的基本类型。

（3）熟悉养老机构的基本服务功能。

技能目标

（1）能根据养老机构的基本状况进行分类。

（2）能对民营养老机构的投资状况进行分析。

情感目标

（1）树立热爱我国养老产业的理想。

（2）形成成为我国养老产业有用人才的目标。

项目一　养老机构的分类

任务情景

一位外国养老专家在介绍养老院的工作方法时，有部分听众都不知道什么叫护理院、光荣院、敬老院等。

情景分析

这是很正常的情况，不同的国家根据养老机构发展的历史，会形成不同的分类或者名称。

学习探究

任务一　按类别划分

一、养老机构的概念

（一）养老机构的含义

广义的养老机构是指一切为养老服务事业和产业服务的行政管理部门、服务单位、企业、事业单位、社会组织、教学培训机构、信息中介服务机构、老年用品生产服务机构和设施等。

狭义的养老机构是指直接为老年人提供养老服务的机构和设施，主要是指社会福利院、敬老院、养老院、护理院、老年公寓、老年日间照料中心等。现在越来越明显的趋势是养老院可以作为养老机构的统称。

（二）养老机构的基本要素

养老机构为老年人提供集中居住、生活照料、清洁卫生、康复护理、基础护理、健康管理、精神慰藉和文体娱乐活动等综合性服务。

由此，可明确以下四个要素。第一，养老机构的本质属性是养老机构和服务人员为了特定的目标，根据特定的规则，协同开展行动而形成的老年人服务组织。第二，养老机构的服务对象是广义的老年人群体，但服务对象的主体是靠自己或家人在家庭中难以获得照料服务的失能、半失能以及失智老年人。但某些养老机构（如农村敬老院）也接收辖区内的孤残儿童或残疾人。第三，在养老机构的服务功能方面，养老机构应为老年人提供住宿场所，这是养老机构区别于不提供住宿场所的老年人日间照料机构等其他服务机构的一个重要维度。养老机构还应为入住老年人提供生活照料、康复护理、精神慰藉、文化娱乐等基于老年人各种需求的多样化服务。第四，在养老机构经营服务主体方面，可以是直接或者间接为老年人提供服务的事业单位、企业和服务公司、社会服务组织以及合伙人和个体经营者。

二、基本类型

（一）传统类型的养老机构（见表 2-1）

表 2-1 传统类型养老机构一览表

序号	名称	职责、任务、性质及评价
1	社会福利院	这是我国举办最早的养老机构，如各省、直辖市、自治区、地市、区县的社会福利院，也是享受国家一定数额的经济补助，接待老年人安度晚年而设置的社会养老服务机构，设有起居生活、文化娱乐、医疗保健等多项服务设施。这种类型的养老机构多由国家出资兴建与管理，主要接纳“三无”老人、自理老人、介助老人、介护老人
2	敬老院	这是为老年人提供养老服务的社会福利事业组织，又称养老院，如区县、乡镇敬老院。我国的敬老院是在农村实行“五保”的基础上发展起来的。它是由国家民政部门建立或乡村集体出资设立的以收养农村“三无”老人为主要功能的机构
3	荣誉军人院	这是我国解放初期为了医治长期的战争创伤，为伤残军人建立的优抚事业单位性质的养老机构
4	光荣院	这是国家对孤老优抚对象实行特殊社会保障的优抚事业单位，如各地市、县市光荣院。光荣院原名烈属养老院，最早建于 1958 年，1978 年召开全国第七次民政工作会议之后正式使用“光荣院”的称谓
5	军队干休所（中心、站）	这是原民政部门（现为退役军人事务部门）领导下的事业单位。根据 1990 年民政部发布的《军队离休退休干部休养所暂行规定》，其主要任务是，按照党和政府关于安置军队离休退休干部的方针、政策和规定，落实军队离休退休干部的政治待遇、生活待遇，发挥他们的作用，使他们安度晚年

（续）

序　号	名　称	职责、任务、性质及评价
6	疗养院	这是集疗养保健、康复理疗、健康体检、养生养老为一体的专业疗养康复机构，如各种类型的疗养院、职工疗养院等。我国在20世纪陆续建立起机关、事业单位和国有企业的疗养院，主要用于我国的机关事业单位和大型国有企业的离退休干部和职工养老
7	残疾人福利院	这包括收养性质的残疾人福利院、精神病人福利院和残疾人托养中心、残疾人康复中心、伤残医院等。主要目的是帮助残疾人康复、治疗
8	其他类型	我国在不同的时期、不同的区域设立有不同的养老机构，基本功能是长期性或者短期性养老，只是名称不一样

（二）新兴类型的养老机构（见表2-2）

表2-2　新兴类型养老机构一览表

序　号	名　称	性　质
1	养老院 老人院	这是专门为老年人提供集体居住的场所，接待自理老年人、介助老人、介护老人，具有相对完整的配套服务设施的社会养老服务机构，设有起居生活、文化娱乐、康复训练、医疗保健等多项服务设施。养老院是养老机构主体，一般按规模分为微小型、小型、中型、大型、特大型五类。“养老院”是在改革开放以后，我国养老产业中使用最广泛的一个名称，人们往往把各种养老机构统称为养老院
2	老年公寓	这是专供老年人集中居住，符合老年人体能、心态特征的公寓式老年住区（住宅），提供餐饮、清洁卫生、文化娱乐、康复训练、医疗保健等多项服务设施。我国从20世纪70年代末80年代初开始，在上海、北京、天津、大连、烟台等地兴建老年公寓。此后，各种形式的由国家、社会或企业建立的老年公寓在各地相继出现
3	护理院	在一定范围内，护理院是为长期卧床患者、晚期姑息治疗患者、慢性病患者、生活不能自理的老年人以及其他需要长期护理服务的患者提供医疗护理、康复促进、临终关怀等服务的医疗机构，如各地市、区县的护理院、爱心护理院。护理院不同于一般的社会养老机构，又与普通医院有所区别，它既可以为老年人提供日常的养生保健、康复治疗、生活照顾、健身娱乐等养老服务，又可以随时提供医疗救助和临终关怀。护理院是医疗与养老的结合，是医院的延续和补充
4	护老院、安老院 护养院、颐养院	这是专门接待介助老人而设置的社会养老服务机构，设有起居生活、文化娱乐、康复训练、医疗保健等多项服务设施
5	托老院 托老所	这是为短期提供老年人托管服务而设置的社区养老服务场所，分为日托、全托、临时托等，如海南省托老院
6	老年人服务中心	这是为老年人提供综合性服务的社区养老服务场所，设有文化娱乐、康复训练、医疗保健等多项或者单项服务设施和上门服务项目等
7	老人之家 老年人活动中心	这是指近几年来，在西欧、日本等国兴建的各种类型的老人之家、老年人活动中心以及我国老干部活动中心，可分为三类：一是收容身体健康、生活能自理的老人；二是收容生活可部分自理，还需要部分照顾的老人；三是收容生活上不能自理，患有各种慢性病或残疾的老人

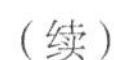

（续）

序　号	名　称	性　质
8	养老管理集团有限公司	伴随我国健康养老服务市场的日益放开和搞活，连锁化、品牌化的养老集团将会大量涌现。此类机构下面往往有多家养老分支机构，如河北仁爱医养服务集团有限公司等
9	养老投资有限公司	包括各级养老管理部门建立的各类养老投资管理机构、受托经营管理机构、养老咨询服务机构。该类型的机构尚在培育之中，需要大力发展，提倡专门化机构提供专门化的服务。特别在社区居家和机构养老服务中，需要更多此类机构，如泰康之家投资有限公司、浙江绿康医养集团有限公司等
10	老年病医院	这是由医疗卫生部门、民政部门主管的医疗机构。有些历史较早，但是大部分产生于改革开放以后
11	老年保健康复机构	我国的康复机构、老年保健、养生机构起步较晚，为老年服务的还比较少
12	老年用品生产机构	这是指老年康复、护理、医疗、生活等用品、用具生产、销售机构等。该类机构现在正在兴起之中，如常州市钱璟康复股份有限公司等
13	老年文化机构和老年大学	包括老年图书、文化、书画中心，老年合唱团、乐队、模特时装队等。老年大学的举办时间较长
14	老年社区照料中心	包括老年社区日间照料中心、社区夜间照料中心、全托管中心、老年驿站、托老站、托老所等，如北京市养老驿站
15	其他养老服务机构	其他各种类型的养老机构、合伙人机构等

任务二　按投资主体划分

一、发展过程

（一）1949—2013 年

我国的养老机构基本上都是国有的公办养老机构，是政府给民众的一项福利，主要针对城市的“三无老人”和农村的“五保户”等困难群体提供服务。

（二）2013 年至今

2013 年 9 月 6 日，国务院发布《关于加快发展养老服务业的若干意见》，开创了我国养老产业发展的新时代，全面放开养老产业市场。2016 年 12 月 7 日，国务院办公厅发布《关于全面开放养老服务市场提升养老服务质量的若干意见》，标志着我国养老产业市场正式进入社会化和市场化发展阶段。

二、基本类型

（一）国有公办养老机构

国家和地方财政投入举办的养老机构，由各级民政部门直接管理，如社会福利院、老年人社会福利院、光荣院、军队离退休干部休养所（中心）等。国有大中型企业办的养老机构，如中央企业创办的养老机构。军队和武警办的养老机构，如军队干休所，不过这类性质的养老机构越来越少。

（二）集体养老机构

集体养老机构主要是指农村的村集体的养老机构，如农村敬老院等。

（三）民办养老机构

现在这种类型的养老机构很多。

（四）混合型养老机构

混合型养老机构主要是指地方政府用土地等资源投入和资本合作办的养老机构。在高端养老机构和乡镇养老院中，此类机构比较多。

（五）外资办养老机构

现在国内这样的机构还不多，大部分处于筹备阶段，培训机构较多。外资主要包括日本、瑞典、法国、美国、加拿大等国的投资。

任务三　按区域划分

一、城市养老机构

（一）传统的福利院

这是城市养老机构的主要代表，按照行政区划来看，每一个省会城市、地级市（包括同级别的区）、自治州、县、县级市（区）、乡镇都办有此类养老机构，如社会福利院、敬老院等。

（二）新办的养老院

各种类型新型的中高档养老机构都集中在中心城市，以解决城市大量的养老问题。其中包括央企、险企、外企举办的养老机构，如泰康人寿举办的大型养老社区机构——北京燕园、上海申园、武汉楚园、广州粤园、成都蜀园等。

二、农村养老机构

（一）传统的敬老院

主要解决农村“五保户”养老问题，同时也接收一些社会老人养老。

（二）民办和个体的养老机构

民办养老机构主要接收社会老人入住养老。个体养老机构主要是指小型的家庭式的服务性的养老机构。特色型养老机构主要是指乡村旅游基地、农家乐等新办的养老机构。

任务四　按服务类型划分

一、提供住宿的养老机构

（一）长期型

现在几乎所有的养老院、福利院都为老人提供长期住宿，这是当前养老机构的主要类型和基本

特征。老人进入养老机构以后，一年甚至十几年、几十年都在里面居住。

（二）游走型

游走型也叫“候鸟式养老”或者“分时度假养老”类型。他们每次居住的时间也比较长，一个月至三个月不等，也有居住半年以上的。

（三）短期型

一是托老所。老人的子女要短时间外出，一段时间委托养老机构照料。二是老年社区照料中心，也叫全托照料中心，在社区居住的老人，由于身体的原因，白天和晚上主要在照料中心接受服务。

二、不提供住宿的养老机构

（一）日间照料中心

在小区居家养老的老人，白天到照料中心活动、就餐，晚上回家居住。

（二）各种类型的老人养老互动中心

一是老年棋牌娱乐中心（室、站）；二是老年体育休闲锻炼中心（室、站）；三是老年文化娱乐中心（室、站）；四是老年康复理疗中心（室、站）；五是老年学习中心（老年大学、室、站）。

任务五　按服务对象划分

一、自理型养老机构

自理型养老机构以健康状况较好、能够自理的老年人为服务对象，主要提供辅助性生活照料、精神慰藉和文化娱乐等服务。

二、助养型养老机构

助养型养老机构以健康状况较差的半失能老年人为服务对象，主要提供生活照料、康复护理、精神慰藉和文化娱乐等服务。同自理型养老机构相比，助养型养老机构中生活照料服务的比重更高，且增加了康复护理服务。

三、养护型养老机构

以健康状况差的失能老年人为服务对象，主要提供生活照料、康复护理、精神慰藉、文化娱乐和临终关怀等服务。同助养型养老机构相比，二者均提供较为全面的生活照料服务，但养护型养老机构中康复护理服务的级别和比重更高，且增加了临终关怀服务。

任务六　按营利性质划分

一、非营利养老机构

（一）传统的民政部门办养老机构

这类机构都是非营利性的养老机构，都是由国家投资的，如为“三无”老人提供服务的社会福

利院和为“五保户”提供服务的敬老院，在我国现有的养老机构中还占有一定的比例。这类公办养老机构在 2020 年之前要减少到 50% 以下。

（二）国有大中型企业兴办的养老机构

这种类型机构现在正在改革，会逐步走向市场化、社会化的管理。

（三）慈善机构举办的养老机构

各种类型的慈善基金会、红十字会、宗教机构等办的养老机构都在这个范围内。

（四）最近几年注册的养老机构

这种类型机构情况比较复杂，大多数名为非营利机构，实际上是微利、低利的养老机构。

二、营利养老机构

（一）各种类型的民办养老机构

第一，社会资本投资兴办的养老机构。这类养老机构大多数是为了获得一定回报而来的，因此必须有一定的盈利，才能满足投资者获得一定收益的基本要求。第二，混合资本兴办的养老机构。同样的道理，各种各样的投资者都希望得到投资回报。第三，外资办的养老机构。获得一定投资收益也是很正常的情况，我国养老市场的对外开放，要遵守市场的基本规则。

（二）中高档养老机构

这种类型的养老机构是为了满足部分经济收益较高的人群需求设立的，由于资金投入较大，需要得到一定的回报，并且有一定的资金积累用于维护这些养老机构的日常开支，且要开发新型的养老机构。

触类旁通

通过学习，我们从我国养老机构的纵向和横向两个方面，对我国养老机构做了全面了解，掌握了它们的基本特性以后，便于开展良好的服务和管理。

课堂练习

课堂讨论题：你怎样认识养老机构的非营利性特征。

案例分析

案例简介：杭州市江干区投资 5 亿元人民币，建设了一个中高档的医养结合的养老机构，由我国著名的绿康医养集团承包经营，收到了很好的效果。2017 年 8 月 31 日，中央电视台报道了它的情况。

分析：一方面，杭州市江干区政府领导重视应对老龄化的问题；另一方面，绿康医养集团是我国医养结合方面的龙头公司，能收到很好的效果。

项目二　养老机构的服务类型

任务情景

和一位外国的经济学家在讨论养老机构管理的时候，他问我，你们为什么那么重视研究养老机构的服务类型？

情景分析

我觉得上述问题提得很好，原因有二：一是由我们思考问题的方法决定的，养老机构太多，大概分为几类，找出它们的共同点和不同点，有利于思考问题条理化；二是在实际工作中，不同类型的养老机构有不同的特点，对其进行分类便于我们学习和了解。

学习探究

任务一　我国内地养老机构服务类型

一、福利服务型

（一）传统福利性养老机构

民政系统办的养老机构均属于这种类型。现在我国养老机构的主体，还是传统的由国家投资的民政系统办的养老机构，从乡镇的养老院、福利院到县城、地级市、省会城市办的国有公办的养老机构都充分体现国家的社会福利性特征。这主要解决城市“三无”老人和农村“五保户”，以及残疾人等弱势群体的养老问题。

（二）新办的各种类型的养老机构

我国普遍施行了对各种类型养老机构财政补贴和多方面的优惠措施。比如，对民办养老机构进行经济补贴，在全国范围内，新建养老机构一个床位补助 1.5 万元左右；改建、扩建的养老机构一个床位补助 1 万元左右，东部地区补助更高一些。

在各种类型养老机构建设初期，政府部门会在规划、土地、税收、财政、信贷支持、工商、交通等方面给予支持和补助。

同时，在养老机构建成以后，地方政府财政还会对入住老人进行一定的经济补偿，现在全国的基本标准为每人每月 100 ～ 300 元。

上述三方面充分表明，对于大量民间资本投资的养老机构，国家经济上也进行了较大的补贴和帮助，也体现了福利性特征。

二、救助服务型

（一）一般的救助服务型

一般的救助服务型养老机构是为了满足老年人紧急求助需求的养老机构。这也许是中国

特色的养老机构的一大标志之一。我国地域广大，居民居住分散，对于广大偏远山区、少数民族地区、边境地区居家养老的人来说，对养老的需求往往采取就近紧急救助的方式。

常用的紧急救助形式主要有：第一，120 紧急救助中心。这是当前我国服务面最广最为有效的救助方式之一。第二，110 紧急救助中心。本来这个中心的主要任务是治安管理、危险状况紧急救助。现在很多老年人在遇到困难的时候，也向 110 紧急求助，并且获得很好的效果。第三，119 消防救助中心。它本来主要用于火灾救助。现在有些老百姓遇到危险情况，也会向 119 消防救助中心求助。

（二）“互联网 +”养老救助服务型

在互联网十分发达的今天，网络为老人服务的模式不断出现，根本性的变化是把一般的紧急救助服务改变为互联网服务机构积极主动地为老人提供服务。过去提出为居家养老的老人提供“五送服务”，由于“互联网 +”的功能广泛应用，现在已经发展成为“十送服务”，或者叫作全方位的服务，只要老人有正当的需求，“互联网 +”养老服务机构就可以为老人提供适合的服务。

三、市场服务型

（一）高端、中端养老机构

这部分养老机构主要是为了满足少部分老人的需求。根据我国的基本国情，国家财政主要用于满足弱势群体、普遍性消费老人的基本需求。中高端的特殊需求，采用市场化服务的方式解决。

（二）养老产业的市场化发展趋向

根据《民政事业发展第十三个五年规划》要求，2020 年国有公办的养老机构 50% 以上要采取民营的形式。2030 年 90% 以上要采取民营的形式，不断提高养老机构的市场化水平。

任务二　我国香港特别行政区养老机构服务类型

一、我国香港地区养老的基本状况

（一）社会情况的基本特点

香港经济上属于发达地区，在 20 世纪七八十年代是“亚洲四小龙”之一。1997 年 7 月 1 日回归祖国以后，整个经济形势有了更大的发展，社会更加稳定。香港是世界上著名的金融中心、信息中心、交通中心、证券交易中心、文化娱乐中心之一。

（二）养老的基本特点

香港总人口少，可以利用的养老资源也相对丰富，居民收入相对较高；属于“有备而老”基本状态，居民医疗条件也相对较好，家庭病房和“上门送医”服务相对发达；居家养老为主，机构养老相辅助；社区服务功能也比较先进，所以居家养老和社区养老质量相对较高。

二、养老机构服务体系和类型

（一）基本养老服务体系

普遍的居民基本养老保险金制度全覆盖。基本居民医疗保险金制度比较健全，政府报销比例相对较高，结算也比较方便。

（二）养老机构服务类型

（1）医院附设养老院服务类型。主要接收需要高度医疗和护理的老人，相当于我国内地的失能老人。这是一种特殊的类型。

（2）高度照顾安老院服务类型。以收养身体虚弱，身体机能消失减退，在日常起居方面需要专人照顾料理，但是不需要住院治疗或者专人护理的老人，相当于我国内地的半失能老人。

（3）中度照顾安老院服务类型。主要接收有一定生活能力，基本能够自理但是又需要帮助服务的老人。

（4）低度照顾安老院服务类型。主要接收有生活能力的老人。

（5）混合式安老院服务类型。这种养老机构可以承担上述 4 个类型的所有服务。

任务三　美国养老机构服务类型

一、美国养老的基本状况

（一）美国情况简介

美国是经济发达国家，具有高度发达的现代市场经济，国民生产总值和对外贸易总值都居世界首位。美国工业技术先进，门类齐全，资源丰富，生产实力雄厚，劳动生产率高。美国也是世界上著名的金融中心所在地，信息、科技、教育、医疗、交通都比较发达。

（二）美国养老的基本特点

美国的养老服务体系比较健全和完善，居民的基本养老金和医疗保险金相对较高。美国也是世界上养老服务比较先进的国家之一，大中小型养老机构服务比较齐备。美国应对养老的时间比较长。有世界著名的大型养老机构，如太阳城，有 15 万人在里面居住，大部分为老年人，可供我们学习和借鉴。

二、美国的居住制度和养老机构服务类型

（一）居住制度

美国居民的居住制度比较先进。普通民众多采取拎包入住形式，非常有利于老人的居家养老和机构养老。医疗市场比较完善，家庭病房和送医上门历史比较长，有利于居家养老模式的实施。

（二）养老机构服务类型

（1）技术护理照顾型养老机构。主要接收需要医疗照顾但是不需要住院的老人，相当于我国的失能老人。

（2）中级护理照顾型养老机构。主要接收需要生活上照顾而不需要医疗照顾的老人。

（3）一般照顾型养老机构。主要接收有自理生活能力的老人。美国有很多这种形式的养老方式，如寄养之家、老年之家、老年公寓、退休社区、个人关照等。

触类旁通

我们在全面分析和介绍我国养老机构的服务类型以后，又介绍了我国香港地区和美国的养老机构的服务类型，使大家对养老机构的服务类型有了一个比较全面的认识。

课堂练习

课堂讨论题：谈谈对居家养老的基本认识。

案例分析

案例简介：我国香港地区政府帮助家庭照顾家中老年人，让老人可不失尊严地在社区安度晚年。政府提供多种社区辅助服务，是世界上养老服务较先进的地区之一。

分析：一方面，香港的退休养老服务体系比较完善；另一方面，香港的居住体制比较好，虽然住房面积相对较小，但是普通市民基本上都有自己的住房，这就为养老创造了良好的条件。

单元三 养老机构的服务内容、对象和特点

单元概述

养老机构服务的内容包罗万象，可提供全方位、全天候、全过程的服务。服务对象明确，工作任务具体，服务特点鲜明，环节紧扣，职责明确，落实到人。老年人从进入养老院大门开始，直到离开，可享受全过程跟踪服务。

学习目标

知识目标

（1）掌握服务的内容。

（2）掌握服务的对象。

（3）掌握服务的特点。

技能目标

（1）掌握生活照料的技能技巧。

（2）掌握康复护理的技能技巧。

（3）掌握紧急救助的技能技巧。

情感目标

（1）培养对老年人爱心、细心、关心的情结。

（2）树立爱岗敬业精神。

（3）培养良好的职业道德。

项目一 养老机构的服务内容

任务情景

某养老院3号房间，一位下肢瘫痪的老人，76岁，需要去洗浴，时间是冬天，室内温度8℃。

任务分析

这是一位半失能老人，洗浴护理是比较有难度的工作，气温低更是给护理增加了难度。在整个护理过程中，保温很重要。

学习探究

任务一 生 活 照 料

一、生活照料是养老机构的基本工作

生活照料是养老机构服务内容中最普通、最经常、最复杂、最细致的工作。古人讲“吃、喝、拉（排泄）、杂、睡，样样俱全”，可见其关系老年人生存的各个方面。

二、生活照料的基本内容

（一）吃

吃包括吃主食、副食、水果、药、零食、营养保健品等。凡是通过口把物体送入体内的行为都统称为“吃”。吃也有许多要求和条件，如温度、冷热、形状、粗细、软硬、营养搭配、爱好、口味、进食时间、因病禁止食品、吃食物时体位摆放姿势等。餐具的选择、使用、清洗、消毒也十分重要。

（二）喝

喝包括三项内容：一是呼吸空气，人们讲“喝西北风”中的“喝”就是讲“呼吸”。二是喝水（饮料）。水对人体十分重要，老年人喝水的方式大有讲究。三是喝药。帮助老年人喝药时需要细心、耐心。特别要注意说明书，防止失误，带来危险。

（三）拉（排泄）

大小便排泄照料，分为两种情况：一是基本自理老人，这种情况好办，重点是安全，严防滑倒摔伤；二是半自理老人，要注意轮椅和坐便器之间位置固定，防止摔倒。失能老人大小便排泄要根据不同老人身体状况选择尿采集器或便盆、坐便器，对于大小便失禁老人或留置造瘘口装置的老人要认真按照使用说明操作。应特别注意卫生，保护老人隐私。

（四）杂

杂主要指日常生活小事，如出门“五件事”：拐杖、钥匙、手机、钱包和眼镜。其实，还不止这些，如老年人水杯、卫生纸、随身听、放大镜、水果、外套等都需要准备齐全。老年人平时生活中有什么爱好、习惯使用的小物品都要准备。

（五）睡

睡眠对老年人来说是一件要事。寝室布置，床上用品选择、摆放，灯光使用，床头柜位置，从卧室到卫生间的通道，睡前服药，洗涤漱口，门窗开关，通风调温，紧急呼救器摆放，手机充电等零碎小事都要准备充分。

（六）洗

洗浴也是一项很重要的服务。养老机构应根据养老护理员培训规范要求进行操作。

（七）衣

老年人穿衣服也要讲究美观大方、清洁、得体、实用。要根据季节特点进行选择：冬天保暖，夏天清凉，春天美观，秋天大方。内衣选择轻柔棉制品，外套选择棉麻制品；帽子选择庄重实用的，风衣、雨衣、下装要选择得当；睡衣、休闲衣服也要选择搭配得当；袜子选择注意地区传统习惯；鞋子选择以舒适为第一标准。总之，从头到脚，从里到外都要尊重老年人的选择，以实用、方便、得体为佳。

（八）行

交通工具选择，如轮椅种类很多，先要做好评估，和供应商共同选择并做好培训，以便安全使用。一定要教会老年人使用紧急呼叫器和定位器。

（九）终

精神慰藉，安宁照护，尊重人格，善始善终。

任务二　康复护理

一、康复护理的重要意义

这是养老机构服务的重要内容之一。大中型养老机构一般设有专门的康复部（中心、科、室），由经过专门训练持证上岗的康复师进行护理。康复部或康复室管理有专门规定。同时，多数养老机构除有专门的康复机构外，还在临近老年人居住房间附近设置康复器具，便于老年人康复运动。设施条件很好的养老机构都重视专门康复部门和护理员经常康复相结合。中等或康复设施相对一般的养老机构康复护理都以护理员对老年人进行康复护理为主。

二、康复护理的发展

康复服务在我国起步很晚，以前主要由专门的康复医院进行。2008 年奥运会在北京召开前后，很多为运动员康复专门机构建立运营，为我国康复行业带来了生机。同时，养老机构康复设施逐步普及，为老年人康复提供新的机会。不过，我国康复护理水平不高，设施不充足、不完善的情况还存在，康复辅具生产供不应求、康复人才不足情况短期依然难以改变。

但是，为了满足老年人的康复需求，养老机构和康复辅具生产厂商要共同努力，尽快把康复服务工作发展起来。康复护理是养老机构服务的重要内容。

任务三　紧急救援

一、紧急救援的含义

紧急救援是养老机构服务的一项重要工作内容。老年人突发疾病和意外伤害事故的事件每时每刻都可能发生，紧急抢救时刻都可能进行。紧急救援最突出的特点就是事件往往会在一分钟甚至几

秒钟的时间之内发生生命危险，是关系到老年人生命安全和养老机构生存的重大责任。

二、紧急救援的方式方法

（一）突发疾病紧急抢救

老年人多有心血管、脑血管、高血压疾病，这些疾病大多数发病突然，如紧急抢救不当，就有生命危险。因此，关键在平时做好充分准备，抢救药物、器具、设施保持完好常态，可有效使用。医务人员、护理人员、救护车司机要加强训练，并有抢救意识，确保抢救顺利进行。

（二）摔伤和跌倒抢救

老年人由于智力下降，身体功能衰老退化，外伤事故经常发生，大多数为意外摔伤、意外跌倒。实际调查统计可知，老年人意外摔伤、跌倒往往是由于脑神经系统疾病所致。养老机构要充分做好抢救准备，保证有效及时抢救。

（三）走失迷路救援

老年人外出走失事件时有发生，迷路的情况也经常出现，防止此类事故发生关键在于平时加强定位器的使用，这样一旦出现老年人走失事件能够及时对其进行救援。

（四）意外伤害救援

老年人意外受伤事件发生率比较高，前面讲到的摔伤和跌倒是一种，此外，还有使用刀具不当受伤、碰伤、挤压伤，甚至突发神经系统疾病伤害都可能发生，因此，预防为主、及时救援非常重要。

（五）中毒救援

食物中毒、药物中毒、煤气中毒、化妆品中毒及意想不到的中毒都有可能发生。养老机构要抓好培训演习和实际准备工作，确保救援顺利进行。

（六）交通事故救援

“车祸猛于虎”，一旦发生交通事故，首先要求助 120 急救中心、110 报警平台，养老机构紧密配合救援。其次，观察老人状况，不要随意移动位置，先检查是否还有呼吸能力，以及脉搏和心跳状况，必要时进行人工呼吸；如果受伤部位失血较多，要进行简单的止血包扎；如果老人还有其他如高血压、心血管病之类的并发症，要及时服用急救药物，等待 120 救护车的到来。

触类旁通

由上可知，养老机构服务的内容纷繁复杂，使用全方位、全过程、全天候来形容较为准确。“首问负责制”“终身负责制”“顾客至上”“服务第一”都是对养老机构服务的基本要求。管理无小事，服务无止境。

课堂练习

练习一：张大伯，71 岁，右上肢瘫痪，请为他进行进食体位摆放。

练习要求：实训室进行。

练习二：李奶奶，86 岁，意外跌倒，右腿大腿粉碎性骨折，请进行一次包扎抢救。

案例分析

案例简介：某养老机构是一家有 380 个床位的民营养老机构，在 2019 年 3 月 20 日，入住老人已有 160 多位，经营效果比较好。一天下午 5 点一位老人不幸走失，工作人员经过紧张的寻找，在距离养老机构约 500 米的草地发现了老人的尸体。这件事引起了很不好的社会影响，于是养老机构调整了管理方式，把大门紧紧地关闭起来，但这又影响了老人自由活动和亲友的探视活动。

一个月以后，有 20 多位老人提出要离开该养老机构，养老机构进行了耐心的劝说和管理上的改进，才让这些老人留了下来。

分析：上面的案例告诉我们，养老机构的管理是非常重要的，首先要保证老人的安全，其次要让老人生活得更好，粗心大意是不行的，在管理上来不得半点疏忽。

项目二　养老机构的服务对象

任务情景

北京某国际养老高级论坛上高教授讲道：“养老机构的服务对象是人！”某研究院李院长说：“养老机构的服务对象是老年人，特别是失能老人！”专家的说法没错，但是养老机构具体的服务对象都有哪些呢?

任务分析

前面讲服务内容的时候讲了养老机构应该进行的工作，与这些事件紧密联系的一方就是服务对象。否则，服务内容就无法实施。没有对象，哪有内容?

学习探究

任务一　自理服务对象

一、当前养老机构服务的主要对象

能够自理，又入住养老院的老年人所占比例较小，世界上大多数国家都是如此。目前，老年公

寓是普遍接受自理老年人的养老机构，传统福利院、敬老院接收的大多是自理老年人。美国、英国、瑞典等国的老年公寓都属于自理服务的养老机构。

据统计，我国现有700多万张床位中，大部分收养的为自理老年人。自理服务对象的入院目的：一是为了脱离居家养老的孤独环境，特别是丧偶老人更是如此；二是为了寻求安全感，也是子女对父母安全的一种交代；三是为了减轻家务劳动负担，如可省去买菜、煮饭、洗衣服、打扫卫生、清理杂务等。当然，还可能存在其他一些原因。

二、服务自理服务对象的原则

（一）坚持“以人为本”原则

自理老年人头脑清醒、行动方便、条理清晰，对他们要设计“个性化”的服务。

（二）坚持服务质量第一的原则

组织他们参加“老年大学”学习；参加“候鸟式”养老活动；参加书画组织、老年舞蹈队等，从而提高他们的生命质量和生活质量。

（三）坚持社会效益与经济效益兼顾原则

从企业本质上讲，社会效益永远是第一位的，企业赚了钱也要回报社会，养老机构更应该二者兼顾。提倡以社会资本建立的养老机构为政府分忧，接收城镇“三无”老人和农村“五保户”入住。

任务二　介助服务对象

一、介助服务对象的范围

介助服务是指对半失能老年人进行生活照料、医疗救治、康复护理、精神慰藉的一种养老服务形式。介助服务对象是部分自理老人，或者称为“具有轻度自理能力”和“生活需要中度依赖”的老年人。如有的老年人只是左腿高位截肢，其他身体功能很好，他们便需要介助服务。

但是，介助服务对象中大部分有较为严重的疾病或者多种疾病的并发症，其生活能力、自理能力较差，需要更多的帮助和护理。

二、介助服务的基本要求

第一，介助服务要求。24小时有医护人员进行医疗救助，或者24小时有医生和护理人员值班，根据老人需要及时开展医疗、护理、抢救工作。第二，一般情况下会有亲友参加护理。特别是在县城、乡镇和村的养老机构，一方面是工作人员有限；另一方面是这部分老人相对收入较低，亲友参加护理服务，可以减轻经费开支，同时还有助于维护老人和亲友之间的亲情。

任务三　介护服务对象

一、介护服务的国际经验

介护服务是英国等老龄化出现较早的国家，对失能老年人进行生活照料、康复护理、医疗救治、

精神慰藉、临终关怀等养老服务的一种形式。核心是服务对象“生活完全不能自理”。最近几年，日本培养“养老介护士”引起人们关注。英国把失能老人入住的养老机构称为“养老院”，瑞典则把此类机构称为“疗养院”，这类同于我国的“医养结合”的养老机构。

二、我国“医养结合”模式探索

现在我国各级管理部门和社会对“医养结合”已达成共识，对类似国外介护服务的设施设备建设加大投入。我国由于人口众多，需要介护服务和介助服务的市场需求不断增长。在不久的将来“医养结合”养老机构会迅速投入运营，需要大量的管理人才参与其中。

任务反馈

通过以上学习，我们了解了什么叫“自理服务”“介助服务”“介护服务”，这些都是养老机构的基本服务形式。现在我们要明确“介助服务”的对象是“半失能老人”；“介护服务”的对象是“失能老人”，是生活“完全不能自理”的老年人，他们是最需要养老机构服务的人群。

作为老年服务与管理专业的学生，我们是养老产业专门化人才，需要学习专业知识、管理方法；了解我国养老产业宏观状况，国内国际养老产业先进经验，我国老年人的需求；认清自己所在的养老机构在国内地区行业所处的地位，找出与其他养老机构的差距，通过努力赶超先进，提供一流的服务，创造一流的养老机构。

课堂练习

练习一：学习“养老机构的服务对象”以后，我们了解到我国半失能老年人和失能老年人需要介助服务和介护服务。但是，我国养老产业起步晚，设施缺乏，人才严重短缺，管理经验少。我们青年学生如何以实际行动为发展养老产业做出自己的贡献呢？

练习二：请比较美国或英国养老机构管理与我国养老机构管理的区别。

案例分析

案例简介：某市一家民营养老机构在创业的初期坚持“健康养老”的理念，宣传不接收失能、半失能老年人入住，只接收有自理能力的老年人。500张床位的养老机构，在入住200位老人以后，有一位老人成为半失能老人，一个月以后，有两位老人成为失能老人。面对这种情况，这家养老机构不可能坚持只接受自理老人的经营理念了。这家养老机构还有300个床位需要入住，还没有达到盈利平衡点。也就是说，这家机构不再入住老人就会亏损。怎么办？

案例分析：这个案例告诉我们，这家养老机构的创立者还不懂得养老机构的基本任务和态势；没有真正理解创立养老机构的基本目的；难道你这样的养老机构能把今后产生的半失能、失能老人赶出去吗？

项目三 养老机构的服务特点

任务情景

在世界范围内，养老机构存在有100多年历史，在我国，传统社会福利机构存在60多年，真正意义上的养老机构只有十几年历史，传统的福利机构虽然也接收老年人，但是其中“三无”人员、孤独人员、残疾人员占多数。我国面对“老龄化”应该以1985年北京大学成立“老年研究中心”为标志，至今有30多年，如以1999年我国正式宣布进入“老龄化”为开端，只有20余年，而我国真正建立社会化、市场化养老机构是从2013年起，因此要总结我国养老机构特点，还是一种探索。

任务分析

要完成养老机构的特点总结，首先要有可总结的对象，现在人们对我国养老基本模式还处于探索阶段，如2015年前表述为“机构养老为支撑”，最近改变为“机构养老为补充”，说明“机构养老”的角色有所改变。有学者认为1998年前后制定的“973”工程应该改为“982”方案，机构养老人数由原来占老年人的3%减少为2%，实际上减少1/3。这是需要引起人们高度重视的改变。

民政部公布的“十三五规划”，把2020年机构养老床位建设目标定位为35‰～40‰，即机构养老所占比重由2018年前的3%增加为3.5%～4%，或者将“973”工程改变为“964”工程，这是一个可喜的进步。可以预见，随着我国经济发展和社会进步，养老机构数量增加会更快，作用发挥会更加充分。

学习探究

任务一 福 利 性

一、福利性是养老机构的共同特性

养老机构的服务特点是对它们的基本状况、经营过程、服务内容、服务对象，以及在社会经济生活中地位作用的总结。

（一）外国的状况

人类社会不断发展，经济增长不断加快，文明程度不断提高，整个社会对弱势群体，如孤独者、残疾人、老年人的福利性支出不断增加。美国对老年人等弱势群体的福利性支出，开始是很不重视的。1930年，美国经济大萧条时期，65岁以上老年人有600多万，其中有200多万人没有财产，也没有收入，生活贫困。1935年，美国就通过以养老保险为主体的《社会保障法》，确定了政

府和社会应该承担老年人养老的责任。

（二）我国的状况

中华人民共和国建立以后，很快就建立了社会保障制度，1950 年颁布的《中华人民共和国婚姻法》就规定“子女有抚养父母的义务”，确保老年人老有依靠。不久建立了城镇“三无”老人赡养制度，1956 年实行农村“五保户”集体供应制度。特别是 2013 年 7 月 1 日实施第二次修订的《中华人民共和国老年人权益保障法》，将大力推动全社会实现“老有所养，老有所医，老有所教，老有所学，老有所为，老有所乐”的目标。

二、我国社会福利的大发展

我国城镇养老保险和医疗保险实行较好，失业保险和最低生活保障制度实行顺畅，农村养老和医疗保险已基本实现全覆盖，现在已实现城镇和农村同等待遇，实现了重大的飞跃。养老保险金由基础养老金和个人账户保险金两部分构成，基础养老金部分统一由国家财政补贴，标准为每人每月不低于 55 元，个人养老金按个人账户多年累积金额分 139 个月按月发放，对实施时未缴纳人员，每月领取基本养老金部分，这点充分体现全社会的福利性。我国比较完善的社会保障体系基本建立，全社会福利性基本实现。

现在，我国全方位、多层次养老机构如雨后春笋般建立，不久的将来会充分满足全社会老年人的需要，社会福利性将得到更加充分的实现。

任务二　服　务　性

服务是永恒的话题。养老机构的服务性特征是不以人们主观意志为转移的，是由自身性质决定的。

一、产业范围决定论

人类总是要生产的，不同历史阶段有不同产业范围划分方法。自 20 世纪 70 年代，国际上将产业划分为一、二、三产业以来，养老服务机构从事的产业就属于“服务业”范围，无论是称为“服务业”，还是称为“第三产业”，本质上都是服务性的行业。

二、工作任务决定论

内容决定形式，并决定事物特性。养老机构的工作任务是为满足老年人生活照料、医疗治病、康复保健、文化娱乐、精神慰藉等需要，所有这些都是服务，为老年人服务。从养老机构的经济性质分析，可分为非营利性、微利性、营利性三种。非营利性类养老机构的工作任务就是服务；微利性养老机构的工作是服务为主，营利为辅；营利性养老机构是通过服务来营利的，没有服务，靠什么营利？养老机构的性质决定其不可能成为高利润行业，营利也是相对的，服务是主要的。

三、福利性决定服务性

一般而论，福利性的行业都是属于服务性的。福利是什么，是社会提供给人们的物质或精神消费形式，是一种享受，没有服务过程，社会福利难以实现。

任务三　公　益　性

所谓公益是公共利益事业的简称，即社会公众的福祉和利益。养老机构的“公益性”是由自身性质决定的，主要由以下因素构成。

一、投资主体的性质

世界各国养老机构的投资主体大部分是国家财政，是政府代表人民、代表社会投入养老机构，根本上就是“公益事业”或“公益性社会组织”。同时，慈善机构投入养老机构也是“非营利性”的，是“公益性”的，部分投资人，虽然以盈利为目的，但是行业本身要求养老机构应该具有“公益性”，否则你就不要来投入养老产业，如果你对行业特色不了解，投入后也会难以经营。

二、行业业态的要求

养老机构所在行业的业态要求它的“公益性”，人们难以想象整个社会的养老机构都是以“公益性”为主、以“公益性”为荣，少数追求“高利润”，甚至“暴利”的养老机构还能正常存在。

任务四　经　营　性

一、经营社会成员的普遍要求

经营是任何社会组织、企业、政府部门、家庭都必须承担的职责。养老机构分属社会组织或企业类型，经营不善难以发展，甚至难以生存，因为就连一个小小家庭，如果经营不善也会难以维持。所以，经营性特征是大部分社会成员普遍适应的特质，养老机构也毫不例外。

二、社会需要经营和管理

经营和管理是紧密联系的，福利性、公益性、微利性、营利性养老机构都应该搞好经营管理，服务老年人，回馈社会。我们不要错误地认为，福利性公益性机构就可以不认真经营，经营是社会的普遍要求和现象。

任务五　风　险　性

一、养老机构服务的对象是高风险人群

养老机构接收的人员年龄偏大，生理功能退化或严重退化，生活自理能力较差，容易发生摔伤跌倒事件，因此引起骨折、中风，甚至猝死情况发生；入院老年人患有心血管、脑血管系统疾病比例较高，高血压、心脏病、糖尿病患者、智力障碍、老年神经病患者发病率较高，等等。养老机构管理和服务不能有任何失误，否则会带来难以想象的后果。

二、防止养护纠纷带来的风险

目前，医疗纠纷发案率越来越高，因此国家出台了相关法律保护医护人员正当利益和人身安全。

但是养护纠纷处理还没有专门的法律法规，一旦发生养护纠纷处理起来比较麻烦：一是老年人属于需要关注的群体，多数人多数情况下容易站在老人和老人家庭一方；二是当前大多数老年人子女和亲友对入院老年人接触不多，关心不够，了解实际情况不准确，容易产生偏见。所以，一旦发生纠纷受损失大的往往是养老机构和护理人员。

三、养老产业是投资资金量大、回收周期长的产业

因为投资周期长，如果中途出现重大风险，产生连锁反应，经营无法继续进行，投资成本将难以收回。

四、预防人为的风险

人是决定性因素，如果经营过程中出现中级甚至高级管理人员重大失误的风险，损伤也是巨大的。目前，我国保险行业系统还未健全，特别是对养老机构和老年人的保险品种少，服务很不到位，养老机构风险较大。

任务反馈

通过以上学习，我们对养老机构经营管理存在的五大风险有了基本的认识。回头再去看养老产业发展的阶段历史，以及人们对机构养老模式的思考，对我们增强学习信心会有积极作用。

课堂练习

练习一（案例分析）：李爷爷，83 岁，因为外出时没有戴定位跟踪仪，迷路了，经过多方救援，在 23 个小时后才找到。你怎样看待这个事故风险？

练习二：你怎样理解养护纠纷带来的风险？

案例分析

案例简介：某养老院因为厨师工作不认真负责，错误地将清洗厨房用的碱面作为食用盐使用，结果发生食物中毒事件，使 30 多位老人住院治疗，大部分老人严重腹泻，部分老人本身肠胃病就比较严重，这次食物中毒事故，更加加重了老人的病情。入院老年人纷纷要求离开，部分老人及其亲友要求赔偿损失。后来经政府主管部门、保险部门协调、帮助，老人和亲友得到比较满意的处理结果，事故责任人也受到了严肃的处罚。

案例分析：这个案例告诉我们，养老机构的安全问题是十分重要的事情，任何养老工作者都必须对此予以高度重视，来不得半点虚假和骄傲。

第二篇

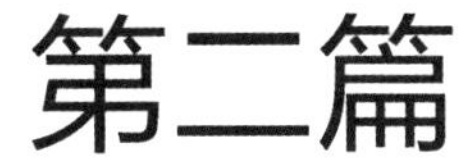

养老机构建设

单元四　养老机构的选址

单元概述

要创建一家养老机构，项目选址十分重要。首先要清楚所在区域和机构类型：是在城市还是在乡镇？是社区机构、养老公寓还是护理院或者医养结合机构？所在区域和类型不同，选址就存在着很大的区别和要求。其次，要从区域经济方面来分析，对于某一城市和某一区域的社会历史文化都要有深入的调查研究。

在确定了城市、乡镇、村以后，确定养老机构地址要做到：一看消费群体、二看交通、三看人气、四看医疗服务水平、五看环境、六看商圈。

总体评估要综合素质好，特色明显突出。

学习目标

知识目标

（1）掌握基本的社会、历史、文化、民俗知识。

（2）掌握养老机构基本建筑规范知识。

（3）掌握医疗评估和环境保护知识。

技能目标

（1）掌握市场调查研究技能。

（2）掌握写作可行性报告及项目建议书技能。

（3）掌握综合评估分析能力。

情感目标

（1）有一颗热爱养老产业的心。

（2）怀揣创造优秀养老机构的梦想。

项目一　养老机构选址

任务情景

某养老集团，需要在全国各省级城市分别建设一家500床位的养老机构，小胡是一个刚毕业分配到这家养老集团市场开发总部的著名职业学院的高才生，被抽调到该集团规划发展部，负责整个项目的选址和建设工作。

任务分析

对于毕业不久的小胡来说，这既是一个机遇，也是一个挑战。在部门经理和老同志的带领下，在工程技术人员的参与下，若她能虚心学习和做好功课，是可以完成好这项工作任务的。

对于被分配到规划设计部门的同学，这会是经常性的工作之一。

学习探究

任务一　城市、乡镇、村的选择

养老机构地址的选择是一项要求很高，需要有较丰富的知识结构和工作能力的团队完成的工作。相关工作人员不但要有社会历史文化知识、经济知识、建筑技术知识，更要有人文情怀。

一、根据投资者的要求开展工作

选择什么样的地址建设养老机构，项目投资者有它的基本要求和打算，达成这个目标是项目选址团队最基本的要求之一。

一般要注意以下工作：第一，要领会建设单位的基本精神。通过和建设单位领导交流和沟通，弄懂其建设定位和核心理念来实现其目标。第二，参观、考察已经建成的成熟项目。通过分析、研究发现投资者所喜爱的建筑风格，建筑环境和自然条件，总结其优势，找出其短处和不足，达到学习和借鉴的目的。第三，根据投资者的意图查阅资料，到外地考察学习，和投资者交流心得，寻找共同点和闪光点。

二、进行可对比性选择

（一）城市之间的对比

在项目地址选择上，首先要选择三个以上的城市，对其社会、历史、文化、经济条件进行对比，找出其优势和缺陷。

（二）城镇之间的对比

我国的城镇可供选择范围很广，在对比的时候主要推出其突出的特色和优势，可以设置表格列表进行对照。这里的城镇主要包括县城和县级市。

（三）乡镇之间的对比

我国有3.99万个乡镇，分别具有特色或优势，在选择了投资目标以后，要进行综合比较和分析，拿出有说服力的论点和论据，供投资者选择。

（四）在村所在地进行对比

我国有54.2万个村民委员会。农村是我国养老机构建设的薄弱地区之一，市场发展前景很好，如果新农村建设和“乡村游”结合起来，是一种很好的选择。

总之，区域经济、城市经济、乡村经济、文化历史传统、风俗人情都是养老机构选址的重要参考条件。

任务二　交通条件的选择

养老机构选址要综合考量环境条件，在现代化条件下，主要应注意以下方面。

一、老年人进出方便

交通发达、人们出行方便是现代化的重要标志之一。养老机构选址必须符合这一基本条件。

（一）大交通选择

（1）空港。乘飞机外出是当前人们的一个重要出行途径，养老机构应选择在离城市的空港较近的地方，选择在空港与老城区之间的中心地带最好，这样有利于老年人进城购物和外出。但要注意不要在飞机起落的主要通道内，因为噪声会影响老年人睡眠，也不利于身体健康。

（2）高铁。养老机构选址在城市的高铁站附近也是一个比较好的决定，在今后一段时间内，我国的高铁运输还会更为发达，这非常有利于老年人外出。

（3）长途汽车站。离长途汽车站近非常重要，尤其是自理老年人，往往会选择这一交通工具。

（4）公交车站。离公交车站近不但有利于老年人出行，而且有利于老年人的亲戚朋友对老年人的探望。

（二）交通环境的综合平衡

养老机构应该选择各种交通环境都比较适合的地方，比如空港和高铁车站，要互相照应、重点突出，在空港和高铁站比较时，靠近高铁站更合适一些。长途汽车站、公交车站的位置也应该适当考虑。

（三）养老机构周边的交通环境

一是离高速公路和高铁路不能太近。因为离得太近既不利于人们的身体健康，又不利于老年人休息。二是门口交通环境要良好。既要注意老年人进出的安全，又要汽车进出方便安全，特别是救护车进出要十分通畅。三是附近要有明显的标志建筑。这既有利于老人和亲友识别，又有一定的广告效应。

二、有利于就医

良好的医疗环境和条件是老年人需求的重要方面，养老机构一定要选择在距离城市重要的医疗机构交通方便的地方。

（一）距离要短

老人在发生危险病情时，能在很短的时间内送到医院进行抢救。

（二）道路要通畅

城市交通拥堵是当前普遍存在的现象，因此养老机构到医院有快速通道为佳。

三、有利于购物

这也是一个重要的条件，老年人最害怕的是寂寞和孤独，老年人最大的优势是有充裕的时间。因此，大多数老年人喜欢到比较繁华的购物场所活动，以满足自己的心理需要。同时，这一代老年人很多都经历过艰苦贫穷的日子，他们到购物场所就是不采购商品，看一看物资丰富的景象也会有一种幸福感。

任务三　人气和医疗环境的选择

人气和医疗环境是一个综合性较强的指标。对中青年人来说，选择一个环境优雅、清静的地方休养一个月或者半个月是一种享受。但是对老年人来说，则应进行认真的综合研究。

一、人气

（一）人气旺有利于养老和工作

养老机构应选择人气比较旺的地方建设，这不但能够消除老年人害怕孤独和寂寞的心理状态，而且对养老机构的工作人员来讲也是一个很重要的环境条件，养老机构的所有工作人员成天和老年人打交道，特别是年轻人在心理上有一种特别的安静，甚至是某种程度的压抑，是不可否认的事实。养老机构选择人气旺盛的地方，可以调节心理环境，有利于大家心身愉快养老和工作生活。

（二）人气旺有利于提升老人亲友选择的概率

老年人在选择养老机构的时候，其委托人、子女和亲友会发挥很大的作用。通常条件下，大家都会选择人气比较旺的地方居住和生活。这是中华民族传统文化的重要内容之一，这有利于老年人的子女和亲友经常到养老机构来探望老年人，有利于老年人生活质量的提高。

二、医疗环境

（一）要考虑养老机构与所在城市主要医疗机构的交通环境

这里讲的医疗环境主要是从综合条件方面来考虑，比如大部分老人都喜欢中医治疗，如果养老机构距离中医院和老年病医院距离较短就再好不过了。

（二）老年人的就医爱好、选择倾向很重要

有的老年人几十年以来在某一医院长期就医，对其医疗条件和医生有高度的信任感，这类医院等级可能并不高，但由于它历史悠久、信誉较好，受到老年人的青睐，这是我们选择养老机构地址时也应该充分注意到的。

（三）要距离社区和街道医院较近

老年人一般慢性病较多，医疗保险费用也较低，大多数时候在社区和街道医院就医是最适合的。医疗环境条件选择好了，也可以弥补某些中小型养老机构医疗条件不足的缺陷。

任务四　风景的选择

一、风景优美，最具吸引力

选择风景优美的地方建立养老机构具有很大的吸引力和青春活力。爱美之心人皆有之，在自然界天然、优美的风景所在地建立养老机构具有无与伦比的优势。我们应对其进行认真研究和具体分析。

（一）历史状况分析

当前我国风景优美的地方大部分已被开发利用和保护起来：第一，在历史上已被大量的宗教场所占用，很多已经成为宗教圣地。第二，森林公园、湿地公园、地质公园、文化遗产等保护区，可以选择的余地不大。第三，其中一部分已被传统的政府机构和大型国有企业开发为医院、养老院。第四，乡村游、农家乐也占了很多风景优美的地方。因此，总体来讲，可供我们去建设养老院的风景优美的地方已经不多，需要我们精心策划、精心设计。

（二）选择中间地带

面对历史和当前的实际情况，我们必须做出实事求是的选择。最好的方式之一是，在上述宗教圣地、风景区、保护区与城市之间的中间地带选择风景较为优美的地方建设养老机构。这样既可以享受现代城市的文明和繁华，还可以享有优美的风景胜地。

（三）合作开发建设

上述风景名胜地区和保护区也需要进一步发展，和它们合作开发养老机构是最佳选择之一。尤其是当前的乡村旅游、农家乐基地一般规模较大，还有利用和发展空间。

二、水和空气资源选择

（一）水资源至关重要

水是生命产生的源泉，空气是生命存在的条件。这两个方面对于养老机构都非常重要。在宗教圣地、风景胜地和保护区，一般都有优秀的水质存在，这便于提高老年人的生活质量和生命质量，而且这将非常有利于养老机构的品牌提升和业务发展。

（二）空气质量锦上添花

养老机构选择在风景优美的地方，山好水好森林覆盖一定好，所以空气新鲜，负离子含量一定很高，有利于老年人的身体健康及慢性病的医疗。

三、休闲环境选择

养老机构选择在宗教圣地、风景胜地和保护地附近，可以充分利用已有的休闲场所和环境，方便老年人休闲旅游，共享历史遗留的宝贵财富，共享现代社会发展的优秀成果。在风景胜地建设的养老机构，因外地来的游客较多，人气很旺，可以满足老年人心理上对热闹的需求，可在很大程度上消除孤独和恐惧，体会到在社会大环境中生活的快乐，充分感受到自己的幸福生活。

任务五　购物环境的选择

购物环境良好对于中小型养老机构来说是非常重要的条件之一。前面讲交通条件的时候也讲过购物环境，不过是从总体和广泛的角度来讲交通条件，这里专门分析养老机构需要的购物环境。

在大城市的老城区，在中等城市和县城的老城区，建设养老机构特别要注意购物环境。

一、根据入住人员主体考虑

现在大部分养老机构都是以有自理能力的人员入住为主，他们在城市中心生活习惯了，对于购物环境有特别的偏好，这是要认真考虑的。这对于提高养老机构的吸引力有很重要的作用，有利于市场开发。

二、从活动场所考虑

在老城区和城市中心的养老机构由于土地量少价贵的原因，往往活动场所较少，如果能充分运用老城区环境优美的良好的购物场所，将会增加老年人的生活活动空间，丰富老年人的生活。

我们在市场调研中充分发现，像杭州这样的中心城市，很多居家养老和社区养老的老人，在炎热的夏天，会到银行的等候区内纳凉和休息；在很多大型的商场和超市，也会有不少老年人在公共场所休息，这是老年人在实际生活中的一个发现和创造。在城市的老城区选择修建养老机构的时候，充分考虑老年人的这一需求是必要的。

触类旁通

通过以上学习，我们已经基本上消除了刚开始学习时的顾虑：一方面，最初许多学生错误地认为项目选址工作是建筑专业人才应做的事，养老管理专业的学生难以完成，其实不然；另一方面，养老机构地址的选择需要综合能力，刚刚参加工作的学生难以完成，这种观点同样是片面的。我们提倡团队精神，在部门经理、老同志和工程技术人员的团队作用下，刚刚参加工作的学生还是可以完成这项工作的，而且是一个绝好的锻炼和学习机会。

课堂练习

练习题一：请从五个方面说明在风景名胜区选择建设养老机构地址的注意事项。

练习题二：请你谈谈在日常生活中看到的养老机构选择地址不当的事例，并加以分析说明。

案例分析

案例简介：建设在距离长沙市区约 40 千米的老化学工业园区里的一家民营养老机构，总投资 4500 多万元，有 500 多个床位，开业 3 年多来，入住率长期达不到 30% 左右，一直处于严重亏损状态。

分析：这家养老机构的地址选择，没有经过认真研究。主要有两大缺陷：第一，交通位置不好，可以说是长沙郊区建设的养老机构中交通位置最为不好的一家。第二，没有重视环境评估，养老机构紧挨着化学工业园区，老人和家属势必会对入住将给老人身体健康带来的不确定性有顾虑和担忧，从而影响其入住率。

项目二　养老用地和土地使用权

任务情景

某养老机构想在城市的西郊新开发建设一家养老院，前期准备工作都已经完成，现在进入关键时期，需要从国土部门获得土地使用权，这可是一项十分艰巨重大的任务。

任务分析

想完成这样艰巨的任务，要做好各种各样的准备。首先是内部的准备。在养老机构内部应该由领导组织各部门负责人召开一次会议，说明取得土地使用权对于开发新项目的重要性。其次是组织专门的工作班子，一般由分管副总和副院长负责，由部门经理带领一位工作人员进行具体工作。最后是准备具体的文字资料，外部工作随即展开。

学习探究

任务一　了解办事程序

一、到当地民政部门汇报咨询

按照我国养老机构登记办法规定，基层的民政管理部门是县级民政局，采用属地管理办法，养老机构都归所在地民政部门管理。同时，养老机构登记办法还规定，县级以上人民政府投资兴办的养老机构可以向同级政府民政部门申请登记。

另外，外国的组织、个人独资或者与我国的组织、个人合资设立养老机构的，香港、澳门、台湾地区的组织、个人以及华侨独资，或者与内地（大陆）的组织、个人合资、合作设立养老机构的，由所在地省级人民政府民政部门，或者委托的地区、市的民政部门登记。因此，养老机构要根据自己的投资状况到上述相关的民政部门咨询，并汇报工作。

二、到政府办事大厅履行手续

在我国的大部分地区，民政部门都专门设有一个办事大厅，处理有关民政方面的事务工作。因此，办事人员首先应该到当地民政部门的办事大厅去咨询并获得相应的指导，把办事程序了解明白以后再进行下一步工作。

另外，由于我们是办理养老机构的土地许可证，涉及国土部门、规划部门、市场监管部门、建设部门等相关部门，所以需要到政府的综合型办事大厅才能够完成申报程序。

三、资料整理和文件准备

经过上面的咨询及整理，往往会得到许多报表，且需要准备很多资料。我们要把这些报表，需要准备的批文和文件资料清单带回自己所在的养老机构，反复阅读和分析，在理解的基础上进行填写。

一般会遇到这样的情况：主办人员工作岗位已经变动。由于项目开发时间较长，个别管理人员已经跳槽到其他单位，在移交工作时应该交的资料已经被带走，这是非常麻烦的事情。

面对这种情况需要重新向有关部门提出申请报告，取得符合要求的批文和资料。总之，这是一项非常细致、复杂而具体的工作。

任务二　取得政府领导的支持和帮助

在当前我国的具体社会和经济形势条件下，开发任何项目的制约瓶颈都在于获得土地使用权。因为土地是不可再生的最为稀缺的资源，因此办理合法手续的整个过程是非常复杂而麻烦的。

一、取得地方政府领导的支持

当前，养老产业是受到最大重视和关注的主导产业之一，得到党和政府最高领导人的高度重视。2016 年习近平总书记就亲自主持三次会议研究养老问题，2017 年李克强总理在政府工作报告中 8 次提及“养老”，2018 年则达到 10 次，2019 年高达 15 次，这说明养老产业在我国当前的地位是多么重要，理所应当得到当地政府主要领导的支持和关心。

因此，养老机构的领导和工作人员，在办理土地使用权的时候遇到工作上的困难，应该积极主动地向当地政府的主要领导汇报工作，以取得他们的支持和帮助，使办证工作能够顺利进行。

二、取得部门领导的支持

当地民政部门的主要领导应该关心养老机构办理重大事项的问题，这是他们的工作职责所在。同时，养老机构也应该积极主动地向他们汇报工作，把所遇到的困难和产生困难的原因，如实详细地汇报清楚，取得部门领导的支持，并协商具体的解决方法，使问题顺利解决。

三、要找到解决问题的突破口

工作过程中遇到具体的困难，应该发挥团队精神，由主要领导出面，找出产生问题的关键所在，研究出可以解决问题的重要方法，找到解决困难的突破口，再按照程序逐步解决困难。

触类旁通

取得合法的土地使用权，是养老机构筹备过程中所有工作中难度最大的工作。通过以上学习，我们要展开丰富的想象，并且充分认识、了解中国的基本国情，依法、合理、巧妙地解决工作中所遇到的困难。

课堂练习

练习一：你是怎样理解依法办事和灵活机动的工作方法相结合的？

练习二：请谈谈你对土地资源的认识。

案例分析

案例简介：某市一家民办养老机构，经过三年半的时间才基本准备好前期工作，在要取得土地使用权的关键时刻遇到了困难。主要原因是，由于筹备时间太长，分管工作的副市长已经退休。新的市领导对这家养老机构有一些误解，土地使用权的办理工作受到了重大的阻碍。

分析：政府主要负责人工作调动、退休都是正常的情况。面对新的政府领导，化解误解的方法有两个：一是通过艰苦细致的工作让新的领导消除误会；二是向更上一级领导汇报工作，取得他的支持。

单元五　养老机构的建筑设计

单元概述

在学习本项目之前，请再一次阅读中华人民共和国建设部发布的《老年人居住建筑设计标准》（2003 年 9 月 1 日）、《城镇老年人设施规划规范》（2008 年 6 月 1 日）、《老年养护院建设标准》（2010 年 11 月 17 日）、《社区老年人日间照料中心建设标准》（2010 年 11 月）等主要涉及本章内容的规范标准。2017 年 3 月 7 日，国务院办公厅发布《关于进一步激发社会领域投资活力的意见》指出："按照保障安全、方便合理的原则，修订完善养老设施相关设计规范、建筑设计防火规范等标准。可见，养老机构建设标准是在不断进步的，我们也应该不断地学习。

学习目标

知识目标

（1）学习基础的建筑常识。

（2）了解建筑设计的主要程序。

（3）掌握养老机构对建筑设计的基本要求。

技能目标

（1）掌握一些基础的建筑数据。

（2）熟悉服务功能用房标准。

（3）了解养老机构建筑的安全防火规范。

情感目标

（1）要有扩大知识面的信心和决心。

（2）要从全面提高服务质量的高度来认识。

（3）努力拓宽自己的知识面。

项目一　适老化和适老化设计

任务情景

某市民政局拨款 800 万元，要求在某县建立一家 1 200 张床位的养老机构。市民政局局长带队到县民政局，确定找人设计，后来分别找了北京市、深圳市、重庆市的 3 家建筑设计机构，分别做出初步设计方案。

任务分析

民政部、住房城乡建设部早在2010年就对建设“养老护理院”等养老机构颁发过规范。但是大部分工程师没有学习，没有经验，没有相关案例可以参照。所以，设计院对完成这个项目设计也存在一定的困难。新型的、专业的养老机构管理人员应该学学此类知识。

学习探究

任务一 养老机构适老化设计的必要性

一、应对老龄化的需要

我国已经进入老龄化快速发展阶段，截至2018年年底，全国60周岁及以上老年人口已经达到2.49亿，占总人口的17.9%，其中65周岁及以上老年人口1.66亿，占总人口的11.7%。今后几年每年将以新增老年人口近1 000万的速度增加。随着人口老龄化的快速发展，老年人居住条件、公共服务、社区无障碍环境、社区配套服务中心，已成为老年人日常生活活动的制约条件。

二、满足老年人养老的需要

国务院提出了“老年宜居环境建设”新理念，指出环境建设要充分考虑人口老龄化因素、适合人口老龄化社会发展的新要求，环境建设要以人口、经济、社会和老年人为出发点，充分考虑老年人的身心特点、满足老年人的需求。

任务二 养老机构自身发展的需要

一、养老机构设计和建设严重不足

当前我国建筑设计的基本状况是：一方面是建筑设计队伍庞大而且市场竞争激烈；另一方面是对养老机构建筑设计不了解、不熟悉，人才严重缺乏，远远不能满足市场的需求。

二、养老机构经营管理的需要

养老机构适老化建筑设计应结合运营业务需求及员工、参观角度，总体上从老年人“身体、心理、生理”需求出发，寻找建筑设计本身及运营服务功能的不便利性，对传统服务功能要素进行重新规划；以符合“建筑本身、场馆运营、入住老年人”三方位重点系统的规划设计，达到建筑本身最大适老化、突出便捷服务功能的设计特色，提升实际运营工作效率，完成一个富有生命

力的适老化建筑设计，提升舒适、便捷、安全性能，带动机构运营。

触类旁通

养老机构包括的种类较多，养老院、养老护理院、荣誉军人院、老托所、日间照料中心、老年夜间照料中心、老年病医院、老年文化娱乐中心、老年体育锻炼中心、老年康复中心等。它们都需要进行建筑设计，要根据老人的需求在规范的条件下做出人性化、个性化的设计方案来。

练习题

练习题一：列举老年用房装饰的要求。

练习题二（课外作业）：写一篇你对养老机构见习感受的文章（500 字左右）。

案例分析

案例简介：浙江省某市，一位民营企业老板投资 3 亿元人民币，建设一家有 3 000 张床位的养老院，于 2011 年开始建设。2013 年我们去考察，发现这是一家“三不像”（ 不像宾馆、不像医院、不像商品房住宅）的机构。

分析：这位民营老板凭感觉知道我国养老产业急需大发展，不知道养老机构建筑的规范，设计人员也没有认真学习研究，以致造成如此结果。

项目二　养老机构的主要功能用房

任务情景

某地一家民营养老机构，由于两人住的用房只有 6.6 平方米，配套设施也不齐备，没有获得民政部门的验收通过。一方面未能得到每个床位 15 000 元的补助，损失 300 多万元；另一方面改造设施还需要大量经费。

情境分析

这说明养老机构的建筑设计是何等重要！

学习探究

任务一　养老机构综合功能用房分类

以下养老机构的用房规定，主要来自 2010 年住房城乡建设部、国家发展改革委发布的《老年养护院建设标准》，在新的标准没有出来之前应该照此标准实施。其他类型的养老机构也可参照执行。

养老机构房屋建筑面积大小应根据项目及市场、服务业务范围等需求进行前期规划设计。养老机构按功能分区可划分为三类用房形式：老年人照护用房、行政办公用房、配套设施功能房。养老机构床位配比建设分为 100 ～ 500 床位数，养老机构建筑功能用房构成详见表 5-1。

表 5-1　养老机构建筑服务功能用房表

入住服务用房	玄关主入口、杀菌消毒区、接待前台大厅、接待室、入住前台、接待室、档案室、值班室
卫生保健用房	健康评估室、诊疗室、抢救室、药房、消毒室、诊疗设备室、办公室
康复训练用房	物理康复室、作业康复室
照护生活用房	照护室、值班室、营养餐厅、会客室、洗浴室、卫生间、手工室、理发室
娱乐用房	棋牌室、书画室、舞蹈室、康复室、禅茶室、亲情网络室
老年大学用房	阅览室、老年课堂
行政用房	办公室、会议室、接待室、培训室、财务室、社会义工用房
配套附属用房	操作间、储藏室、餐厅、洗衣房、监控室、弱电室、库房、值班室、员工卫生间、设施设备用房

二、养老机构主要功能用房面积指标

养老机构建筑设计应在交通系统、服务项目系统、适老建筑设计、安全舒适便捷性等方面实现物理空间的行动无障碍，满足相关老年人无障碍设计规范；且需考虑老年人身体机能特点，根据养老机构床位配比来规划各功能板块的建筑设计面积。养老机构的房屋建筑面积指标应以每床位所占房屋建筑面积确定；五类养老机构综合建筑面积指标应分别为 42.5 平方米 / 床、43.5 平方米 / 床、44.5 平方米 / 床、46.5 平方米 / 床和 50.0 平方米 / 床；其中直接用于老年人的入住服务、生活、卫生保健、康复、娱乐、社会工作用房所占比例不应低于总建筑面积的 75%。

任务二　护理院建筑主要指标

一、我国护理院的建设指标

在 2010 年，住房城乡建设部公布了以下建设指标，见表 5-2。

表 5-2　我国护理院的建设指标　　（单位：平方米）

用房类别	使用面积指标				
	500 床	400 床	300 床	200 床	100 床
入住服务用房	0.26	0.32	0.34	0.50	0.78
生活用房	17.16	17.16	17.16	17.16	17.16
卫生保健用房	1.23	1.35	1.47	1.68	1.93
康复用房	0.57	0.63	0.72	0.84	1.20
娱乐用房	0.77	0.81	0.84	1.02	1.20
社会工作用房	1.48	1.50	1.54	1.56	1.62
行政办公用房	0.83	0.94	1.07	1.30	1.45
附属用房	3.57	3.81	3.97	4.34	5.19
合计	25.87	26.52	27.11	28.40	30.53

注：1. 老年人用房、其他用房（包括行政办公及附属用房）平均使用面积系数分别按 0.60 和 0.65 计算。
2. 建设规模不足 100 张的参照 100 张床老年养护院的面积指标执行。

二、我国养老机构的特殊性

直到现在我国专门为失能老人建立的养老机构还非常少。一般情况是，自理老人、半失能老人、失能老人同时居住在一个养老机构内部，我们主要推广“医养结合”模式来解决失能老人的养老问题。

触类旁通

养护院在国际上称为“介护院”，即为失能老人专门建立的养老机构，这些标准都是较为基础的，是应该认真严格执行的。同时，国际上还有称为“介助院”的养老机构，是专门为半失能老人建立的。两者建筑规范有一些区别，但是相差不大。

课堂练习

练习一：熟记养老机构建筑服务功能用房表。

练习二（课堂讨论）：你认为学习这些建筑知识对养老服务管理有用吗？

案例分析

案例简介：河北省某市一家民营养老机构，在建设时没有严格按照有关建筑规范执行，没有建设专门的卫生保健用房、附属设施用房。所以，没有通过民政部门的合格验收，本来应该得到国家补贴 280 万元，却没有得到。

分析：建筑质量和规范是百年大计，养老机构关系到老年人的生命安全，一定要严格遵循标准，否则就会带来重大的损失。

项目三　养老机构的主要功能适老化设计

任务情景

某养老机构在设计无障碍通道主入口时，为了美观装了玻璃门，但是没有按照规定设置警示腰线或者在距离地面 350 毫米处安装防撞板。因此，一些老年人的轮椅经常撞击到玻璃门，留下安全隐患。

任务分析

本项目主要是讲养老机构必须遵循的基本规范，内容十分丰富，要力求基本掌握，尤其涉及安全问题，必须引起每位同学的高度重视。

学习探究

任务一　无障碍坡道、主入口、玄关

一、无障碍坡道设置

为保障老年人无障碍通行需在养老机构主要出入口位置设计坡道，实现无障碍通行。无障碍通道设计应在有台阶的地方设置坡度平缓的台阶和斜面，标准见表 5-3。

表 5-3　无障碍坡道设置标准　（单位：米）

坡道（室外）	老年人照料设施建筑设计规范（JGJ450—2018）
坡度	≤ 1/12
净宽	≥ 1.5
每段允许高度	0.75
每段允许水平长度	8.0
休息平台净深度	≥ 1.5

在无障碍坡道的起始端及终点，设计轮椅回转直径不小于 1.50 米的缓冲空间以方便通行；在无障碍坡道侧，设置高度为 1 000 ～ 1 100 毫米的助力栏杆，在乘轮椅老年人助力扶手 800 毫米处需设置横向栏杆以方便使用；坡道地面应选用防滑、平整、耐磨材质，不同材质交界处高差不应大于 5 毫米，坡道宽度不小于 1 500 毫米。

二、主入口设置

主入口门洞不应小于 1 800 毫米，入口门不应设置门槛，不宜采用力度较大的弹簧门，使用玻璃门时应设置警示腰线或在距地面 350 毫米处安装防撞板；自动感应门开门时间要设置得长些，且门口装有光电管装置，防止夹伤；平开门门洞不小于 1 000 毫米，设置平开门、对开门、推拉门时靠墙一侧墙面空间不小于 400 毫米，门把手距地面 850 ～ 900 毫米，主入口地面与室内地面材质交界处高差不应大于 5 毫米，高差内外侧做 45 度斜角处理；主入口顶部应设置冷热风幕机。

三、玄关设计要点

玄关位置设置自动感应雾化消毒设施，安装尺寸不低于 1 800 毫米，还需设置洗手设施、换鞋设施，以保持养老机构室内环境卫生，玄关出入口位置应留足轮椅转身的空间。

任务二　公共卫生间和洗浴间

一、养老机构公共卫生间

厕所的空间尺寸应方便乘轮椅者进入和进行回转，回转直径不小于 1 500 毫米，为方便乘轮椅者进出使用，尺寸宜做到 2 000 毫米 ×1 500 毫米，不应小于 1 800 毫米 ×1 200 毫米；卫生间门洞的尺寸不应小于 1 000 毫米，卫生间门宜向外开启，地面材质选用防滑材质、耐磨；厕位选用智能坐便器，厕位两侧距地面 700 毫米处应设 L 形接力扶手，竖向扶手距地面 1 400 毫米，坐便器墙面紧急呼叫器使用按钮和拉绳并用的样式，应安装尺寸距地面 400 ～ 1 000 毫米，拉绳距地面 100 毫米，在坐便器后侧墙面安装升降开启式安全扶手，应安装尺寸距地面 700 毫米，后侧墙面安装电源面板便于以后安装智能便圈使用，距地面 350 ～ 400 毫米，卫生间地砖选用 300 毫米 ×300 毫米防滑性较好的地砖，墙砖避免使用 A、B 型墙砖，老年人的心理特征决定了他们比较喜欢简洁、大方的饰面装饰。

二、养老机构洗浴间

（一）洗浴间空间设置

洗浴间一般包括换衣区、洗漱区、理发区、洗浴区四种基础功能空间，洗浴间入口门洞不小于 1 200 毫米，便于乘轮椅者进入和使用，设置平开门时门扇向外开启，洗浴区设置可移动门帘，门帘吊轨设置缓冲器，浴室内空间达到轮椅回转直径不小于 1 500 毫米，浴室地面材质应防滑、不积水；淋浴区地漏选用宽 150 ～ 200 毫米的排水篦子，避免地面积水，淋浴区墙面距地面 700 毫米处应设 L 形接力扶手，竖向扶手应距地面 1 400 毫米。

（二）洗浴间设备设计

洗浴间应具备独立供暖及换气设施，保证室内温度适宜及空气的流畅性，换衣区、洗浴区墙面距地面 900 毫米处安装紧急呼叫器，呼叫器拉绳距地面 100 毫米，洗浴间与换衣间区域安装紫外线灯，室内定时进行杀菌消毒。

洗浴间换衣柜不应太高，内部结构采用开敞式柜体样式，方便老年人换取衣物，柜体高宜为 1 400 毫米 , 宽度以 400 ～ 500 毫米为宜；浴缸顶部需预埋钢结构龙骨架，考虑后期安装平移支撑架使用。

任务三　餐厅、餐桌椅

一、餐厅区域划分和设置

餐厅设置自理老人、半自理老人用餐区、洗漱区、餐具区、消毒区、取餐区、自助区，餐厅地面应采用防滑易清洁地胶或地砖，用餐区走廊通道墙面设置助力扶手，安装尺寸距地面 850 毫米，墙面设置紧急呼叫器按钮，洗漱区设置适老可升降式洗漱盆，洗漱用品、烘干机安装高度为 750 ～ 900 毫米，水温设置在 37 ～ 45 摄氏度，餐具区、取餐区及自助区台面高度设置在 750 ～ 800 毫米，取餐台地柜设计为凹形，以方便乘轮椅者使用。

二、餐厅餐桌椅设置

座椅座面选用皮革材质易清洁打理，选用带扶手的座椅，靠背可略高一些，靠背最好向前倾斜大于 90 度，座面的海绵不宜选用质地较软的海绵，高度距地面 450 ～ 470 毫米，座面进深不宜过深、过软，材质不宜过滑，这样有助于老年人起坐，餐椅框架材质要牢固耐用。餐桌距地面 750 毫米，餐桌面中间位置向里侧凹进去，其适老化设计可方便坐轮椅的老年人便捷就餐。

任务四　电梯间、电梯、公共楼梯间

一、电梯间设置

电梯间设置轮椅专用等候区，墙面设置接力扶手，距地面 800 ～ 850 毫米；侧墙面安装紧急呼叫按钮，距地面 750 ～ 900 毫米；电梯间地面采用防滑、易清洁材质，与电梯口衔接处高差小于 3 ～ 5 毫米；电梯间安装监控设施；电梯轿厢净尺寸不小于：宽 1 600 毫米 × 进深 2 000 毫米，基本能满足轮椅进退的要求，设置常规操作板、低位操作板和底部防撞板，设置安全扶手，距地面 850 毫米。

二、电梯设置

为方便轮椅做后退移动，在轿厢后壁设置安全镜，材质使用镜面不锈钢光亮材质，方便乘轮椅老年人不用转身就能看到身后的情况，轿厢两侧墙面采用哑光不锈钢，电梯轿厢内壁设置高度距地面 350 ～ 400 毫米的防撞板，防止轿厢底部被轮椅脚踏撞坏；电梯间内设置电梯运行楼层显示和抵达语音提醒设施，为老年人提供视觉和听觉的双重提示，轿厢内灯光亮度要明快，轿厢内要有送风和排风功能；轿厢门开闭的时间间隔不小于 15 秒，同时安装感应器防止电梯门突然关闭，保证老年人进出电梯比较从容，避免轿厢门碰到或夹住使用者；轿厢内设置监控系统、呼叫按钮、报警电话，报警按钮的位置和颜色要醒目，以便老年人在突发紧急情况时可以快速找到按下按钮。

三、楼梯间设置

楼梯间设置应便于老年人通行，不宜采用扇形踏步，不应在楼梯平台内设置踏步；主楼梯净宽不应小于 1 500 毫米，踏步前缘应相互平行，踏面下方不得透空；楼梯宜采用缓坡楼梯；缓坡楼梯踏面宽度宜为 320 ～ 330 毫米，踏面高度宜为 110 ～ 130 毫米，楼梯踏步与走廊地面对接处应使用不同材质的材料并设置警示条，楼梯应设双侧扶手，公共楼梯楼段的通行净宽须从扶手内侧算起，不应小于 1 100 毫米。考虑布置双向扶手时，宽度应适当加宽；楼梯平台净宽不应小于楼梯段宽度，楼梯踏步前缘应进行防滑处理，防滑条尽量不要凸出于踏步表面，高度应在 3 毫米之内。

任务五　走　　廊

一、走廊设计的重要性

走廊设计非常重要。第一，确保老人的安全，防止跌倒等意外事故的发生；第二，有助于养老

机构的环境美观、形象宣传，从而提高市场竞争力。

二、走廊设计的基本要求

走廊、通道的设计要直通、安全、便捷，走廊设计要减少转弯区域及视觉盲区空间，不宜出现阴暗的角落，入户门前的走廊也不应过于昏暗，走廊灯光以冷光为主光源，暖光作为辅助光源设计，走廊墙面阳角位置做成圆角设计，明装暖气采用凹入式设计，走廊墙面安装接力扶手，安装位置距地面 850 毫米，墙面设置紧急呼叫器，距地面 800 ～ 900 毫米，避免与扶手安装尺寸重叠；走廊的净宽不得小于 1 600 毫米，考虑两辆轮椅交错通行时，要满足走廊局部有效净宽为 1 800 毫米，护理房间门口空间要满足轮椅的回转尺寸要求，在走廊距地面 350 ～ 400 毫米处安装夜间辅助光源。

任务六　护 理 房 间

一、卧室设置

养老机构多人间卧室使用面积不应小于 6 平方米 / 床，单人间卧室使用面积不宜小于 10 平方米，双人间卧室使用面积不宜小于 16 平方米；房高不宜低于 2 600 毫米；房间内空调出风口避免与护理床位置相对，如空间尺寸不允许，可加装挡风板；室内窗采用向外开启方式，窗户把手距地面 1 200 ～ 1 400 毫米，窗户开扇安装调节器，开启角度不大于 45 度；床头位置设置紧急呼叫器，距地面 650 ～ 700 毫米，呼叫器按钮要大一些，方便紧急情况下触摸使用，紧急呼叫器位置要保证老人伸手可及，便于老年人操作；护理床两侧空间留有不小于 900 毫米的空间尺寸，床与家具之间的距离应大于 800 毫米，为护理人员提供所需的空间，保证家具摆放的灵活性，护理床头柜的高度应略高于床面，方便老人施力起身，其高度一般为 600 ～ 650 毫米，床头柜要与床平齐，方便老年人在伸手范围内拿取日常生活所需品。

二、卫生间设置

护理房间内卫生间设计应划分干湿区域，将洗浴湿区与坐便器、洗手盆等干区分开，可有效降低干区地面被水打湿的可能性，实现干湿分离；坐便器旁边应设置扶手，辅助老人起坐等动作；卫生间应安装无障碍浴缸和淋浴喷头，旁边设置 L 型扶手，辅助老人进出，以及洗浴中转身、起坐等；卫生间地面选用防水、防滑的材料，湿区局部采用防滑地垫加强防护作用；地面做通长落水槽，使地面排水顺畅，避免积水；洗漱、洗浴、更衣等活动一般持续时间较长，因此淋浴区域应放置淋浴凳，更衣区域应设置更衣坐凳等。

卫生间水盆最低端距地面约为 650 毫米，便于乘坐轮椅老年人使用，深度约为 350 毫米，在选择水龙头把柄时，要选择中间带有圆孔的以便老年人借力；浴缸侧墙面安装 L 形安全扶手，距浴缸上沿 150 ～ 200 毫米，在右侧墙面安装竖向扶手，便于老年人借力使用；卫生间室内如果使用防滑垫，要选用抓地力强的防滑垫，防止起褶绊倒老年人；坐便器墙面紧急呼叫器应使用按钮和拉绳并用的样式，应安装尺寸距地面 400 ～ 1 000 毫米，拉绳距地面 100 毫米；坐便器后侧墙面安装升降可开启式安全扶手，应安装尺寸距地面 700 毫米，后侧墙面安装电源面板

以便以后安装智能便圈，距地面350～400毫米；卫生间地砖选用300毫米×300毫米防滑性较好的地砖，墙砖避免使用A、B型墙砖，因为老年人的心理特征决定了他们比较喜欢简洁、大方的饰面装饰。

触类旁通

本项目主要讲养老机构的主要功能用房设计和装饰工程，从走道到餐厅，从寝室到卫生间，从生活用房到护理用房都做了详细的规定和介绍，始终贯穿着安全、便捷、实用的原则。

练习题

练习题一：请你谈谈掌握一些装修工程知识的意义。

练习题二：浴室和卫生间安全装修注意事项有哪些?

案例分析

案例简介：某县城一家民营养老机构，走廊宽度不足1 400毫米，后来两边又增加了扶手，实际宽度只有1 200毫米左右，往往造成两辆轮椅交会困难。

分析：按规定需要轮椅交会的通道应为1 800毫米，我们必须按照国家有关规定执行。

项目四　养老机构的建筑设施设备

任务情景

北方地区一家养老机构，在建筑过程中没有按照规定使用保温隔热材料，冬天老人感觉很冷，不少老人经常感冒，经过检查是保温隔热材料不合格的缘故，后来重新加装，不仅花去120多万元，还造成了不好的影响。

任务分析

老年人身体机能和功能普遍减弱，抵抗力和免疫力大大下降，养老机构的建设一定要按照相应标准进行，否则会带来严重的后果，造成不必要的经济损失和声誉影响。

学习探究

任务一　养老机构的设施设备

一、氧气站建设

氧气站应建在阴凉通风的地方，其围护结构上的门窗应向外开启，并不得采用木质等可燃材料

制作，室外输送管道隐蔽工程做管壁保护措施，氧气站机房内安装空调设施，保持室内温度。

二、供水和排水系统建设

养老机构建筑设置集中热水供应系统，设备宜安装在负一、二层，设备间做隔声处理，房间出水温宜为 40 ～ 50 摄氏度，洗浴间水温宜为 38 ～ 40 摄氏度，水温不能超过 40 摄氏度，避免操作错误造成伤害，护理房间及公共区域洗漱池龙头选用温控光电感应水龙头，便于老年人操作。

排水系统设置生活污水管路及护理区污水管路、厨房操作间污水管路三种形式。排水管道内应做好隔声处理，或采用内螺旋消音塑料管。卫生间排水系统宜采用同层排水系统减少噪声的产生，空调系统排水管宜做好冷凝水防护保护以避免滴水。洗浴间排水管宜选择管径较大的排水管，做好管道落差设计以达到理想的排水效果，给水管流速宜小于 1 米 / 秒，热水管流速宜小于 0.8 米 / 秒；洗浴间及操作间冷热水管道宜选用大直径管道，管道可采用弹性吊筋以减少震动。

三、空调系统和供暖通风建设

（一）空调系统

养老机构宜采用集中供暖系统，并根据机构位置、所在区域及条件因素来选择供热方式，供热方式以城市市政热网、电地板供热、中央空调系统等方式为主。为满足护理区域的特殊需求可在房间单独增加供热设施，护理房间冬季供暖温度宜为 20 ～ 23 摄氏度，洗浴间温度宜为 25 ～ 28 摄氏度，活动室宜为 20 摄氏度，洗浴间及更衣间可以单独增加供暖设施。

（二）护理间、公共区域通风新风系统

满足室内通风换气要求，护理区房间每小时达到 30 立方米新风量，公共区域每小时达到 10 立方米新风量，特殊区域采用壁挂式新风换气机，以保证老人需要。

四、电器设施建设

养老机构应做好备用电源设施设计，室内电源开关应采用集中式管理以方便操作、管理。设置好应急及防灾功能蓄电池设施，公共区域及护理区、楼梯间等区域照明设置与消防应急电路合并设计，养老机构整体建筑电路设计按最高级别设计，以便后期改造及增加设施；护理区及活动区选用暖色光源；走廊、卫生间及护理间距地面 400 ～ 500 毫米处安装夜行灯，护理间照度值宜为 200 ～ 250 米烛光（lx）、卫生间宜为 150 ～ 200 毫米烛光（mmlx），公共区域宜为 200 米烛光，护理区墙面插座距地面 780 ～ 800 毫米，开关距地面宜为 900 ～ 1 200 毫米，护理房间及床头位置设置宜操控紧急呼叫器；养老建筑进出建筑物的电缆桥架、管线、金属、管路等设施都要与建筑的总等电位联结，急救室、医疗房、洗浴间、卫生间加设局部等电位联结，特殊医疗房间设计放静电设施。

任务二　养老机构消防设施

养老机构建筑消防系统受特级、一级保护，必须符合国家标准规范要求。养老设施的耐火等级

不应低于二级，耐火等级为三级时，其层数不应超过二层，护理房间及公共活动区不宜设置在四层以上楼层。

触类旁通

通过以上学习，我们应该清楚地认识到，养老机构建筑的设施、设备是在建设过程中就必须注意到的。一开始就必须认真负责地抓好这项工作，一旦失误，造成的影响很坏，付出的代价也会很大。

练习题

练习一：“养老机构的建筑设施设备是建设期的事情，与我无关”，这种说法对吗？

练习二：谈谈你对养老机构消防安全的看法。

案例分析

案例简介：某市一家民营养老机构，热水供给系统出现问题，导致6位老人发生烫伤，影响很坏，共赔偿老人医疗费21万元。

分析：在养老机构所有的工作和事务中，安全是极其重要的，来不得半点马虎。每个岗位的工作人员都应该以高度负责的态度来对待老人的安全问题，因为一旦出现责任事故一定会受到严厉的惩罚。

单元六　养老机构的登记管理

单元概述

2013年9月国务院发布《关于加快发展养老服务业的若干意见》，民政部发布《养老机构设立许可办法》和《养老机构管理办法》，使我国养老机构的管理步入了法制化的轨道。现在根据实际情况，讲一些具体操作过程。

学习目标

知识目标

（1）掌握养老机构综合监管制度的基本要求。

（2）熟悉《养老机构管理办法》的内容。

（3）熟悉《中华人民共和国老年人权益保障法》（2018年12月29日修订）。

技能目标

（1）能够在部门经理指导下，正确填写养老机构设立申请书。

（2）能够正确填写养老机构申请的有关表格。

情感目标

（1）热爱你所在的养老机构的工作岗位。

（2）积极支持养老机构依照法律管理。

项目一　养老机构成立登记前期工作

任务情景

一家民办中型化工企业，在国家调结构促增长的过程中，希望从化工产业转向养老产业，感觉到无从下手，对建立新型的养老机构在程序上没有把握。相关负责人到民政局的办事大厅咨询，基本了解了办理流程，但是在办理过程中，还是遇到了很多困难。

情景分析

我国养老机构的市场化、社会化刚刚开始没多久，在执行国家的法律法规过程中，各地也有一些特殊的情况，因此需要我们认真学习和准备。

学习探究

任务一　填写养老机构设立申请书

我们要进行的工作不只是简单地填写养老机构设立申请书，而是有许多前期工作要做。

一、前期准备阶段

（一）内部准备

要想新建立一家养老机构需要准备的工作很多，主要有：

（1）了解主要创业者的基本想法和创立企业的宗旨、经营范围、发展目标、管理制度等。

（2）了解其他投资者的基本想法，对建立养老机构有无特别要求，要尽量反映其诉求。

（3）知道注册地址基本状况，看是否符合有关要求，并根据实际情况提出改进意见和办法。

（4）掌握资金筹措计划，要说明资金来源和使用计划。

（5）人才选择和准备情况，特别是重要医疗、保健、卫生、护理人才，一是数量要符合要求；二是要有相当一部分拥有高级和中级职称的人才。

（6）准备相当多的证明材料，如员工的技术职称证明材料、房屋产权证、资信证明等。

（二）办事大厅咨询

在做好上述基本准备后，还应该到民政部门的办事大厅进行咨询，将初步准备的材料交由工作人员筛选判断，找出合格的需要的材料、不合格和不需要的材料、明确需要补充的材料，采取相应的操作性强的对策。

二、填写养老机构设立申请书

（一）基本方式

（1）纸质版填写方式。这是一种传统的申请填写方式。基本方法是：第一，先从登记中心领取纸质版填写样本，根据行政办事大厅工作人员的指导，阅读和学习填写表格的基本内容，做好准备再进行填写。第二，将领取的表格复印一份。在复印件上填写，经过修改、订正后，在正式的表格上填写。

（2）电子版填写方式。这是一种新型的填写方式，大部分办事大厅都采用这种方式。主要方法是：第一，先将电子版下载到另外一个文档中，进行初稿填写，经过修改确认后再进行填写。第二，将填写的电子版草稿，重新填写在行政管理大厅的网络表格上，直到得到对方的认可为止。

（二）注意事项

（1）填写的初稿，要经过有关领导审查，得到认可以后，再在有关的正式表格上填写。

（2）电子版的填写要认真，防止出现错漏，引起不必要的不良影响。要特别注意，电子版申请表发出以后很难更改，如填写不认真，可能会给后续工作带来困难。

任务二　人员资格证明文件

一、准备阶段

（一）基本程序

（1）根据所要填写的申请书的内容、要求和注意事项向主要负责人汇报，并特别说明需要填写报表内容有困难的部分，提出解决的办法和方式。

（2）召开申请人、拟定代表人和主要负责人、投资人以及相关人员的协调会议。说明需要准备的材料和有关证件，并提出需要提交材料的期限。

（3）尽可能地寻求相关技术人员、高级管理人员的资料。比如大型养老机构需要有高级职称的医务人员、康复保健师、高阶营养师、高级养老护理员、高级会计师、高级心理咨询师、高级厨师等。准备这些人的资料相对困难一些，所以需要更加细致的工作。

（二）注意事项

（1）学习我国有关《公司法》《老年人权益保障法》《养老机构管理办法》等有关法律法规，必须按照有关规定办理，明确对拟定法定代表人、主要负责人的相关要求。比如对拟定法定代表人过去受到法律处罚的限制条件，对主要负责人技术支撑的要求都是非常重要的。

（2）要注意尊重别人的隐私。在长期的工作和学习过程中，对于养老机构的投资者和主要负责人个人历史上的某些隐私要特别注意尊重和保护，如果处理不当就会给工作带来不必要的麻烦和困难。

二、上报阶段

（一）文件保管

（1）妥善保管有关人员的证件，特别是有关人员的职称证书、任职资格证书、学历证书、身份证、护照、港澳台胞证书、依据相关规定提供的其他证件的原件。必须安全、妥善地保管好这些证件。因为有些原始证书丢失以后，几乎很难补回，这将给工作带来巨大的困难，要引起所有工作人员的高度重视。

（2）具体管理办法。第一，所有证据都应该有复印件，并且将复印件多留几份，一是便于档案保管之用；二是可以减少工作上的麻烦。第二，留有彩色复印件。现在印刷技术已经比较先进，彩色复印件更具有说服力和证明作用。第三，由本人参与证书的交接和处理程序。比如在申报的当天，把证件持有人请到办理窗口，让有关工作人员验证以后，留下复制证书本人带回原始证书。这是一个非常好的方法，特别是对于年纪比较大的科技人员来说，十分重要。

（二）办理交接手续

（1）办理证书交接手续时要严格防止证书的丢失。大型养老机构在办理相关手续过程中，一般需要两个工作人员在现场，确保申报工作顺利进行。

（2）注意核对办事窗口提供的有关资料。一旦发现问题，及时和办事人联系并且交流意见，当场处理好相关事宜。

任务三　机构名称核准和管理

一、机构名称核准

（1）养老机构名称核准也需要做好准备。由于中国历史悠久、文化丰富灿烂，所以养老机构的名称选择必须十分讲究。具体命名可参照以下三方面：第一，使用富有文化内涵的名称，如颐养园、静远山庄、仙鹤岛之类富有诗意的名称。第二，以山水之名为名，如燕园养老公寓、梅山山庄、太湖之春养老院等。第三，以美好的愿望为名，如长寿湖养老小镇、夕阳红养老公寓、泰康之家等。

（2）名称选择要尊重创立者的意见。养老机构的主要创立者对养老机构的名称、规划等都会有一番思考，在这个过程中要广泛征求意见，为新筹备的养老机构选择一个吉祥如意的名称。

二、管理制度的建立

（一）前期准备

（1）召开投资人会议，提出需要建立的相关规章制度。在取得意见统一以后，提出相关规章制度的初稿，征求大家意见后，正式形成文件。

（2）关于养老机构章程的建立。人们通常讲，章程是机构的宪法，它对于任何一个社会服务组织和企业来说都是最基本的文件。因此，对此要认真地学习研究，使其真正具有可操作性。

（二）注意事项

（1）关于通用文本的选择。关于养老机构章程的草稿有关登记部门会提供一个基础的文本，可供大家作为参考之用。但是请大家一定要注意，要根据本机构的基本状况对通用文本进行认真的、必要的修改，使其同时具有规范性和可操作性，防止在执行中遇到麻烦和问题。

（2）关于保护中小投资者的利益。养老机构在制订各种规章制度特别是利润分配方案的时候，有一个基本的原则要掌握，就是要保护中小投资者的利益。

触类旁通

关于养老机构的名称核准、法定代表人和主要负责人的确定和登记，一般情况下是容易办理的，只要我们按照基本的程序和法规办事就会顺利完成登记过程。

课堂练习

课堂讨论：为什么说养老机构的章程是养老机构的“宪法”？

案例分析

案例简介：在浙江绍兴市有一家叫“中国轻纺城”的纺织产品交易市场，20 世纪 90 年代受到国家工商总局的通报，一度取消名称中的“中国”冠名，后来经过反复申请，才恢复了现有的名称。

分析：国家工商行政管理机关统一要求，各地区的相关机构未经批准，不得冠以“中国”的名称，所以在未得到批准之前该名称是不能正式使用的。

项目二　养老机构成立登记后期工作

任务情景

某县一家民营养老机构，为了显示自己很有经济实力，在申请设立时将注册资金确定为 3 000 万元人民币，登记机关不予承认，使该养老机构的设立工作迟迟不能完成。

情景分析

任何一个社会组织和机构都应该坚持诚信的基本原则，养老机构的设立更是如此，相关的登记材料必须经过审核。

学习探究

任务一　资产证明及资产评估报告

一、资产证明

（一）基本方式

1. 现金投入方式

这是一种便捷的方式，是指投资人分别以现金投入设立养老机构。各位股东按照要求把资本打入指定账号就可以了。

2. 现金和实物投入相结合的方式

某些股东根据需要，将自己的土地使用权、汽车等交通工具作为资产投入设立养老机构。

3. 有形资产和无形资产投入的方式

部分股东将自己的专利、商号、技术发明等无形资产以占有一定股份的方式供养老机构使用。无形资产作为资本投入所占股份比例不能太大，如某些地区规定不能超过总股本的25%，且要由股东和批准机关认可才行。

（二）注意事项

（1）实物和土地使用权的投资计算，必须经过第三方评估机构出具书面报告，取得大股东和批准机关的认可才行。

（2）要尊重专利技术工作人员或管理人员的无形资产。在实际工作中对专利技术的认可比较容易。但是对管理等软科学的认识还有待进一步提高。根据情况，应该对养老机构设立过程中有贡献的管理人员给予一定的无形资产股份的认可。

（3）要留有充分的流动资金。流动资金是养老机构资本的重要组成部分，只有留足充分的流动资金，才能保证养老机构的正常运营。

二、资产评估报告

（一）基本程序

（1）提出可供投资的固定资产，进行必要的评估。

（2）选择信用和技术人员较好的资产评估机构，进行评估前的商务谈判，一般选择两家以上评估机构进行比较，最后选择一家。

（3）评估机构进场，为评估做相应的准备，提供充分可靠的资料和依据。

（4）将评估材料上报登记机关。

（二）注意事项

（1）评估资产要具有独立性。要求产证合一，资产界限明确，无产权纠纷和争议。

（2）评估机构要有规定的资格证书，使评估具有权威性。

（3）做好无形资产的评估。一方面，无形资产评估要尊重知识和专业人员的创造性；另一方面，无形资产的评估要合情合理，所占股份的比例要适当。

三、养老机构资产证明和资产评估报告问题

关于养老机构资产证明和资产评估报告问题，在“放管服”的背景下，新修订的《中华人民共和国老年人权益保障法》规定，设立养老机构，应当有与服务内容和规模相适应的资金投入。《养老机构设立许可办法》规定“有与服务内容和规模相适应的资金”作为设立养老机构应当符合的六个条件之一。在第十二条规定，申请设立养老机构，应当向许可机关提交下列文件、资料：资金来源证明文件、验资证明和资产评估报告。《民政部关于修改部分规章的决定》规定，删除第十二条第（七）项“资金来源证明文件、验资证明和资产评估报告”，并增加了“申请设立经营性养老机构的，还应当提供营业执照及复印件”。

根据第三次修正，《中华人民共和国老年人权益保障法》删去第四十三条，将第四十四条改为第四十三条，修改为：养老机构不再提供资金来源证明文件、验资证明和资产评估报告。

任务二　人员资质要求

一、尊重人才和人员资质要求

（一）做好人才准备

1. 组织现有员工参加培训

通过短期培训提高人才素质是一个好办法，在我国养老人才十分缺乏的情况下，准备设立新的养老机构要提前做好人才储备，提前招收员工进行培训。

2. 提前到有关院校选择学生

设立养老机构关键在于人才，有关机构的筹备人员要提前到大专院校去和学生交流，选择后备人才，使绝大部分人员达到有关规定和资质要求。

3. 大量招聘人才

在人才市场招聘人才，也是重要的方法之一。

（二）聘请兼职人才

1. 聘请兼职医疗人才

我国是一个医疗资源相对短缺的国家，医生、心理咨询师、康复理疗师、高级营养师等都非常缺乏，在我国医疗体制改革以后，医生可以利用业余时间到其他机构兼职，为聘请兼职人才提供了巨大的方便。

2. 聘请专家指导

养老机构所需要的专家是多方面的，大多数情况下，专家都有自己的研究课题和任务。因此，聘请专家到养老机构定期和不定期地指导工作，是一种很好的方式。

二、特别注意事项

（一）努力满足人员资质要求

1. 努力按照规定和程序办理

在养老机构申请和审批过程中，人才资质要求是重要的瓶颈，因此工作人员应该想尽各种办法满足登记机关对人员资质的要求，进而完成登记程序。

2. 充分应用兼职人员技术职称证书

“十年树木，百年树人”，这说明培养人才不是一朝一夕能办到的，所以采用适当聘请兼职人员的方式，是最好的选择。

（二）采取积极应对措施

1. 必须有相应的经济投入

聘请兼职人员，特别是聘请专家教授，养老机构必须有相应的经济投入，采取“大锅饭”“廉价劳动力”的方式是不可取的。

2. 临时应对措施

在养老机构申请过程中，由于人员资质达不到要求，因此必须采取的临时应对措施是：降低设立等级，确保养老机构登记程序完成，经过 1 ～ 3 年的运营，加强人才培养，广泛联系有关方面的专家，请他们成为养老机构的专职或者兼职人员，待时机成熟再申请提高养老机构的等级。

任务三　相关政府部门验收或证明文件

一、建设单位资料准备

（一）前期准备工作

1. 提前做好准备

养老机构在筹备的初期就要为今后的建设工程的验收做好充分的准备，这是非常重要的事，是非专业人士难以想象的。有些养老机构建设周期较长，需要三年或者更长的时间，工程技术人员流动性也比较大，而基础技术资料一旦丢失或者不完全、不合格，工程验收是非常困难的，这些需要引起领导和每个工作人员的高度重视。

2. 要做好备份资料

建筑的地下工程和基础工程关系到“百年大计”“人的生命安全”，是非常重大的问题。为了防止意外产生，要备份资料。

3. 抓住关键岗位

养老机构在筹备和建设过程中，选择工程师是最为重要的。他的职责在于：收集和保管好一套完整的资料；掌握隐蔽工程的基本情况，以备验收和将来维修之用。

（二）积极应对措施准备

1. 选择好建筑施工单位

建筑施工单位首先要符合有关的要求，要有相应的资质和证书；其次要加强管理，保证质量和

资料的完整。

2. 选择好施工监理单位

对施工监理单位的证书和人员要有严格的要求，保证全过程监督管理。

二、政府部门验收文件准备

（一）前期准备

1. 咨询有关部门

政府有几个部门负责养老机构工程的建设，要广泛地征求他们的意见，得到他们工作上的指导，工作要细致深入才能把事情办好。

2. 文件材料准备

首先在内部把各种需要的资料准备好，自己初步验收合格，才能申请政府部门验收，不能草率从事，要力求一次验收成功。

（二）应对措施

1. 完善资料的方法

主要是根据建筑工程设计合同、施工合同、工程监理合同，通过友好协商，从有关单位补齐相关资料。

2. 求得政府有关部门帮助

在出现资料不全的情况时，先要通过自己的努力补充和完善有关资料，其次是向政府有关部门汇报，商量一个有效的、操作性强的办法。

任务四　养老机构设立许可制度的取消

一、养老机构设立许可制度存在的问题

《养老机构设立许可办法》自2013年7月1日起施行，对养老机构申请、受理、审查、决定和监督检查做出规定，明确各级民政部门管理的主体责任。其中第十二条规定：申请设立养老机构，应当向许可机关提交下列文件、资料：①设立申请书；②申请人、拟任法定代表人或者主要负责人的资格证明文件；③符合登记规定的机构名称、章程和管理制度；④建设单位的竣工验收合格证明，卫生防疫、环境保护部门的验收报告或者审查意见，以及公安消防部门出具的建设工程消防设计审核、消防验收合格意见，或者消防备案凭证；⑤服务场所的自有产权证明或者房屋租赁合同；⑥管理人员、专业技术人员、服务人员的名单、身份证明文件和健康状况证明；⑦依照法律、法规、规章规定，需要提供的其他材料。申请设立经营性养老机构的，还应当提供营业执照及复印件。

按照规定，养老机构设立许可的前置条件必须是建设、消防、卫生环保等已经完成审查或验收，而办理建设、消防、卫生、环保等审查必须是实体机构，民政部门出具的行政指导意见书不具有行政效力，建设、消防、卫生、环保等部门不认可。养老机构投资大、周期长、回报低、风险大，大部分社会力量用厂房、学校、医院等改建养老机构，由于保管不善而丢失竣工验收资料，或者原来的建筑就没有建设部门的竣工验收资料，所以消防不予验收，没有消防验收就不能进行养老机构设立许可，没有许可就是非法运营，因此养老机构设立成为一个无法完成的命题。

二、国务院决定取消养老机构设立许可制度

2018年7月18日，国务院常务会议决定取消养老机构设立许可等17项行政许可事项。此举旨在更大限度激发市场活力、调动人们的积极性和社会创造力，聚焦市场主体和人民群众的痛点难点，突出重点，把该放的权利放给市场主体，营造公平竞争的市场环境，激发创业创新活力。取消养老机构设立许可制度是国务院深化养老服务业“放管服”改革、优化营商环境的重大决策部署，是进一步激发养老服务业创新活力的重要举措，体现了党中央、国务院对养老服务工作的高度重视，也对做好事中、事后监管提出了更高要求。

目前，取消养老机构设立许可制度，是全国养老服务业和三万多家养老机构深化“放管服”改革的重要信号。

三、民政部部署取消养老机构设立许可的有关工作

2019年1月2日,《民政部关于贯彻落实新修改的〈中华人民共和国老年人权益保障法〉的通知》(民函〔2019〕1号)指出，此次修改《老年人权益保障法》，是深化养老服务“放管服”改革，推进养老服务发展的关键举措。

(一)不再实施养老机构设立许可

自新修改的《老年人权益保障法》发布之日起，各级民政部门不再受理养老机构设立许可申请。发布之日前已经受理，尚未完成审批的，应当终止审批，将申请材料退还申请人并做出说明。各级民政部门不得再实施许可或者以其他名目变相审批。已经取得养老机构设立许可证且在有效期的仍然有效，设立许可证有效期届满后，不再换发许可证。

(二)依法做好登记和备案管理工作

县级以上地方人民政府民政部门应当明确内部职责分工，加强与相关部门工作协同和信息共享，不断提高服务便利化水平，逐步实现申请登记养老机构线上“一网通办”、线下“只进一扇门”、现场办理“最多跑一次”，最大限度方便申请人办事。按照“一门、一网、一次”的办理原则，落实首问负责制，县级以上地方人民政府民政部门负责行政审批的窗口统一对外，受理举办者提交的申请材料，并征求养老服务部门的意见。

养老机构登记后即可开展服务活动，并应当向民政部门备案，真实、准确、完整地提供备案信息，填写备案书和承诺书，民政部门应当提供备案回执，书面告知养老机构运营基本条件，以及本区域现行养老服务扶持政策措施清单。对于由民政部门承担业务主管单位职责的养老机构，可以相应简化备案手续。养老机构登记事项变更的，应当及时办理备案变更手续。

(三)加强养老机构事中、事后监管

各地要按照国务院推进简政放权、放管结合、优化服务改革的要求，创新养老机构管理方式，推动建立养老机构综合监管制度。县级以上人民政府民政部门负责养老机构的指导、监督和管理，发现养老机构存在可能危及人身健康和生命财产安全风险的，应当责令限期改正；逾期不改正的，责令停业整顿。属于建筑、消防、食品卫生、医疗服务、特种设备安全风险的，应当及时抄告住房城乡建设、应急管理、市场监管、卫生健康等部门，并积极配合做好后续相关查处工作。情节严重的，应当及时告知登记管理机关，由登记管理机关依法予以行政处罚乃至吊销登记证书。民办公益性养

老机构属于捐助性法人，民政部门还应当依据《民办非企业单位登记管理暂行条例》等法规政策规定，认真履行管理职责，防止变更性质。各地要积极探索建立健全养老服务信用评价、守信激励、失信惩戒等信用管理制度。

（四）做好法规政策修改和宣传引导工作

各地民政部门要依照新修改的《老年人权益保障法》规定，将修改涉及养老机构许可和管理内容的地方性法规、政府规章纳入立法工作计划，开展相关规范性文件清理工作，及时修订完善建设运营补贴等与许可管理直接相关的配套政策，确保不因行政审批制度改革造成政策断档。各地民政部门要按照"谁执法、谁普法"的要求，及时将法律修改的主要内容、改革措施等，通过政府网站、新闻媒体公布或者在公共场所陈列，方便社会公众特别是养老服务从业人员和广大老年人理解掌握。

民政部将在修改《养老机构管理办法》工作中，进一步明确对养老机构指导、监督和管理的相关规定。各地民政部门在贯彻执行过程中遇到重大问题和情况，要及时报告，以便尽快提出改进措施。

四、新修订的《老年人权益保障法》和建立养老机构综合监管制度

（一）新修订的《老年人权益保障法》

新修订的《老年人权益保障法》有两个核心变化：一是取消了养老机构的行政许可制度，建立养老机构综合监管制度。二是县级以上人民政府民政部门负责养老机构的指导、监督和管理工作，赋予了民政部门对养老机构指导、监督和管理的权限，是在"放管服"大背景下，全面放开养老服务行业，加强事中、事后监督的最大制度安排。

（二）建立养老机构综合监管制度

新修订的《老年人权益保障法》规定：地方各级人民政府加强对本行政区域养老机构管理工作的领导，建立养老机构综合监管制度。县级以上人民政府民政部门负责养老机构的指导、监督和管理，其他有关部门依照职责分工对养老机构实施监督。

触类旁通

养老机构设立的后期工作是比较具体而复杂的，不过抓住了人才的储备和培训，抓住了建筑工程的合格验收，很多困难便迎刃而解了。

课堂练习

思考题：为什么养老机构建筑工程的合格验收程序如此严格？

案例分析

案例简介：某市一家民营养老机构，在创立的初期，没有了解到养老机构登记程序中对建筑的要求，租赁了城市郊区的小产权房。虽然养老机构经营较好，入住率接近90%，近两百位老人入住，

但因为验收障碍，200 多万元政府补贴不能到位。

分析：这是一个很大的遗憾，希望养老机构的工作人员要吸取这个教训，办理养老机构一定要各种证件齐全，才能得到政府和社会的高度认可。

项目三　养老机构的成立登记形式

任务情景

一家民营的养老机构，需要国家管理机关的认可，必须进行登记备案。

情景分析

上面的任务看起来非常简单，其实要完成登记程序需要做大量的工作，主要是基础建设和技术人员的工作在准备程序上是有一点难度的。

学习探究

任务一　工商企业登记

一、基本程序咨询

（一）通常规则

1. 由传统企业登记设立养老机构

这是通常的做法，比如贸易公司、物业管理公司、社区医院、私立医院联合发起设立养老机构。一般会向市场监督管理部门提出申请，再向县以上人民政府民政部门提出申请，完成登记程序。

2. 养老机构其他业务申请办法

由于我国养老市场开放的时间很短，养老机构一般都有兼营业务，如采购某些商品，代销和自销，这均需要向市场监督管理部门提出申请。

（二）养老机构的管理程序

1. 向县以上民政管理部门申请

通过以后，进行试运行，或者进入筹备阶段，基本完成以后，再向民政部门提出申请，得到批准以后，直接运行。

2. 市场监督管理部门登记和民政部门备案

新《老年人权益保障法》规定“设立经营性养老机构，应当在市场监督管理部门办理登记”“养老机构登记后即可开展服务活动，并向县级以上人民政府民政部门备案”。

二、工商登记注意事项

（一）基本状况

1. 养老机构附属机构的登记

比如，养老机构内部设立的小卖部、小型超市、经营性餐厅都需要向市场监督管理部门登记。

2. 统一由民政部门管理

传统的养老机构由民政部门管理，不再向市场监督管理部门登记。

（二）特殊状况

1. 社会慈善组织设立的养老机构

如慈善基金会、宗教团体设立的养老机构，一般都是双重管理。

2. 外资企业设立的养老机构

对于这类养老机构，国家行政部门会有专门的规定，要依法进行专门的登记。

任务二　社会服务组织登记

一、基本状况

长期以来，我国有一部分养老机构在我国都属于社会服务组织，由民政部门直接管理。特别是在2013年以前，我国养老机构基本上都是由国家财政投资，由民政部门直接进行管理，社会福利特征明显。

二、通常状况

（一）非营利性养老机构登记

新《老年人权益保障法》规定“设立公益性养老机构，应当依法办理相应的登记”“养老机构登记后即可开展服务活动，并向县级以上人民政府民政部门备案”。

2013年6月，民政部发布《养老机构管理办法》，按照规定对养老机构进行统一的管理。

（二）营利性养老机构的规定

自从2013年9月国务院《关于加快发展养老服务业的若干意见》（国发［2013］35号）发布以后，我国的养老产业市场开始开放。特别是在2016年12月7日国务院办公厅《关于全面放开养老服务市场提升养老服务质量的若干意见》（国办发［2016］91号）发布以后，我国的养老产业市场真正进入了社会化、市场化阶段。

触类旁通

学习掌握了上述基本知识以后，只要我们根据基本办事程序，事前做好准备，还是能够比较顺利地对养老机构进行注册登记的。

课堂练习

思考题：为什么外资和中外合资的养老机构要到省级人民政府民政部门注册登记？

案例分析

案例简介：一家中外合资的养老机构，到某地级市的民政部门办理注册登记，由于办事大厅工作人员外语水平较差，无法顺利办理养老机构的注册登记。

分析：虽然我国改革开放已经40多年了，但是由于我国教育的特殊情况，大部分人的外语口语水平不高，才造成这种现象。省级以上的民政部门人员素质相对较高，更能应对各种复杂情况。

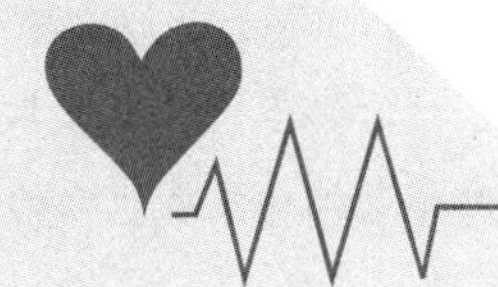

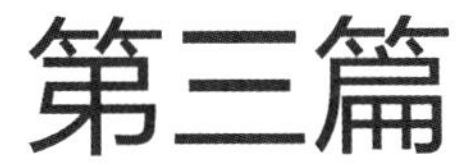

第三篇

养老机构战略

- 单元七　发展战略和发展规划
- 单元八　商业模式和营利模式
- 单元九　市场定位和营销策划

单元七　发展战略和发展规划

单元概述

发展战略是关系到事物全局的方针和宗旨。一个国家、一个地区、一个企业、一个社会组织都应该有自己的发展战略，养老机构也不例外。本章主要讨论养老机构发展战略的基本概念、原则和方法等。

学习目标

知识目标

（1）了解企业和机构发展战略的重要性。

（2）掌握发展战略的基本知识。

（3）掌握养老机构战略制定知识。

技能目标

（1）学会制定企业战略的基本方法。

（2）学会理解一个机构的发展战略。

情感目标

（1）为实现国家养老机构发展战略而奉献。

（2）自觉实践所在养老机构的发展战略。

项目一　养老机构发展战略

任务情景

在一家大型养老机构的市场拓展部，一位老人及其亲友对这家养老机构的现场进行了考察，对硬件各方面都十分满意。养老机构选址也十分好，环境优美，空气新鲜。这位老人初步选定要入住这家机构。

在这个关键时刻，老人询问这家机构的发展战略，市场部经理一无所知，老人感到十分不理解，最终放弃入住这家机构。

情境分析

这位老人问得很好，一家正规的、有发展前途的养老机构没有发展战略是十分可怕的。30 年后你这家养老机构，情况怎么样？连部门经理都回答不出来，是非常不应该的。这位老人 65 岁，如果活到 98 岁，还有 33 年，那以后怎么办呢？大家可以认真想一想。

学习探究

任务一　制定养老机构发展战略的基础

一、制定发展战略的重要性

（一）有利于把握养老机构发展的总体方向

养老机构的创立者，在创立的初期就应该制定养老机构的总体发展战略，让养老机构今后的发展不会迷失方向，始终为实现战略的总目标而努力。

（二）有利于养老机构的战术和技术目标制定

养老机构要怎么发展？每一个分支机构和部门的设立，基础设施、主要建筑、主要设备等都要根据宏观发展战略来决定，人才的配备也同样如此。

（三）有利于短期和中期发展计划制订

养老机构的年度计划、五年发展规划都要根据战略发展目标来制定。

（四）有利于增强市场竞争力

养老机构制定长期的发展战略，有利于吸引更多老年人入住，从而提高入住率，早日获得盈利。

二、制定养老机构发展战略依据

（一）养老机构设立的宗旨

这是养老机构设立的最高目标，是企业家的社会责任所在，也是养老机构设立的目的和要求。

（二）国家的经济发展战略

养老机构的经济发展，既要适合国家的经济发展战略，也要符合国家的相关行业规定。

（三）地方政府的经济发展战略

养老机构所在地的政府对政治、经济、文化、养老等方面都制定有发展战略，养老机构的发展也必须服从地方政府的要求。

（四）养老机构的公司章程

养老机构的投资者们在公司成立的时候会有一个章程，这相当于养老机构的“宪法”，充分体现了投资者设立养老机构的目标和基本方针，在制定发展战略的时候，必须根据公司章程的要求进行。

任务二　制定发展战略的基本思路

一、要提高对养老机构制定发展战略的认识

由于我国施行市场经济的时间还很短，长期在计划经济和集中统一的领导下进行管理的时间较

长，还没有充分认识到制定企业发展战略的重要性。实际过程中也是有区别的，大中型的养老机构，确实很有必要制定发展战略，小型、微型养老机构同样需要制定发展战略，只不过要简单一些，或者只是不容易形成文字罢了。

二、大中型养老机构制定发展战略的基本思路

第一，熟悉和了解国家发展战略，学习和了解国家的法律法规和政策标准。第二，熟悉所在城市的基本发展战略及行业的基本状况和要求。第三，吃透养老机构主要领导人的基本战略思想和经营模式，以及企业文化传统。第四，组织写作班子，草拟写作提纲，反复修改，形成正式文件。

触类旁通

我国养老产业发展大致可划分为以下三个阶段：

（1）养老产业起步阶段，主要是提供针对老龄人群的基本服务。我国当前养老产业处于这个阶段。这也决定了行业处于融合初期，许多的配套还没有跟上，行业重心偏向于如何应对当前逐步老年化的情况，产业自身没有达到品牌及系统化的高度，整体处于劳动密集型的服务性产业状态，低毛利、无序竞争、不成熟的商业模式是这一阶段最主要的特征。

（2）养老产业发展阶段，主要是提供针对老龄人群的专业服务。在这一阶段，我国老龄化将达到更高的程度，萌芽期的养老产业也得以积累一定的经验，产业自身从劳动密集型的服务性产业逐步进化为技术密集型产业，品牌、技术、口碑成为这一领域最强的竞争力。而随着技术密集型企业的萌生，资本密集型企业也逐步步入正轨，通过一段时间的发展累积，逐步成为养老产业的核心。未来，无论是劳动密集型企业还是技术密集型企业都将依托资本密集型企业的平台，服务于养老业的终端客户。

（3）养老产业分化阶段，主要是提供针对老龄人群的差异服务。在这一阶段，我国人口老龄化结构基本保持平稳，长期的专业化服务造就出的品牌、口碑使整个产业逐步形成一种固有的商业模式——以依托资本密集型企业平台为主的专业化服务方式。但区域与区域之间也会逐步出现分化，其原因在于满足基本生活需求的情况下，个性化的精神食粮也需要补充，其不具有普适性，但具有特殊性。因此，这一层次的特质就在于个性化、高毛利。

练习题

练习一：如何理解发展战略和具体战术的关系？

练习二：你有个人发展战略吗？

案例分析

案例简介：某市民政部门负责同志到一家民营养老机构检查十三五规划方案，收到的答复是没有。

分析：老人到一家养老机构，可能把终身都托付给了你，时间会长达 30 年左右，没有远见的养老机构是难以有市场竞争力的。

项目二　养老机构发展规划

任务情景

某市一家民营养老机构，在发展过程中遇到了经济上的困难，董事长去找一家基金公司投资，基金公司要看其发展规划和市场规划方案。

情境分析

养老机构持续发展需要大量资金支持，加强中长期的发展规划，才能够让养老机构健康、可持续地发展。

学习探究

任务一　发展规划的目标和策略

一、制定发展规划目标

在了解和考察国内外优质养老机构的基础上，结合我国及区域传统文化、家庭观念、人文风俗，依据当地具体的养老事业发展状况，以积极、健康、舒适的老年生活为宗旨，将老年养生护理中心规划建设成为环境宜人、设施齐全、管理到位、服务热情的舒适养生型综合养老机构。

二、建设发展规划原则

（一）整体构思原则

根据未来拓展方向和养老院的特性要求，整合各项功能，精心组织布局，合理安排开发时序，创建舒适、温馨的老年生活环境。

（二）适度超前原则

按照养老机构发展趋势，充分考虑未来养老机构内医疗服务、养生保健、休闲娱乐、文体活动等设施的服务需求和建设幅度，对硬件设施设备进行超前性配置，使老年养生护理中心的建设具有一定的前瞻性。

（三）环境美观原则

注重建设和维护良好的自然环境，精心组织人工景观，加强绿化建设，营造优雅的宜居环境，让老人充分享受阳光，接触自然，形成良好的自然生态环境，切实保障老人生活环境的舒适和养生。

（四）功能完善原则

老年养生护理中心应配有完善的医疗护理、养生保健、休闲娱乐、文体活动等配套设施和场所。

规划设计要充分考虑老年人的生理特点和精神需求，方便老人出行和运动，保证充足的日照入室，配备紧急呼叫对讲系统、安防系统、网络系统和消防系统，切实保障老人的安全，实现老人无障碍居住，满足老年人的特殊情况和需求。

任务二　制定发展规划的基本方法

一、制定发展规划的定位

（一）市场定位

应根据所在城市情况，本着从市场实际出发的原则，决定从低端、中端还是高端市场做起。在运营前期，以市场宣传和体验服务为主，提升养老机构的知名度与认可度，具有一定影响力和美誉度之后，再转型为专业的高端养老机构，着力开发高端养老市场，努力建设成为养老行业知名品牌。

（二）消费定位

依据消费群体的市场影响力和作用，养老机构的消费定位可分为 4 种类型：主导型、提升型、跟进型和边缘型。

1. 主导型

该消费类型主要包括社会精英阶层、高校和事业单位离退休人员、大型企业离退休高管等人员。他们重视生活品质，物质和精神需求并重。他们也是养老市场的主体之一，是养老市场最直接的消费群体，对养老机构的品牌宣传和口碑形成，具有巨大的推动作用。

2. 提升型

该消费类型主要包括企业白领和技术人员，具有中高等文化水平，收入较高。他们一般正处于转型期，逐渐向高品位的精英阶层靠拢，易受媒体宣传影响，对服务档次、品牌形象有较高要求，并能有效提升养老机构的品牌知名度和美誉度。

3. 跟进型

该消费类型主要包括个体户、工商从业者等人员。他们一般文化水平偏低，尽管收入颇高，但对资金的使用比较谨慎。他们是市场的追随者，容易随波逐流，具有较大的市场空间。

4. 边缘型

该消费类型主要包括普通市民阶层。他们一般文化水平偏低，收入中等，有较强的从众心理，容易被宣传引导。他们的养老压力普遍较大，但受限于收入水平，更多的人会选择中低端养老机构。

（三）功能定位

1. 公寓式功能

老年公寓是集养老休闲、养生保健、康复护理、文体娱乐等综合功能与配套服务为一体，将“居家环境”与“社会化保障系统”“产业化服务体系”等有机组合的综合性建设项目。

2. 医疗康复功能

建设医疗康复中心，配备充足的床位和医疗检测设备，有老年病专家坐诊，具备治疗、抢救、

咨询的功能，这是关系老有所养、老有所医的重要保障，是老年人选择养老机构最关心的问题之一。

3. 家庭服务功能

养老机构有专业服务人员，可以为老人提供24小时的看护服务。主要职责包括收拾房间、买菜做饭、陪伴老人以及看护刚刚出院或不能自理的老人，照顾老人洗澡穿衣、服药等，还可为没有子女照顾的老年人提供各种综合服务。保健医生或护士可提供专业的护理或辅助专业人员进行护理照料。他们负责分配和监督用药、换衣、康复理疗，并提供个人卫生服务。

4. 休闲娱乐功能

为缓解老人的孤寂之感，养老机构设有老年人体育、文化、休闲等设施，比如体育运动场所、老年休闲广场、棋牌室、露天剧场等。它们是老年人节日或闲暇聚会、活动、锻炼的场所，可以满足老年休闲娱乐、运动健身的需求。

三、制定养老机构发展规划的方法

（1）发展战略和发展规划合并类型。很多企业都把发展战略和发展规划放在一起，叫作战略规划。对于中型养老机构来说，这是一种不错的选择。

（2）发展规划要充分体现发展战略的基本思想。要更加具体并具有实战性，有量化的指标和图表。

（3）要充分吸取各部门和分支机构的意见。需要它们分别制定各自的发展规划。

（4）要有风险防范措施、奖惩目标等基本内容。总之，既要有战略发展远见，又要具有较强的可操作性。

触类旁通

通过制定养老机构的发展战略和发展规划，大家会在养老机构的管理上有一个很大的发展和飞跃，也有利于制定其他各种形式的规划。

练习题

练习一：请你讲讲发展战略和发展规划的区别和联系。

练习二（课堂讨论）：养老机构发展战略制定的重要性。

案例分析

案例简介：养老机构将按统一的城乡建筑风格进行设计，体现中国传统和现代建筑的特点，并做到项目区内总体规划设计、建筑单体设计、休闲运动设施和景观设计四者有机结合。为了满足老年人冬季保暖的需要，要求各建筑均为砖混结构，采用木质材料进行外墙装饰，屋顶为青色磁瓦，室内则为普通装修。各建筑及建筑之间均需要设计无障碍通行设施。

建设内容包括：

（1）养老公寓：共8栋，每栋占地面积500平方米，三层，内设套房（一室一厨一卫）75间，则8栋可接纳老年人数量在600～1 000人。

（2）综合管理中心：共 1 栋，占地面积 400 平方米，三层，内设管理办公室、员工休息室等。

（3）休闲中心：共 1 栋，占地面积 500 平方米，三层，一、二层为棋牌室、阅览室，三层为品茶厅，可以品茶聊天，眺望外景。

（4）康复中心：共 1 栋，占地面积 800 平方米，三层，一层为门诊室，二、三层为疗养室。

（5）运动保健中心：共 1 栋，占地面积 800 平方米，三层，一层、二层为室内体育馆，包括乒乓球、羽毛球、篮球等场地，三层为健身大厅，备有跑步机等各类健身器材。

（6）娱乐会演中心：共 1 栋，占地面积 500 平方米，三层，一层为演出中心，主要用于老年活动节目会演、各类互动聚会等活动；二层为戏剧中心，主要供喜爱戏曲的老人演唱交流，并承接部分中小型戏曲文化活动，传承和弘扬中国传统戏曲文化；三层为歌唱大厅，提供简易的音乐设备，供老人唱歌互动。

（7）养老别墅：二期建设，乡村仿古风格，每幢占地 100 平方米，两层，按 20 幢设计，满足高端家庭养老需要。

分析：这是一个具体的规划，供我们参考。

单元八 商业模式和营利模式

单元概述

养老机构的商业模式和盈利模式和任何一个企业的一样，是企业的核心和基本内容之一；是本书学习的重点和难点之一；必须要经过相当的努力，才能够掌握其基本的要领。

学习目标

知识目标

（1）掌握商业模式和盈利模式的基本概念。

（2）了解商业模式设计的基本原则。

（3）知道盈利模式设计的种类。

技能目标

（1）基本能看懂养老机构的商业模式。

（2）能为中小型养老机构设计盈利模式。

情感目标

（1）热爱带有公益性、慈善性的养老机构。

（2）努力学习养老机构的商业模式知识。

项目一 商业模式概述

任务情景

某市一家中型的养老机构，在筹建的初期，寻求一家合作伙伴，这家潜在投资者询问他养老机构的商业模式是什么？这位老板回答：依法经营。

情境分析

可见这位养老机构的投资者，不懂得什么叫作商业模式，所以这次合作没有成功。

学习探究

任务一 商业模式基础知识

一、商业模式的定义

商业模式是指为实现客户价值最大化，把能使企业运行的内外各要素整合起来，形成一个完整

的、高效率的、具有独特核心竞争力的运行系统，并通过最优实现形式满足客户需求、实现客户价值，同时使系统达成持续赢利目标的整体解决方案。

企业经营者比较倾向于将商业模式的讨论定位于方法，而研究者比较倾向于将商业模式描述为一种模型。总体上看，商业模式是一个非常宽泛的概念，跟商业模式有关的说法很多，包括运营模式、盈利模式、广告收益模式等，不一而足。

二、商业模式的基本要素

（一）价值主张

价值主张即公司通过其产品和服务所能向消费者提供的价值。公司可通过价值主张确认产品和服务对消费者的实用意义。

（二）消费者目标群体

消费者目标群体即公司所瞄准的消费者群体。这些群体具有某些共性，从而使公司能够（针对这些共性）创造价值。定义消费者群体的过程也被称为市场划分。

（三）分销渠道

分销渠道即公司用来接触消费者的各种途径。这里阐述了公司如何开拓市场。它涉及公司的市场和分销策略。

（四）客户关系

客户关系即公司同其消费者群体之间所建立的联系。通常所说的客户关系管理即与此相关。

（五）价值配置

价值配置即资源和活动的配置。

（六）核心能力

核心能力即公司执行其商业模式所需的能力和资格。

（七）合作伙伴网络

合作伙伴网络即公司同其他公司之间为有效地提供价值并实现其商业化而形成合作关系网络。这也描述了公司的商业联盟范围。

（八）成本结构

成本结构即公司所使用的工具和方法的货币描述。

（九）收入模型

收入模型即公司通过各种收入流来创造财富的途径。

任务二　商业模式设计的原则和思路

一、商业模式设计的原则

（一）客户价值最大化原则

一个商业模式能否持续盈利，是与该模式能否使客户价值最大化有必然关系的，所以我们把对

客户价值的实现再实现、满足再满足当作企业应该始终追求的主观目标。

（二）持续盈利原则

企业能否持续盈利是我们判断其商业模式是否成功的唯一的外在标准。因此，在设计商业模式时，盈利和如何盈利也就自然成为重要的原则。

（三）资源整合原则

整合就是要优化资源配置，就是要有进有退、有取有舍，就是要获得整体的最优。

（四）创新原则

成功的商业模式不一定是在技术上的突破，可以是对某一个环节的改造，或是对原有模式的重组、创新。

（五）融资有效性原则

商业模式的设计很重要的一环就是要考虑融资模式。甚至可以说，能够融到资并能用对地方的商业模式就已经是成功一半的商业模式了。

（六）风险控制原则

设计再好的商业模式，如果抵御风险的能力很差，就会像在沙丘上建立的大厦一样，经不起任何风浪。

二、商业模式设计的思路

设计商业模式前的十个问题：企业如何在市场竞争中找到更精准的定位？企业产品是什么？服务是什么？企业如何找到更多细分市场？如何多样化设计我们的产品？企业现有哪些资源？还需要整合哪些资源？整合资源做什么？能产生哪些回报？企业如何做到可持续发展？上述一系列需要研究的问题，都要进行认真回答。

触类旁通

在研究养老机构管理的时候，会有相当多的经营管理模式需要我们熟悉和了解。如果我们掌握了商业模式和盈利模式，一切都会迎刃而解。

练习题

练习一：谈谈你见习或者实习的养老机构的商业模式。

练习二：国有公办养老机构有商业模式吗？

案例分析

案例简介：泰康之家·申园位于上海松江广富林遗址的东面，占地面积约 9 万平方米，总建筑面积约 22 万平方米。项目包括 17 栋高层塔楼和由数座低层建筑构成的社区公共服务设施。高层塔楼包括 1 座医院、6 座独立生活楼及 10 栋活跃老人生活楼。申园是泰康保险集团继北京燕园之后

投资兴建的第二个大型综合医养社区。据泰康之家方面提供的数据，开业至 2017 年接纳居民 248 户 373 人，独立生活区（即自理老人生活区）入住率达到 90%。据泰康公司内部预计，申园因为入住速度快，上海市场潜力大，合理长期稳定的收益为 5% ~ 6%。

项目二　设计商业模式的方法

任务情景

一位学习公共管理专业的博士生，到一家大型养老机构实习，老板委托他设计一个商业模式。他感到力不从心。

情境分析

学习管理专业的高级人才，一定要懂机构的商业模式和运营模式，这是一个基本的要求。

学习探究

任务一　明确目标客户

一、选择目标客户的重要性

确定商业模式的第一步是选择目标客户。养老服务面向的客户类型多种多样，可根据需求类型、消费层次、地域覆盖等多维度划分为不同的客户群——每类客户群对于养老服务都有各自不同的诉求。企业产品不可能对所有消费者都适用，企业必须先明确为哪部分人服务，锁定一个相对狭窄的市场，进行市场调研和客户消费心理研究，才能把有限的资源用在刀刃上。

如开一个养老机构，要想吸引入住者，首先要搞清楚自己的定位，明确自己的核心价值，发现自己的目标用户。首先要定义出核心目标用户，然后分析用户群体的行为，进而了解用户需求，提供给目标用户所需要的、想要的。

二、目标客户的分类

（一）养老客户 STP 细分 12 维度

STP 战略中的 S、T、P 三个字母分别是 Segmenting、Targeting、Positioning 三个英文单词的缩写，即市场细分、目标市场和市场定位的意思。STP 营销是现代市场营销战略的核心。第一步，市场细分，根据购买者对产品或营销组合的不同需要，将市场分为若干不同的客户群，并勾勒出细分市场的轮廓。第二步，确定目标市场，选择要进入的一个或多个细分市场。第三步，定位，在目标市场顾客群中形成一个印象，这个印象即为定位。

（二）按年龄来划分类型

老年人可以细分为三个群体，分别是青年老人（55 ~ 70 岁）、中年老人（71 ~ 85 岁）和老

年老人（86岁以上）。大量调研数据研究分析发现，青年老人的需求跟中年老人的需求不一样，中年老人的需求又不同于老年老人的需求。青年老人在文化娱乐休闲和精神慰藉方面的需求非常高，中年老人在护理照料和医疗方面的需求远远高于青年老人，而老年老人的医疗需求排在第一位，护理需求排在第二位。所以从年龄来看，不同年龄段的老年人对养老的需求是完全不一样的，这就要求养老社区组团和功能定位要有所不同。

（三）根据老年人的身心状况分类

根据老年人的身体状况可以将老年人分为失能型老人、半失能型老人、失智型老人和自理型老人。不同生理、心理状况的老年人对养老的需求是完全不一样的。将当地老年人的身体状况按照不同维度来划分，做到细分再细分，你的项目未来的客户在哪里、是谁，这些问题自然迎刃而解。

根据市场惯例，可按照健康状况将老年客户细分为自理型、介助型和介护型三类，每类客户的需求都有所不同。

（四）从地域覆盖角度分类

目前市场上的养老服务产品大致可分为两类：一类位于一二线城市中环境安静、适合养老的郊区，主要面向当地老年消费者；另一类位于风景优美的旅游景区，如三亚等，主要面向全国老年消费者。只有在深刻了解消费者需求和市场动向的基础上，企业才能敏锐地感知市场机会，并据此及时对目标客户定位进行强化或调整。

任务二　设计产品和服务

一、产品和服务的含义和设计原则

（一）产品和服务的含义

产品是指能够供给市场，被人们使用和消费，并能满足人们某种需求的任何东西，包括有形的物品、无形的服务、组织、观念或它们的组合。

服务是由一系列或多或少具有无形特征的活动所构成的一种过程；服务在表现形式上是一个由无形服务和有形产品共同组成的整体。服务本质上是一个过程，服务是在互动过程中进行的。

（二）产品和服务的设计原则

（1）坚持以老年人需求为导向，坚持以人为本为导向。

（2）结合项目本身的资源优势和核心能力，进行有针对性的分类、分级设计。

二、产品和服务设计方法

（一）基本思路

养老细分市场、目标客户群找到之后，针对这些市场和客户群，我们要提供怎样的产品和服务呢？在明确目标客户后，企业应通过设计提供相应的产品和服务来体现自身价值。设计养老服务产品，应该以目标客户的显性需求及隐性需求为出发点。完整的养老服务产品由三个层次组成：最里层是核心层，主要包括性能、功能、品质等，是产品发挥作用的关键因素；第二层是外围层，主要是增值服务，目的是让客户更好地发挥核心产品的功效，比如免费洗浴、免费休闲娱乐、提供医疗便利等；第三层是外延层，主要是客户体验与感觉。

老年群体作为服务对象，产品和服务设计需深入研究其生理、心理特征及消费行为习惯，如分析老年群体的主要核心需求——安全，尊严，充实，快乐；老年人六怕——怕死，怕病，怕孤独，怕被骗，怕花钱，怕黑夜来临等。他们容易有失落感、孤独感、自卑感，同时充满对生命、生活的担忧，从物质层面到精神层面，不同年龄段的老年人需要不同的产品，见表 8-1。

表 8-1　老年群体的基本需求

老人年龄与身体阶段	核心需求	需求特点	需求产品与服务
55～70 岁 刚退休	养生健康、旅游度假、兴趣及照顾第三代	居家 潜在养老消费意识	老年大学、居家上门服务、异地旅游、度假养老服务、养老理财投资、适老化住宅
71～85 岁 身体健康	护理、医疗、保健	居家 有养老需求	健康管理、居家上门服务、养老理财、投资、社区居家服务中心
86 岁以上 身体出现老年病	医疗、护理	家庭病床	老年养护院提供家庭病床或喘息照护、服务、老年公寓

（二）设计的基本要素和方法

养老服务产品的设计应围绕客户需求最强烈的生活照料、医疗护理、营养配餐、文化娱乐、健康管理等养老养生服务展开。通常包括以下几个关键要素。

（1）居住条件：企业需提供适宜老年人居住的生活空间。据消费者调查显示，大部分老年人，尤其是自理型老年人希望拥有家庭式的私密生活空间。在生活选址方面，老年人偏向选择距离子女家庭较近的社区。

（2）医疗和护理能力：便利可靠的医疗健康服务是消费者在选择养老产品时最为重视的内容。暂时没有能力和条件置办医疗设施的企业，也可以通过其他的变通方法来弥补这一缺陷，如产品选址时应尽量靠近医疗机构；与当地医院建立战略合作关系，聘请医生定期提供上门服务，并为客户提供就诊“绿色通道”等。

（3）其他服务：企业应考虑到老年人尤其是自理老年人的精神生活需求，为其提供有针对性的娱乐设备、康健设施、生活便利服务，并帮助组织社交活动等，以此丰富老年人的精神生活。

不同层次的消费者在选择养老项目时关注的重点不同，任何养老服务产品都很难在价格、实用价值和面子三个方面同时实现突破。企业要根据目标客户群的层次，确定自己的服务产品在哪个方面必须超越竞争对手，这样才能给客户一个选择你的理由。

在设计养老服务产品过程中，最核心的环节是提炼出打动人心的产品概念。产品概念最好可以总结成一句话，能够让人听了以后产生共鸣。要想让目标客户理解产品的价值和作用，最好的办法就是做样板间，可以让客户看得见、摸得着、能体验到，这比文字或口头说明要好很多。

触类旁通

通常我们讲服务是一个比较抽象的概念，比如满足某种精神需求，也是一种服务。但如果我们将其与产品联系起来，就比较形象和实在了。

练习题

练习一：商业模式的基本要素是什么？

练习二：你怎么理解商业模式的创新原则？

案例分析

案例简介：万科现有养老产品主要有三种：第一种是机构型，偏重高护理等级的客户，类似于万科青岛怡园和北京万科幸福家，有100～300个床位，建筑规模一般为5 000～20 000平方米；第二种是CCRC型，侧重于全生命周期的照护，类似于杭州的随园嘉树，活跃长者居多，会提供更多综合性的服务；第三种是社区嵌入型，立足已有的社区并辐射周边客户，规模比较小。各类产品模式均处于探索中，服务和运营能力被视作万科养老的“护城河”。因此，养老项目的产品服务设计应该首先满足老年客户群体独特的需求，产品服务设计应多样化、个性化；其次，好的产品服务设计能提升客户满意度；再者，产品服务是收入的载体，能不能卖个好价钱，就看产品服务设计是否体现“物美价廉”；最后，好的产品和服务设计是盈利的保障，判断一个养老项目盈利能力如何，利润是比较直观的经济指标，产品服务设计得好，不仅能增加收入，还可降低成本。

分析：这是一个非常复杂的案例，同学们可以怀着拓宽知识面的心态来加以学习。

项目三　选择财务和营利模式

任务情景

一位中型养老机构的总经理，请一位高等职业院校学习管理专业的毕业生为他的公司设计财务和营利模式。

情境分析

这是不切合实际的要求，要担当此重任，必须有比较丰富的工作经历和财务制度的基础知识。

学习探究

任务一　财务制度选择

一、企业财务制度的战略选择

财务战略是为谋求企业资金均衡、有效流动和实现企业战略，为加强企业财务竞争优势，在分析企业内、外环境因素影响的基础上，对企业资金流动进行全局性、长期性和创造性的谋划。由此可见，财务战略是战略理论在财务管理方面的应用与延伸，不仅体现了财务战略的战略共性，而且勾画出了财务战略的财务个性。财务战略的战略共性体现在全局性和长期性上，财务个性体现在财务战略的相对独立性、从属性上。

企业财务战略的选择，决定着企业财务资源配置的取向和模式，影响着企业活动的行为与效率。企业财务战略的选择必须着眼于企业未来长期稳定的发展、经济周期波动情况、企业发展方向和企业增长方式等，并及时进行调整，以动态保持企业的核心竞争力。

二、企业在选择财务战略过程中要注意的问题

（1）企业财务战略的选择必须与经济周期相适应。

（2）企业财务战略的选择必须与产品生命周期相适应。

（3）企业财务战略的选择必须与企业经济增长方式相适应。

任务二　营利模式选择

营利模式是根据企业资源特性以及行业环境所采用的合适的实现战略目标的具体手段。从某种意义上讲，企业财务战略就是确定公司长期的绩效目标，是对企业长期营利模式的选择；反过来讲，营利模式是企业财务战略在经营方面的体现，其成功与否是由企业在财务业绩上的表现来衡量的。只有构建科学合理的企业营利模式框架，才能够确保企业获得较高的经济价值。

中国养老市场起步晚，养老服务市场环境尚不成熟，政府政策和法律法规也还不完善，造就了过渡期市场上各种不是很成熟的营利模式，但同时也为进入者创新性地发展新型营利模式留有机会。

一、营利模式的主要类型

（一）使用权销售

使用权销售有 5 年、10 年、15 年、20 年、30 年或终身等几种形式，其中使用权 5 年销售实质上是一种收租方式；常见的使用权买断是 10 年、15 年、20 年，也可组合买断，不仅收取买断费，还收取月费，如万科随园嘉树。

（二）全销售模式

由企业投资开发建设及运营的大型综合社区，拥有基本的老年社区配套设施，往往采用以出售房屋产权为主的全销售模式。全销售模式一般要求项目土地具有商服用地的性质，满足政府规划要求，否则难以办理产权。其优点是能快速实现资金回笼，缩短投资周期，如平安浙江桐乡养老项目。

（三）会员制模式

会员制模式就是养老项目通过发展会员，提供差异化服务，通过精准营销，提高客户忠诚度，为企业带来长期效益。老人成为会员的条件是缴纳相应的会费或购买相应数量的产品，成为会员后可在一定时期内享受到会员专属的权益。此种模式可以提前回收现金流，沉淀资金池，减轻前期巨大投资的压力，是平衡养老产业投资回收期较长这一特点的重要方式之一。目前，国内大多数养老项目均采用此种营利模式，如北京太申祥和山庄。

（四）保单与入住费结合模式

险企投资养老行业具有天然的优势：可以和保单挂钩。一方面使得保险产品这一无形产品有形化，促进保险产品的销售；另一方面，可以提前锁定现金流，且不会有类似会员制的争议。除以上优势之外，险企还拥有客源优势、大数据优势、产品设计精算优势等，如泰康之家燕园。

（五）“销售＋持有”模式

“销售＋持有”模式是一种住宅销售与老年公寓等养老配套设施持有运营相结合的方式，如北京太阳城。

二、成功营利模式具有的特点

（一）能提供独特价值

有时候，独特价值可能是新的思想，而更多的时候，它往往是产品和服务独特性的组合。这种

组合要么可以向客户提供额外的价值，要么可以让客户用更低的价格获得同样的利益，或者用同样的价格获得更多的利益。

（二）难以模仿

企业通过确立自己的与众不同，如对客户的悉心照顾、无与伦比的实施能力等，来建立利润屏障，提高行业的进入门槛，从而保证利润来源不受侵犯。

（三）脚踏实地

脚踏实地就是实事求是，就是把营利模式建立在对客户行为的准确理解和假定上。

（四）可持续性

成功的营利模式必须能够突出一个企业不同于其他企业的独特性。这种独特性表现在它怎样界定客户、界定客户的需求和偏好、界定竞争者、界定产品和服务、界定业务内容吸引客户以创造利润上。优秀的营利模式是丰富和细致的，并且它的各个部分要互相支持和促进。

企业营利没有一成不变的模式，而需要不断思索和探求，寻求企业最合适的创新方式。作为企业的经营管理者可以从各个方面去思考，如何突破原有的营利模式，获得更高更稳定的利益来源。而且企业在不同发展阶段的营利模式，应随战略调整而及时升级。

触类旁通

营利模式是关于企业经营管理的核心问题，同学们经过初步学习，今后要在公司中注意观察和提高自己。

练习题

思考题：财务制度就是管钱的吗？

案例分析

案例简介：北辰养老服务体系搭建。以高端疗养中心为基础，拟建立居家、社区、机构三位一体养老服务体系，以老年智慧体验中心为平台，通过为老年人提供“医、养、乐、学”四大服务，纵横整合养老产业上下游资源，提供主题型一站式健康养老模式。

分析：各地区、单位做法虽不同，但有共同趋势：一是实现一站式服务、网格化布局，机构、社区、居家开始呈现融合趋势，迎合大多数中国老人的习惯，为居家养老提供专业支撑。

二是运营管理更加智能化，大数据、智慧化应用将提升效率和降低成本。

项目四　商业模式与营利模式设计

任务情景

一位养老机构的董事长问：经济学家设计商业模式和营利模式真的有用吗？

情景分析

当然有用，关键在于如何根据实际情况掌握商业模式和营利模式的动态环境。

学习探究

任务一　商业模式与营利模式设计的起点

一、商业模式设计的起点

商业定位是商业模式设计的起点，商业模式的构建和运行正是从定位开始的，所以进行商业定位，是实施商业市场战略的第一步，为了寻求最佳的销售机遇，达到最大的销售目的，必须首先对商业进行定位。商业定位主要包括市场定位、业态定位、价格定位和客户定位等。定位对企业的商业运行策略具有决定性作用。

如果说商业模式的第一步是探求需求本质、挖掘隐性需求和寻找价值主张的过程，也是商业模式构建的本源；那么第二步我们应锁定目标客户，奏响从客户定位到产品模式定位、提供方式定位，再到角色定位的商业定位四部曲。这一过程是商业模式构建的起点，有了系统的定位，我们才不会迷失方向，商业模式这个灵魂才能找到正确的路。

养老项目想要设计合适的商业模式，则需结合周边养老市场现状和特点，研究项目属性，结合市场细分进行功能定位、品牌定位，明确我们是谁、谁是我们的客户、提供什么样的产品和服务，应该如何做，如何实现最优资源配置，确定产品在消费者心目中与众不同的位置，展现与竞争对手的不同之处，获得更大的竞争优势。可以说，精准定位，是项目成功的基础。

二、营利模式设计的起点

（一）营利模式的出发点

营利模式的构建可以自由发散，但是无论如何，客户这个基本要素都是营利模式构建的出发点。要以客户为中心的思维来指导营利模式设计，客户选择为首要考虑环节；以客户为中心的思维起点是确定客户群及其需要，然后转向资产搭配与核心能力建设。

营利模式构建具有无穷的想象空间，它就像需求一样，也有显性和隐性之分，当今社会的发展，促使人们的商业思维无限扩展，越来越多的企业构建出了出人意料的、潜移默化的隐性营利模式。所谓显性营利模式，即消费者看得到的供应模式及利益相关者之间比较容易搭建的交易结构，而隐性营利模式，即隐藏的营利模式，需要我们自己去发现、探索利益相关者之间潜藏的交易结构。

（二）产品模式的作用

产品模式是商业模式设计中链接商业定位和营利模式的桥梁和载体，而产品模式设计本质上就是向目标客户或潜在客户展示了一条由浅入深的产品消费路径，只不过这条消费路径是基于客户消

费需求和消费心理设计的。它是很人性化的一个消费心路历程，它或明或暗地勾勒出一条企业营利路径和营利曲线，并决定了营利模式的主方向。营利模式设计的主题要紧紧围绕独特的产品模式去思考，不能偏离这个中心去异想天开，否则，营利模式就会与商业模式严重脱节。

任务二　商业模式与营利模式设计的终点

一、商业模式和营利模式的最终目标

无论是是商业模式还是营利模式最终都为了解决一个核心问题——获取商业价值，而商业模式和营利模式的设计不过是解决同一个问题的两个关键性的逻辑链条而已，二者存在着承启的关系，一步步地实现获取商业价值的最终目标。

二、商业模式和营利模式在循环中发展

商业的价值环境在不断变换，企业自身也在不断变化，没有永远有效的模式，企业需要不断根据环境和自身的变化，适时调整自己。一切都在变化之中，企业只有适时灵活地调整自己，才能在商海大潮中立于不败之地。从这点来讲，企业创新，只有起点，没有终点，商业模式的创新与优化也没有终点，企业所能做的不是一劳永逸，而是不断自我革新。

触类旁通

本项目是全书的难点和重点之一。同学们可以先掌握基础知识，在实际中去对照运用，不断提高自己。

课堂练习

思考题：养老机构商业模式和营利模式的关系是怎样的。

案例分析

案例简介：万科“三位一体”养老服务体系框架如下：

（1）机构养老社区化、机构养老家庭化。

（2）以养老机构（主要为护理型）为平台，辐射具有居家养老、社区养老需求的社区家庭。

（3）养老设施建设与社区服务配套相结合，平台开放，资源共享。

分析：养老机构辐射社区最终要达成的目标有三个：对政府来讲，让社区形成机制，互相帮助，减轻政府管理负担；对于社区居家老人来讲，实现在家无忧养老；对于养老机构来讲，可提高自我管理能力，为政府分忧，增加多元化收益，同时获取潜在客户群的信息与信任，为养老机构的营销奠定基础。养老机构辐射居家、社区养老，可以说是几方共赢的一种养老形式。

单元九　市场定位和营销策划

单元概述

一个养老项目，从立项开始，就需要针对项目进行详尽的市场调研，通过综合数据（土地性质、区位优势、自然环境、人口结构、风俗习惯、交通状况、消费能力、周边配套、竞争案例、辐射范围、区域经济状况、地方政策等因素）的分析和研判，进行项目规划设计；建立可行的商业模式和盈利模式；针对目标客户群制定营销方案和推广策略；确定后期运营管理方案；对潜在风险进行评估，制定应急预案。这样才能在项目未来运作过程中将风险降到最低，实现社会效益和经济效益最大化的目标。

学习目标

知识目标

（1）掌握市场定位的基础知识。

（2）学习关于营销策略的知识。

（3）了解养老机构定价的因素。

技能目标

（1）学会市场定位的方法。

（2）能够对养老机构的定价进行设计。

情感目标

（1）热爱养老机构的工作岗位。

（2）正确认识养老机构定价的基本原则。

项目一　成功的市场定位

任务情景

民办养老机构的运行管理是管理的核心内容之一。我们应该从哪里开始学习呢？

情境分析

在社会化、市场化条件下，市场状况往往具有决定性作用，所以就从这里开始我们的学习吧。

学习探究

一、企业市场定位的重要性

在一系列的定位中，首先需要明确市场定位，即要明确认识到我们是谁，其次就是明确我们要做什么。这就需要我们研究市场的供需关系，研究当下市场的竞争环境和竞争机制，等将这些问题

研究透彻了，我们对产品的定位也就明确了，也就是说明确了在现有市场竞争中，提供什么样的产品最合适。当然随着市场的不断发展，我们还需要看重的就是客户，要研究通过哪种方式能让客户最大限度地接受我们的产品，而且是以最简单、最合适的方式来接受。要达到这样的效果，就要求我们首先要对市场进行细分，对客户进行细分，通过细分辨别谁是最忠实的客户，进而明确应生产什么样的产品，并最终决定利润来源于市场的哪一部分。以上内容一环套一环，看似主体较多，但却是一个利益共同体，都来源于"定位"，解决的就是定位问题。

市场的定位、产品的定位、客户群的定位等组成了整个市场的产供需结构，回归到养护院项目的定位问题，依然要从以上所谈的几个层面来分析。养老产业所面临的客户群是社会中的弱势群体，服务好老年群体不仅是社会进步、传统文化弘扬进步的象征，更是整个社会文明进步发展的客观反映，善待老人就是善待明天的自己。这足以表明从事养老产业服务的高尚与责任，做好养老产业服务更是需要政府的支持与社会的关心，更需要每一位投资者真心热爱这个产业，认真负责地经营这个产业。做好养护院的经营与管理，首先要做好养护院的整体定位，定位明确了，等于管理思路明确了，等于经营的方向明确了。

二、影响企业市场定位的因素分析

企业定位是企业生存在市场上首先要解决的问题。企业找不到自身的价值，对内就很难形成一股力量，对外很难形成品牌影响力。企业作为市场的一个元素，只有明确了自身的定位，才能明确利润到底从哪里来，才能清楚客户到底是谁，才能明确产品和服务模式、商业模式到底是什么。

当下社会上的养老机构，存在形式多种多样，有过去以政府为主导的县、乡镇一级的敬老院，市一级的社会福利院等机构，还有部分医疗服务机构内部所设置的，可以长期供失能老人居住的护理院，以及现在较多的个人、企业投资运营的私人养护院、社区服务中心、居家养老服务中心等。虽然形式多种多样，但从企业的角度来分析，其性质都是服务型企业，提供长期或短期居住的环境，配合日常生活照料、护理服务、精神慰藉、餐饮等特色服务内容。所服务的对象基本上是 55 ～ 85 岁的自理、半失能、失能、失智老年人。但纵观现有的全国各地区的养老机构，不管是公办性质的福利机构，还是民办营利或非营利机构，都存在着产品和服务体系较为单一、硬件环境质量较差等问题。

事实上一方面政府在相关产业政策支持方面做得不够，另一方面受市场竞争机制的影响，尤其是二三线城市及县区养老机构，客户群基础不好，软硬件条件更是不好，已经形成了恶性循环。从养老机构成本控制的角度来考虑，院方无法从利润中拿出较大部分来更换硬件设施，无法培养服务质量更好的工作人员，导致中高端客户群不愿意入住，最终只能是养护院越办越差，有很多三线地区的养护院目前已经是举步维艰了。为什么会出现这种问题呢？事实上稍作研究就可以发现，这些养老机构大多都存在同一个问题，就是定位的问题。很多养老机构从高层到中层，从开始到现在，根本就不清楚，自己的定位到底是什么？一旦养老机构定位失衡，或者定位不准，就很容易出现破罐子破摔的现象。假如我们的定位很准确，就是定位在中端收入人群，那么我们的定价，我们的服务内容和服务方式等都会有一个很好的控制水平。当我们的客户群都控制在中端消费水平的时候，我们的服务水平也会逐渐上升。

三、养老机构定位的方法

企业的定位一般包括市场定位、产品定位、功能定位以及品牌定位。市场定位对于一个企业而言是首要的，因为企业最终是要生存在市场里，要面对竞争，面对市场的考验，如果没有一个准确的市场定位的话，那么就意味着在市场竞争中没有基础地位。如何进行市场定位呢？可从以下三点出发：

（一）自身定位

对于养老机构来说，这个问题看似简单，其实稍不留意，就会搞错。市场上现有的很多家养老机构就不清楚这一点。有的养老机构眼前的业务都没有做好，眼前的老人都没有服务好，却急着扩大市场，就算市场扩得再大，团队人员再多，服务依然还是做不好的，因为它们没有抓住核心。

（二）客户定位

如果不对客户进行区分，只盲目地去追求利润，看到一个老人就向他推销我们的产品、我们的服务，结果一天下来，没遇到几个有效的客户。我们经常看到一些养老机构刚开业，或者还在试营业阶段，就派出很多营销人员，早上在菜市口拦截老人，发放宣传单页，下午在公园拦截老人，依然在发放宣传单页。结果一天下来，累死累活的，一个客户都没找到。时间长了，营销人员就会牢骚满腹，认为公司的服务有问题，定价有问题，甚至连选址也有问题。笔者曾带一个营销人员来到一个公园里，眼前坐着十几位老人，我问他："你知道那一群老年人里，谁是我们的客户吗？"他摇摇头说："这个我怎么会知道呢？我又没去仔细问过他们的情况。"于是我说："我给你三个问题，你挨个问一下，如果有谁能满足你三个问题中的两个及以上，你就一直跟下去，我保证你两周内就能成交。"销售员瞪着眼，一副难以置信的样子。于是我说："第一个问题，您老身体怎么样？家里有几个子女？平常谁来照顾您啊？第二个问题，假如给您找个保姆，您觉得一个月给她开多少工资合适？如果找个懂护理的保姆呢？第三个问题，对养护院的感觉如何？如果入住养老机构，最看重什么？"于是营销人员过去挨个问了一下那几位老人，有几位老人只回答了一个问题就走开了，还有三位老人很热情，不但回答了问题，而且还问养护院的实际情况，想去实地走访一下。于是我对营销人员说，你就紧紧地跟着这三位老人就行了，而且你要经常上门服务，跟老人的子女多沟通，两周后我们看结果。

一个月后，这个营销人员很兴奋地告诉我，他终于开单了！这个例子说明什么问题呢？其实很简单，就是全天下的老年人不可能都是我们的客户，我们只赚一部分人的钱就好，所以客户群定位、客户群细分很重要，如果不把客户群细分好，你的市场定位也不会好。

（三）产品定位、功能定位

我们说产品好不好，最主要的还要看质量，其实最简单的就是要看它的口碑，如果老百姓一谈起这类型产品，就想到你的产品，说你的产品好，你的产品非常棒，那么恭喜你，你的产品品牌实力已经获得了市场的认同。这时我们再来看产品定位，实际上，产品定位就是在帮助客户解决某一个或某两个问题，比如肥皂解决了快速洗掉衣服污垢的问题，那么你的肥皂的定位就是洗衣服，你不能说你的肥皂用来洗澡非常好。养老机构的产品实际上就是服务，因为养老机构是服务型企业，主要以服务来满足市场客户群的需求。所以，养老机构要根据服务内容、服务层次、服务对象来定位，比如自理型老年人和半失能老年人的需求是不一样的，针对这两种类型的老年人，我们相应的产品定位也是不同的。

做养老服务的投资，产品定位、服务定位、甚至是功能定位，一定要准确，要对客户有区分，

要针对不同的客户需求，提供不同的产品内容。服务要做好，首先要搞清楚对方要不要这种服务，否则就会张冠李戴。

触类旁通

市场定位的前提是搞好市场调查，首先我们要掌握基本方法；其次要敢于深入市场。

练习题

案例分析题：一家养老机构，开业经营6年了，但是一直处于市场最低端。一走进这家养老机构，院子里有几个老年人正躺在走廊的沙发上，屋子里的异味，距离四五米就能闻到，卫生条件很差。这家养老机构做养护院好多年了，培养了一大批服务人员，目前全市其他地方共部署了六七个网点，天天都在提供上门服务，客户基数可以说已经非常大，但是企业利润和收益却很不好。请对这个案例进行分析。

案例分析

案例简介：国内一线的养老机构——上海亲和源，以自理型、活泼长者为主要服务对象，提供的服务更多的是人与人相互交流、户外运动、文化传播与体验等方面的，这样的服务才能使得更多的自理型老年人，觉得心情舒畅，觉得生活是这么美好！利用晚年时光感受一下不曾感受过的风土人情，对他们来说就是最好的养老服务内容了。

分析：这是一个市场和企业定位都比较好的案例。

项目二　市场细分与目标客户群分析

任务情景

一家养老机构的总经理，正在组织员工进行市场细分。他感觉市场太大，无从下手。

情景分析

其实这很好办，首先要拟好市场调查提纲；其次要设计统计表格。

学习探究

任务一　市场细分

一、为什么要进行市场细分

（一）有利于产品开发

市场细分的目的是为了精确针对项目辐射区域目标市场客户群体进行消费心理和行为分析，在

此基础上，我们才能选择更合适的产品和服务，一来满足需求，二来满足超值需求，三来满足从未满足的需求。市场细分不是一成不变的，消费者心理和行为分析也不是一劳永逸的，因为市场和消费者不是固定不变的，我们必须随时了解市场反应，洞悉消费特征，及时调整策略，力争一事一议提供最精准的服务，以最好的姿态使客户充满喜悦！同时研究细分市场的目的也是为了给企业的投资提供理论依据，为后续正确进行市场定位，有效选择目标客户以及营销策略做好充分准备。

（二）有利于达到预期目的

随着买方市场越来越成熟，消费者也越来越挑剔，其需求变得越来越细致。因此，如何进行市场细分并选择适当的细分市场和目标客户，成为企业战略营销分析的核心。市场研究与客户细分是企业产品能力与组织能力的起点和归宿！也是一个组织或者项目能否达成预期经营成果成功落地的标志之一。

二、市场细分的具体方法

对于一个养老项目，我们往往结合外在特征和内在价值需求角度，按照民族、地域、身体状况、支付能力、合住意愿、家庭结构等原则，对项目进行养老市场的细分。

将项目所在地的交通、地理位置进行详细的区分，以便更多地了解当地市场的供需关系。比如一个项目所在地区，可以按空间距离和交通时间，分三个覆盖区域：一级核心圈，30 分钟核心圈，60 分钟高速圈等。一级核心圈指的是项目周边 3 ～ 5 千米范围内；30 分钟核心圈基本上涵盖了项目所在地区的城区，也就是说项目所在的城市或者县市内，基本上都算 30 分钟核心圈；再就是项目所属城区外的其他县、市，基本上从该城市到另一个城市，交通时间在 60 分钟以内。最后就是其他较远的城区、县市了（基本上需要 60 分钟以上高速的区域）这些区域的潜在客户大多数对项目的了解仅仅局限于网络、电台、报纸等，能接受项目且成为有效客户的机会很小。

以上的细分是从地域环境来考虑的，还有的细分是从家庭结构和家庭收入方面来考虑的。比如依据家庭结构可分为有老人家庭和没有老人家庭，有老人家庭中又分独居老人家庭和空巢老人家庭，以及其他老人家庭。那么从个人或家庭整体收入来区分，细分就更明晰了，可以依据所处行业及家庭环境进行划分。其次，还可以对目标客户群体——老年人，按照身体情况和年龄维度进行分析，明确老人的不同情况。

任务二　市场目标客户群的分析

前面我们对项目所在市场的具体细分原因和方法都做了详细描述，可以说对于市场的细分，是必需的，也是我们项目未来能否成功的关键，没有严格的市场细分，我们就无法明晰我们的客户到底在哪里。

一、研究客户的消费心理

从事养老行业一定要研究老年人的消费心理。一提到老年人的消费心理，大家马上可以脱口而出：谨慎、节约、图便宜及很少买贵的东西等。说得没错，大家之所以能立刻说出这些来，是因为经常看到老年人买东西时的样子。但是要从科学的角度以及市场营销的角度去分析，老年人的消费心理其实是受到长期积累下来的心理、生理、经验以及对市场的认知等多方面影响的。首先我们说老年人经过多年的生活积累，对社会上经常出现的问题有一定的心理准备，就像大家都常说的“好

东西不便宜，便宜没好东西”一样，所以老年人买东西都是翻来覆去，要多方面比较才能下决心。其次，从生理的角度来看，老年人思维意识缓慢，对社会上的新鲜事物从看到到了解的整个认知过程，需要较长时间，因为他们的思维变化以及以往在大脑里对类似事物的积累不够，缺乏印象，所以辨别能力较弱。所以老年人经常在了解你对他说的一件事，或者卖给他的一样东西的时候思考半天，他在想这件事或这个物品，以前是否见过，是否听人说过，是不是这样的，等等。等他琢磨半天，能拿定主意的时候，大脑已经经过了很多次的转换了，所以生理结构决定了老年人不可能很快就认可你的产品或你说的事。最后我们再从经验方面来分析，老年人往往非常相信自身的经验，认为年龄和社会阅历的积累，会给他们带来很强的分析能力，所以老年人在对一个产品或一个人下结论前，通常要考虑很长时间，他需要进行多次观察与思考后才做出决定。

二、老年人客户群的分析说明

（一）消费行为的习惯性

老年消费者有着几十年的购买消费实践，在长期的选择和使用过程中，积累了丰富的经验，而且老年消费者也往往非常相信自己的购买经验，因而老年消费者对某些商品形成了比较稳定的消费习惯，对某些品牌更是产生了一定的偏好，具有较高的品牌忠诚度。这类习惯一旦形成，就较难变更，会在很大程度上影响老年消费者的购买行为。

（二）消费决策的理智性

人们进行消费的决策形式一般可以分为理智型和冲动型。由于年龄和心理的因素，老年消费者往往会再三思量，然后再进行购买消费。这一过程中，老年消费者的消费决策受情感冲动的影响较小，因而大量的广告轰炸对于其购买商品难以产生很大的影响。同时，由于自己是家庭中的长辈，在家庭中起到一定的表率作用，因此虽然购买消费是个人的行为，老年消费者也会较多地考虑家庭的整体利益。综合这种因素，老年消费者的购买决策往往是趋于理智型的，特别是高值消费品的购买，决策的过程都会较长。

（三）消费目标的便利性

对于老年消费者来说，其消费的目标首先定位于方便实用上。老年消费者由于生理机能逐步退化，对商品消费的需求着重于其易学易用、方便操作，以减少体力和脑力的负担，同时有益于健康；另外，值得一提的是价格便宜也是老年人消费追求的一个重要目标，因为由于理性消费的原因，老年人消费总的来说属于节俭型消费。但是随着生活水平的提高和高薪中年人加入老年行列，价格因素在老年人消费中发挥的决定作用逐渐趋弱。

传统的养老服务购买者需求多从年龄层次、区域和身体状况等方面进行分析，目前的养老服务多是根据城乡养老模式的差异和需护理程度的不同来区别提供。随着经济、社会的发展，老年人对于养老服务产品的生理需求趋于全面，心理需求日益突出。老年人入住养老机构大体有以下动机：

除了最基本的生活保障外，还希望多一些关心和陪伴。老人年纪大了，最害怕的就是孤独寂寞。在家中，子女工作忙，只能偶尔打个电话。这是目前最多的一种心理需求状态。

为子女减轻负担。老人吃喝不愁，生活有规律，身边还有同龄人相伴，子女可以安心工作，不必再为服侍老人而占去太多时间。尤其是一些因生病暂时无法进行居家护理，儿女又没有时间照顾的老人；或没有房子，子女也无力购房或同住的老人多有此心理。

充分享受生活乐趣，能方便地参加各类感兴趣的活动。工作时忙忙碌碌，照顾老人、照顾孩子，没有时间去做自己想做的事，最好的年华是在退休之后，要充分享受老年时光，让自己为这些兴趣忙碌起来。年龄大、有配偶、文化程度高、月收入高、对集体活动感兴趣的人群更愿意入住养老机构。

触类旁通

市场细分和目标客户定位，是我们研究养老机构市场发展的重要方式之一。这是养老机构经营管理的基本功。

课堂练习

思考题：怎样才能掌握老年人的心理状况?

案例分析

案例介绍：上海某养老机构入住的高级知识分子较多。他们希望老有所为，继续发挥余热，让老年生活更充实。目前入住养老机构的人员结构已经发生了明显变化，要求高、素质高、文化高、收入高的“四高”人群逐渐多了起来，他们希望在晚年也能过得精彩而有意义，能够用自己所拥有的知识再为社会出一份力。

分析：当前，入住养老机构的人员结构发生明显变化，养老机构要相应做出调整。

项目三　养老机构的营销策划

任务情景

营销策划一般是广告公司的专门业务，一家养老机构的总裁将营销策划完全交给广告公司来做，最终效果很差。

情景分析

此类惯性思维需要改变，没有养老机构自己的人参加，营销策划多不会很成功。

学习探究

任务一　营销策划的基本方法

一、找准营销卖点

前面重点讲述了机构养老市场的细分原则和细分方法，并对机构养老未来的准目标客户群体的购买条件、购买心理等都做了详细阐述。

如何分析机构养护院的营销卖点。比如一家养护院，它的交通情况、周边配套情况、提供哪些服务、有哪些软硬件设施等。把所有这些优势都分析出来，有条理地整理好，形成宣传产品，未来可作为我们推广的基础。

一家机构养护院需要从哪几个方面入手分析呢？基本上可从这家养护院的医疗条件、养护照料条件、吃、住、康复、心理安慰等方面入手分析，同时还可以从外部环境方面，比如交通、地理位置、周边市政配套，以及跟战略合作伙伴的合作内容等各方面来分析。

二、客户开发的细分渠道

渠道 1：会销模式流程分析

OPP 活动每月 8 场左右，三天一场，每周两场；公司可以在闹市区设置统一集合点，派车过去接，直接带客户来园区，先讲课或者免费体检，然后再做培训。

活动时间为早上 9：00 至 11：00，活动地点在公司会议室，以培训形式进行。

主要流程：展开业务→邀约→拜访→市区内统一接待→到项目处参加养生培训或者免费体检→在会议室详细介绍会员卡类型→详细谈单→问题详细解答→客户思考→多方联系沟通→营销部合同签订→老客户电话回访→家访。

拜访：电话邀约成功，工作人员携带印有车牌号的乘车邀请卡送至客户家中，目的在于了解客户家庭详细情况，包括老人退休前单位、资金情况、老人是否有经济自主权、老人是否有投资等，并确保客户可以准时乘车参加活动。邀请客户类型以夫妻为主，每次活动每个工作人员邀约人数不超过 2 批，人数在 5 人以下。

接待：预约客户在临时接待站集合，发车由总监统一指挥，各部门经理协助，发车时间为早上 8：00。公司安排两辆小车，每个部门安排固定的车，每辆车有各个部门的迎宾人员，每辆车有各个部门指定的车长（负责节目主持，沿途介绍），每辆车有负责人数统计人员（确定午餐数和回民餐数，在公司食堂安排一次午餐），回程时还坐固定车辆（对于距离项目较远的客户来说）。

培训讲解：将客户带至项目地会议室，播放影片（项目介绍），到达后让部分老人先看影片，或者预先跟有关医疗单位合作，在会议室为老人免费体检，发送小礼品。客户全部到齐，体检全部完成后，进行产品知识培训；由专业讲解员给客户详细介绍国家养老现状、项目各种配套设施、收费价格、会员卡种类、投资方式、年收益率、规划前景等。主持人讲解结束，安排老客户上台分享投资感受，每次讲解结束后老客户会得到营销部发的礼品。讲解结束，营销总监上台宣布今日参会人员优惠政策。

现场谈单：讲解结束，所有工作人员给自己的一对一客户讲解价格、了解客户购买意向，填写客户意向表。如客户有意向，待其填完意向表，可由总监亲自谈单，并向客户说明，没有领导签字，当日优惠政策无效，以促使客户抓紧时间交款完单。时间大概为一个小时。中午提供免费盒饭，吃完饭乘车返回。

交款：谈单成功，客户可以在项目地交款，更多的是回家商量后，由各自的销售人员上门拜访签订合同、交款，一式两份。签完合同，客户会拿到一个会员证、永久有效，一张福利补贴卡。

联络：客户完单后，可以隔段时间继续邀约来项目地游玩，主要目的是转介绍、协助工作人员完单，加深与客户感情联系。

家访：对于老客户要定时家访，目的是增进感情、了解老客户身边资源、督促老客户办卡升级。

渠道 2：政府四老关系渠道开发流程分析

1. 四老机构目标信息收集标准

将月收入 5 000 元以上，平均年龄在 60 岁以上老干部、退休老职工（公务员、企业老总），建立目标客户名单。首先是这些目标人群的有效信息的获取，然后通过直邮广告的内容设计和创意配发 DM、EDM 等进行沟通，最后进行有效的电话营销、上门拜访。

2. 信息收集渠道

通过政府关系获取老龄委的有效支持，对项目所在地区所有离退休老人的信息资料做一个统计，然后区分目标群体，进行电话联系或者上门拜访。

（1）以提供公益性岗位、公益性医疗服务为理由，获取项目所在地区人保部门、医疗卫生部门及有关各个区委街道办事处的老年人口信息，以了解调研的形式获取老年人社保、经济来源及居住条件状况等信息，然后再做详细区分。

（2）对项目所在地区所有央企、国企及私营企业、集团做一个统筹了解，可以帮助企业解决离退休职工养老问题为由，对某个或某几个企业离退休职工进行团体入住价格优惠。项目可以和企业组成兄弟单位，逢年过节这些企业可以直接到项目来慰问安抚退休职工，并且由项目免费负责市场报道推广。

（3）项目老年大学可与项目所在地区的老年大学建立战略合作关系，可以聘请社会上老年大学的教师授课，并给予高额的待遇。同时，对于一些老年兴趣爱好班，比如戏曲班子，可以和其他兴趣爱好班组成联谊团体，集体到社会、民间去演出，我们的市场人员可跟随他们以此获取老年人信息，后期再进行跟踪开发。

渠道 3：医院渠道开发流程分析

1. 医院目标信息收集标准

这里指的医院是项目所在地市所有的医疗服务机构，特别是老年专科医院，客户标准暂不受限制，因为医院是个特殊单位，本身收集信息比较困难，能获取老年人或者老年人家属的需求信息，对我们后期医院市场开发有很大的帮助；医院的重点目标信息是住高干病房患者的信息，能住高干病房意味着综合支付能力较高。

2. 信息收集渠道

（1）营销人员亲自深入医院一线病房，简短沟通获取老年人需求信息，或者获取病人家属信息，后期向家属详细介绍养老服务项目。这种方法较为笨拙，也是常用的方法，但是通常成功率不高，对营销人员的沟通能力有很高要求，而且很容易受到院方的阻挠。所以，为了提高这种方法的成功率，需要前期对营销人员沟通技巧、老年人常见病、如何快速救治老年常见病等方面做深入培训。

（2）通过和院方合作，由医院负责有偿培训项目护理人员基本医疗服务知识、老年人护理知识等，和院方建立友好关系，可以顺势获取住院老年人信息。比如以后项目方要是和项目所在地市有关医院产生战略合作，可直接表明对方有义务将需要入住养老机构的老年人直接介绍到项目来，或者直接转院到项目老年医院。

（3）和医院方面高干病房的护工、护士合作，可以由护工介绍客源。

（4）和院方保洁阿姨、设备维修大叔等后勤人员合作，往往会收到意想不到的效果。他们跟老人或者病人家属接触机会多，可以为我们提供一些有价值的情报。

以上是三个客户开发渠道，分析客户开发的方法和流程，大家可以发现，其实在每个渠道里，方法虽然不尽相同，但是具体的流程基本上都是一样的，都是了解需求，拿解决方案，然后仔细沟通，最后成交。过程看似简单，但是需要做的工作非常多，环节较为复杂。当然在从事渠道客户开发前，我们还需要多方准备一些营销工具，统一销售口径，统一产品价格，统一产品包装，统一产品品牌宣传等，然后才能在不同的渠道获取有价值的信息，继而开发客户。

任务二　不同时期的营销工作

一、营销推进计划——蓄客期（3～4个月）

品牌宣传：社区、医院等相关机构宣传；广告宣传投入：网络媒体、电视广播媒体、平面媒体、街边展示等。

营销推广：四老机构等相关机构接洽跟踪，相关政府单位关系建立；医院、社区营销渗入，会员数据库梳理，目标客户联系邀约，产品推荐；组织客户参观体验、深入沟通、产品销售。

内部培训：营销中心、会员部及客服部新员工培训、内部总结培训。

运营准备：营销中心展示区布置、接待客户流程、客户参观路线设置；样板间、体验间接待流程，护理配比及服务内容确定。

二、营销推进计划——体验期（1个月）

品牌宣传：社区、医院等相关机构宣传；网络媒体、电视广播媒体、平面媒体、街边展示等广告宣传投入。

营销推广：组织种子客户（尤其可担当意见领袖的客户）入住体验，针对产品、服务进行多频次沟通；进行产品预销售，制订排队入住计划。

规模市场推广：一方面要进行内部培训，如营销中心、会员部及客服部新员工培训、内部总结培训等。另一方面要进行产品完善，发现、发掘产品存在的问题，快速调整、完善。

三、营销推进计划——试运营期（2个月）

品牌宣传：扩大宣传面，多方面开发潜在客源；口碑传播。

营销推广：前期通过销售漏斗积累潜在客户，实现跟踪拜访、上门拜访等；400电话、12349平台等多种销售工具配合销售成交；接待客户参观体验，促进销售转化；对各类渠道客户展开销售攻势，成交客户。

运营优化：试住客户满意度调查，跟进入住办理手续，退住原因调查；持续提升产品质量，不断检验服务质量，做针对性产品迭代升级。

开业筹备：开业典礼客户邀请；制作邀请函；机构开业活动安排，利用互联网、微信平台进行线上推广，发表软文主题；配合营销部等其他部门对机构开业进行线下活动宣传；制订活动促销计划。

四、营销推进计划——持续运营期（长期）

品牌宣传：精准聚焦目标客群，精准定位传播方式，以投入产出最优化为标准规划宣传手段；传播项目声音，持续营造品牌氛围，引发社会持续关注。

营销推广：进行客户分级管理，集中汇总、筛选分级，根据客户类型制订相应的销售计划；多种方式整合营销渠道，打造项目持续热卖的基础。

资源整合：整合行业、社会资源，拓宽资源渠道，建立合作关系。

服务升级：关注客户体验，及时跟踪记录、完善修正。

机构养老的营销是一项复杂的工作，也是养护院里最重要的一件事。作为投资者实际上最关心的永远是两个问题，一是现金流，二是入住率，恰恰这两者都跟营销有关。营销工作跟不上，入住率就会出现问题，紧接着现金流就会有问题，时间长了，这家机构的很多地方都会出现问题。要想做好营销，必须从人才的积累、市场的细分、客户的跟进等多方面来综合统筹。

触类旁通

我们说一个养老机构的营销做得好不好，不是看人有多少，而是看懂不懂得怎么做营销，会销、地推、案场各有各的技巧和思路，都有自己需要灵活掌握的关键环节。这些是从书本上看不到的，也学不来的，是需要从实际工作中去探索的，没有积累就没有进步，这就是营销的内涵。

练习题

思考题：想一想养老机构营销的困难所在。

案例分析

案例简介：北京市郊区有一家民营的养老机构，由于投入市场较早，刚开始入住率达到80%以上。两年以后客户却大量流失。

分析：这是没有搞好持续运营的结果。

项目四　养老机构的定价因素与方法

任务情景

某中心城市郊区一家民办养老机构，已经开业五年，入住率始终在30%左右，长期达不到盈亏平衡点。

情景分析

经过分析，主要是定价较高，没有得到市场认可。

学习探究

任务一　定价因素分析

一、养老机构的主要定价因素

（一）养老机构层次定位

高端、中端和普通层次的养老机构定位不一样。目前我国高端养老机构每月收费标准一般为每人 12 000 ～ 22 000 元；中端养老机构每月收费标准为每人 8 000 ～ 13 000 元；普通城市养老机构每月收费标准为 1 600 ～ 8 000 元。这是自理老人的收费，失能、半失能老人的收费还会增加一些。

（二）地区因素

在几乎同等的条件下，不同的地区收费标准相差很大。

（三）环境因素

自然环境优美的养老机构收费会很高。空气质量、水质量也是很重要的条件之一。

（四）区位因素

同一城市中交通便利、环境优美的养老机构收费较高，郊区收费相对低。

（五）服务质量和品牌因素

服务质量和品牌因素是紧密联系的两个方面，两方面都优秀的养老机构收费较高。反之，收费较低。在现代社会，随着全国乃至全世界老龄化情况的日益严重，人们的观念也发生了翻天覆地的变化。很多人都对中高端的养老机构产生了向往和依赖，投资养老机构的企业或个人也逐渐多了起来，市场竞争越来越激烈，大家都看到了这个朝阳产业、夕阳事业。虽然政策明文规定福利事业很多情况下是受较多因素影响、限制的，但是还是有很多企业或个人转型进入养老产业，这时养护院的定价方式、价格受影响因素都成了每个投资者所关心的问题。

二、养老机构的收费状况分析

影响一家养老机构的收费模式、定价因素大致包括养老机构的定位、护理人员的服务水平，还有就是市场物价水平的涨跌等。养老机构的定位如果是高端的，那么收费必然高，如果是中端或低端的，那么收费相比之下肯定会低很多。同样地，如果一家养老机构的护理水平，护理人员的素质，护理团队的人数和服务内容，服务模式都不错的话，那么这家养老机构的收费一定比较高。

市场竞争因素，对养老机构的定价影响很大。尤其是在竞争激烈、压力较大的时候，相互之间由于营销措施的不同，会采用一些非常规手法，比如说节假日促销、会员卡折扣比例降低等。同时，物价的普遍上涨或跌落，也同样会影响价格的制定。

综上所述，影响一家养老机构的价格因素一般包括收费模式、服务质量和服务内容，再有就是养老机构的定位，而且定位往往起着决定性作用。

任务二　养老机构的定价方法

养老机构的定价一般遵循市场竞争的基本法则，具备以下几个特点：

（一）高定价、高折扣

养老机构往往采用高定价、高折扣的定价方式。高定价传递高品质，为后续营销推广预留更大的操作空间，这种方式适合会员卡收费模式。

（二）低开、高走

价格呈上升趋势，提高入住者信心，这也是倾向于快速营销的一种方式。

（三）特价房

推出超低价和超高价房，产生购买心理对比（显示豪华包间与普通房间的价格差距）。

传统的市场定价方法就是首先根据目前主要养老机构收费价格确定一个区间，涵盖床位费、护理费、餐费、管理费等各项费用。再综合考虑要定价的项目体量、硬件设施、户型结构、调查问卷反馈及市场竞争策略等因素，在仔细斟酌市场需求、市场竞争环境等因素的情况下，可采取对于最低价，采用跟随策略；对于最高价，采用领先策略。据此进一步制定出床位费、护理费、餐费，各项费用与物价局相关规定、房租、当地平均薪酬、家政服务平均薪酬等数据对照可行。

采用市场定价方式，建议项目将护理配比进行适当调整，在未正式定岗定编前，按照行业最低标准进行测算。自理老人护理配比 1:10，失能、半失能老人护理配比 1:3，管理人员另计。根据测算结果考虑是否对本方案进行同比例调整。后期试营业过程中，也可根据客户缴纳保障金的多少选择、确定打折比例，依据入住率和市场的接受程度，微调价格。当然这里所说的采取相应的折扣比例，前提是本身项目采用的是会员卡或押金的模式，在会员卡或押金基础上，采取不同比例的折扣，来最终确定客户所需支付的费用。

触类旁通

这是本书的又一难点。同学们了解了基本知识后，再经过一段时间的实际工作加以体会，就会掌握很多基本方法。

练习题

课堂讨论题：交流一下你对当前养老机构价格的看法。

案例分析

案例简介：西部地区某县城有一家养老机构，基本收费较低，但通过各种方式为入住老人增加收费，造成了很坏的影响。老人纷纷要求转院。

分析：市场是公平的，消费者总是通情达理的，任何不当行为都会受到应有的惩罚。

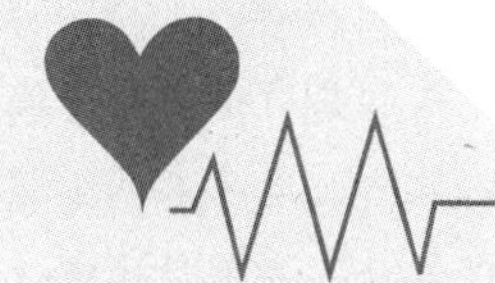

第四篇

养老机构经营

单元十 入院出院与评估服务

单元概述

老年人在入住养老机构和出院的过程中，自身的生理、心理会有很大的变化，养老机构的管理者及工作人员、护理人员，要在这个过程中对其进行监管。比如说老年人的生理状况改变、心理状况改变等，能够对每一位老年人进行个性化、差别化的护理评估，并制订护理计划及护理措施，同时通过出入院的管理对老年人进行权益保障及自身健康的管理。出入院的管理也有利于养老护理人员进行权益保障，减少老年人、家属与养老机构的矛盾与纠纷。

学习目标

知识目标

（1）掌握老年人能力评估的基本知识。

（2）学会老年人健康管理的基础知识。

（3）熟悉老年人护理的等级规范条件。

技能目标

（1）能快速、准确地办理老年人出院手续。

（2）能够有效掌握老年人平稳过渡的方法和技巧。

情感目标

（1）像老年人的亲人一样对待出入养老机构的老年人。

（3）以高度的工作热情、友好的服务态度对待老年人。

项目一 老年人能力评估服务

学习情景

养老院最近入住了一位李大爷，年龄 83 岁，患有帕金森 5 年，卧床 1 年多。入院时对其进行健康评估时，护理员小王发现大爷骶尾部皮肤有压红痕迹，解除压力后也不褪色，小王怕麻烦，没有对李大爷骶尾部的压红做详细记录，也没有和护士长提及此事。半个月后，老人家属在进行探望时发现李大爷骶尾部出现了溃疡，并有组织液渗出，家属向养老院提出质疑，认为李大爷在入住养老院后发生了压疮，非常气愤，希望养老院能够给出一个合理的解释。责任护理员小王意识到自己在办理入院健康评估时没有对其进行详细记录，入院后也没能有针对性地对李大爷的压疮进行及时翻身护理，很是内疚。那么，在老年人入住养老机构时是不是要进行健康及能力评估呢？分别需要对哪些方面进行评估？

情景分析

能够进行准确、全面、详细的入院健康评估及能力评估，对老年人疾病的康复及护理措施提供准确的依据，可以防止一些纠纷发生。护理员小王如果能够在李大爷入院时进行详细的皮肤检查，并且准确、全面地进行记录并告知家属，在实际的护理工作中制订相应的护理计划并且予以实施，那么会在很大程度上减缓压疮的恶化，也可以避免家属和养老机构之间的矛盾与纠纷。

为老年人提供能力评估服务是养老机构的一项基本工作任务。要成为一名合格的养老护理人员，需要掌握如何为老年人进行能力评估，主要包括老年人的健康史、精神状况、功能评估、自理能力、社会功能、风险评估、健康档案、健康等级等方面。

学习探究

任务一　入住、健康史和精神状况评估

一、老人入住评估知识

（一）评估的含义

评估是指依据某种目标、标准、技术或手段，对收到的信息，按照一定的程序进行分析、研究，判断其效果和价值的一种活动。

（二）评估的标准

2013年民政部颁布实施了《老年人能力评估》标准（MZT039—2013），包括4个一级指标，22个二级指标，为科学划分老年人能力等级，制定养老服务政策，以及处理相关事宜提供了参考依据。北京、安徽、河北、山东、河南等地也先后发布了相应的地方标准。

（三）入住和转出养老机构信息搜集

在入住和转出养老机构的时候，需要对老年人进行能力评估，其中不仅包括老年人一般信息的收集，如应包括姓名、居民身份证号、性别、出生日期、文化程度和婚姻状况等个人基本信息，还应包括经济来源、居住情况、主要照顾者等社会信息。

二、老年人健康史和精神状况评估

（一）健康史评估

老年人健康史包括老年人既往疾病史、家族病病史以及正在接受治疗的情况，也包括影响老年人健康状况的重大生活事件和重要因素。它不仅包括现病史和既往病史、家族疾病史、外伤史、药物过敏史、目前接受的治疗护理方案等信息，还应包括饮食要求、营养和皮肤等需要特别注明的健康问题的信息等。

（二）精神状况评估

精神状况不仅包括认知、情感和意志行为各方面的信息，还应包括自杀、伤人等需要特别注意

的心理和行为问题的信息，可以有选择地使用精神卫生评定量表。对于有伤人倾向的老人需要特别注意，防止发生自伤或伤害他人的行为。

（1）精神状况良好：老人主动合作，认知功能良好，无持续的情绪问题和异常行为。

（2）精神状况受损：老人在认知、情感和意志行为等一个或几个方面存在异常，但其严重程度较轻，尚能维持正常的生活活动；其持续时间较短，通常在一个月之内即出现明显缓解；其原因往往是由于明确的外部因素作用的结果。

（3）精神状况堪忧：老人在认知、情感和意志行为等一个或几个方面存在病理性障碍，或者存在冲动毁物等异常行为，或者精神功能出现严重而快速的衰退；这种精神障碍已经严重影响了正常生活；其持续时间较长或表现为进行性恶化的趋势；其往往是自身内在因素的作用或者是不可逆转的器质性病变造成的。

任务二　老年人综合能力评估

一、老年人功能评估

功能评估是指对老年人的感觉器官和运动系统完成功能活动情况以及老年人完成日常生活活动能力的评估。

功能评估的内容不仅包括言语、视力、听力等沟通能力的信息，还包括完成进食、个人卫生等日常功能活动的信息，并且应在护理评估单中注明眼镜、助听器、拐杖、轮椅等辅助器具的使用情况。

二、老年人自理能力评估

老年人自理能力是指老年人完成基本生活活动和利用日常生活服务设施的能力。可通过老年人主诉、家属主诉及护理评估者的观察进行记录，如观察老年人能否自行如厕、洗漱、活动、进餐等。

（一）完全自理能力

具有完全自理能力是指通过基本活动能力测试，巴氏指数得分 >60 分，工具性日常活动能力得分 <12 分，或单项得分 >3 分的项目少于三项。

（二）部分自理能力

具有部分自理能力是指通过日常活动能力测试，基本活动能力基本完好，巴氏指数得分 >40 分；工具性日常活动能力得分 >12 分，或有三项以上项目受损。

（三）无自理能力

无自理能力是指通过日常活动能力测试，基本活动能力严重受损，巴氏指数得分 <40 分。

三、老年人社会功能评估

老年人与周围人群和环境的联系与交流，应包括社会活动的参与程度、自身感受等信息，还应包括社会支持、社会评价等信息，可以有选择地使用精神卫生评定量表。

四、老年人风险评估

养老机构对在照顾住院老人过程中可能出现的、易造成老年人意外伤害的危险因素的评价和预

测。对褥疮、意外跌倒、自杀等需要特别注意的健康问题应进行专门评估。

五、老年人健康等级评估

（一）健康等级

健康等级包括健康总体等级划分标准和各维度的健康等级划分标准。根据各个维度的划分标准可把健康等级大致划分为健康、比较健康、功能受限、体弱多病、极度虚弱五个类别。

（二）健康档案建立

健康档案包括养老机构对住院老年人的健康评估结果和有关问题的格式化记录，以及既往诊疗资料和体检记录。健康档案建立后需要根据老年人的健康变化情况进行更新及整理，在老年人结转出院时可一并转交给家属。同时，真实、详细的健康档案是协助医生确诊疾病的依据，也是在一些矛盾纠纷出现时的有力证据。

触类旁通

通过对老年人能力评估服务的学习，我们可以尝试解决学习情境中的问题。护理员小王就是因为在李大爷入院时没有进行详细的评估，在发现李大爷骶尾部有压疮发生的初期没有进行详细的记录，也没有在李大爷入住期间采取合理的护理措施，造成压疮继续恶化，发展成为浅溃疡，在家属发现后导致了家属同护理员、养老机构的矛盾。如果在风险评估中提前向家属指出老年人骶尾部有压红，可能会有压疮继续恶化的可能，并在入院后进行合理的护理，完全可以消除这次纠纷。

课堂练习

练习一：老年人在入住养老机构的时候，需要进行哪些能力评估？

练习二（角色扮演）：三名同学一组，一名扮演入住养老机构的老年人，一名扮演老年人家属，一名扮演养老机构的护理员，模拟家属将老年人送入养老机构进行入住，主诉老年人的一些情况，并请护理员进行老年人能力评估的情景。

案例分析

案例简介：李奶奶今年 76 岁，是一名退休的车条厂厂长，年轻时留学俄罗斯，文化素质较高。身体健康情况尚且稳定，有高血压病史 6 年。两年前因为接送孙女放学时孙女走失一直深深自责，有时会精神恍惚，偶尔还会动手打人。

分析：通过观察，李奶奶平日生活完全能够自理，没有生理疾病，白天情绪也相对稳定，能画画、唱歌，并且能够参加正常的康复训练，情绪较好。每到晚上，李奶奶就开始思念她的孙女，打包自己所有的行李要离开养老机构寻找走失的孙女，如果有护理员或者护士进行劝阻，李奶奶便对其大打出手，毫不留情。当李奶奶入睡后，第二天又能够像正常老人一样进行活动，完全不记得前一天晚上发生的事情。作为护理员，你应怎样去对李奶奶的精神状态进行评估，怎样去整理、记录李奶奶的健康档案？

项目二　老年人健康管理和护理等级

学习情景

孙大爷今年65岁，在养老院生活近2年，生活完全可以自理。近日，孙大爷感觉风大就将养老院卧室内的窗户关上了，同屋住的李大爷又将窗户打开，两人因此发生矛盾。在僵持中，孙大爷不慎摔倒，机构护理人员将其送入医院，经检查孙大爷左侧股骨骨折，并且发现孙大爷骨质疏松严重，治疗后也只能卧床休息。作为护理员，想一想现在的孙大爷应该接受哪一级别的护理，具体应该怎样进行照护？

情景分析

案例中的孙大爷在发生骨折时才发现骨质疏松严重，可见护理员平日里没有严格执行健康管理。当孙大爷从一个生活能够自理的老年人到需要卧床时，生理、心理都要有一个平缓的过度，护理等级也发生了变化。将老年人的骨质疏松等慢性疾病防患于未然是护理员在健康管理中应该做到的。什么是健康管理，如何进行健康管理的实施是本项目要学习的内容。老年人护理等级的界定也是我们需要掌握的重点内容。

学习探究

任务一　健康管理的概念、特点和对象

一、健康管理的概念

健康管理是针对健康需求对健康资源进行计划、组织、指挥、协调和控制的过程，也就是对个体和群体健康进行全面监测、分析、评估、提供健康咨询和指导及对健康危险因素进行干预的过程。

二、健康管理的特点和对象

（一）特点

（1）健康管理是以控制健康危险因素为核心的，包括可变危险因素和不可变危险因素。前者为通过自我行为可改变的可控因素，如不合理饮食、缺乏运动、吸烟酗酒等不良生活方式，高血压、高血糖、高血脂等异常指标因素。后者为不受个人控制因素，如年龄、性别、家族史等因素。

（2）健康管理体现一、二、三级预防管理。一级预防，即无病预防，又称病因预防，是在疾病（或伤害）尚未发生时针对病因或危险因素采取措施，降低有害暴露的水平，增强个体对抗有害暴露的能力预防疾病（或伤害）的发生或至少推迟疾病的发生。二级预防，即疾病早发现早治疗，又称为临床前期预防（或症候前期），即在疾病的临床前期做好早期发现、早期诊断、早期治疗的“三早”预防措施。这一级的预防是通过早期发现、早期诊断而进行适当的治疗，来防止疾病临床前期或临床初期的变化，能使疾病在早期就被发现和治疗，避免或减少并发症、后遗症和残

疾的发生，或缩短致残的时间。三级预防，即治病防残，又称临床预防。三级预防可以防止伤残和促进功能恢复，提高生存质量，延长寿命，降低病死率。

（3）健康管理的服务过程为环形运转循环。健康管理的实施环节为健康监测（收集服务对象个人健康信息，是持续实施健康管理的前提和基础）、健康评估（预测各种疾病发生的危险性，是实施健康管理的根本保证）、健康干预（帮助服务对象采取行动控制危险因素，是实施健康管理的最终目标）。整个服务过程，通过这三个环节不断循环运行，以减少或降低危险因素的个数和级别，保持低风险水平。

（二）健康管理的服务对象

健康管理的服务对象为养老机构内 65 岁及以上老年人。同时，对于已经出院的老年人的健康档案也应该保存一段时间，比如三年，主要为了方便老年人转到其他养老机构以后，身体出问题时查询档案。此外，一些医疗事故和法律纠纷问题，也必须由档案材料来说明问题。

（三）老年人健康管理技术规范

2015 年 11 月 4 日原国家卫生计生委发布了推荐性卫生行业标准——《老年人健康管理技术规范》（国卫通［2015］14 号），标准代号为 WS/T484—2015，自 2016 年 4 月 1 日起施行。

任务二　健康管理内容和护理等级分类

一、健康管理服务内容

（一）服务内容

（1）每年进行一次老年人健康管理，包括健康体检、健康咨询指导和干预等。

（2）生活方式和健康状况评估：包括体育锻炼、饮食、吸烟、饮酒、慢性疾病常见症状和既往所患疾病、治疗及目前用药等情况。

（3）体格检查：包括体温、脉搏、呼吸、血压、体重、腰围、臀围、皮肤、淋巴结、心脏、肺部、腹部等检查以及视力、听力和活动能力的一般检查。

（4）辅助检查：每年检查一次空腹血糖。有条件的地区建议增加血常规、尿常规、大便潜血、血脂、B 超、眼底、肝肾功能、心电图检查以及认知功能和情感状态的初筛检查。

（二）告知老人健康体检结果并进行相应干预

（1）对发现已确诊的原发性高血压和Ⅱ型糖尿病等患者纳入相应的慢性病患者群进行健康管理。

（2）对存在危险因素且未纳入其他疾病健康管理的老人建议定期复查。

（3）告知老人进行下一次健康检查的时间。

（4）对所有老人进行慢性病危险因素和疫苗接种、骨质疏松预防及防跌倒措施、意外伤害和自救等健康指导。

二、护理等级的分类

（一）自理级

日常生活可以自理；或年老体弱患有器质性疾病，症状较轻，能够自由活动、日常生活起居不

需要照料帮助者；或自己能做日常事务，如房间整理、个人卫生、饮食等。

（二）介助级

1. 介助Ⅲ级（凡符合下列之一者，定为介助Ⅲ级）

（1）年龄在60岁以上，生活起居、饮食需要有护理人员协助者。

（2）生活起居、衣食住行、大小便难以自理，需有护理人员协助才能完成者。

（3）肢体功能轻度障碍，不能自由活动，或生活规律失常，衣食起居有困难，需要有护理人员帮助者。

（4）患有其他疾病，如高血压、肺源性心脏病、心血管异常疾病、中风及老年慢性病等，但病情稳定，不需要大量的医疗范围，日常生活起居需要有护理人员照料者。

（5）患有多种慢性疾病，年龄在70岁以上，或患有轻度伤残，智力低下，轻度阿尔茨海默症，不妨碍日常生活者。

2. 介助Ⅱ级（凡符合下列之一者，定为介助Ⅱ级）

（1）年龄在70岁以上，肢体功能中度障碍，生活规律失常，生活自理方面有一定困难，需要护理人员照料者。

（2）在护理人员的指导下，生活饮食起居、大小便需要协助才能完成者。

（3）患有不同程度的慢性疾病，病情比较稳定，日常生活起居需要护理人员帮助才能完成者。

（4）患有不同程度的其他疾病，体质较差，表达能力低下，生活自理能力差，患有不同程度的肢体功能障碍，在日常生活起居上需要有人照料者。

3. 介助Ⅰ级

凡符合介助Ⅲ级、Ⅱ级护理标准或在原有不同程度疾病的基础上，比以上情况加重，在日常生活起居中必须有护理人员照料者，定为介助Ⅰ级。

（三）介护级

1. 介护级Ⅲ（凡符合下列之一者，定为介护Ⅲ级）

（1）凡患有不同程度的疾病，思维能力下降，记忆力减退，大小便及日常生活起居需要有人照顾者。

（2）年龄在80岁以上，饮食及生活起居不能完全自理，听力减退，视力不清，行动不便，需要护理人员照料者。

（3）患有其他疾病或并发症在两种以上者，需要在医疗上协助完成，或在日常生活起居方面有人照料者。

（4）体质尚可，行动自由，年龄在80岁以上者，或精神意识受到轻度影响，在日常生活起居上需要有护理人员照料者。

2. 介护Ⅱ级（凡符合下列之一者，定为介护Ⅱ级）

（1）精神思维能力减退，表达能力差，语无伦次，言行不一致，生活起居不能自理需要有护理人员照料者。

（2）行动不便，视物模糊不清，肢体活动功能受到轻度障碍，大小便及生活起居需要有护理人员照料者。

（3）患有不同程度的疾病，活动不便，日常生活不能完全自理，在生活及医疗方面需要有护理

人员照料者。

（4）年龄在80岁以上，精神有不同程度的障碍，没有语言表达能力，或语无伦次，患有轻度的阿尔茨海默症，在日常生活起居方面需要护理人员照料者。

3. 介护Ⅰ级（凡符合下列之一者，定为介护Ⅰ级）

（1）精神意识受到严重障碍，自我表达能力差，患有中等程度的阿尔茨海默症，生活完全不能自理，大小便失禁，在日常生活方面需要有护理人员照料者。

（2）年龄在60岁以上，神志清楚，无心脑血管疾病，自己不能下床活动，肢体有严重功能障碍，需要有人帮助康复训练和室外活动锻炼，在日常生活方面需要有护理人员照料者。

（3）患有两种以上疾病，或在原有疾病的基础上患有两种以上并发症，体质差，需要协助外出就医，在日常生活方面需要有人照料者。

（4）患有某种疾病，在精神上有中度障碍，大小便失禁，生活完全不能自理，需要有护理人员照料者。

（四）特护级

凡符合下列之一者，定为特护级，实施24小时服务。

（1）思维功能严重障碍，表达能力差，大小便不能自理，或各种原因造成长期卧床不起，24小时房间需要有护理人员照料者。

（2）生活起居不能自理，双目失明，或肢体伤残，活动严重受到影响，在日常生活中需要护理人员照料者。

（3）患有其他疾病造成不能下床行走，饮食需要帮助，但神志清醒，大小便有时失禁，日常生活起居需要有专人照顾者。

触类旁通

通过对老年人健康管理及护理等级评定的学习，我们可以尝试解决学习情境中的问题。

护理员如果能够将平时的健康管理做好，及时发现孙大爷有骨质疏松的状况，及时采取护理措施，比如服用钙剂、进行关节锻炼等，可能不会发生骨折。在孙大爷发生骨折后，护理员应及时变更护理等级，并录入孙大爷的健康档案。根据孙大爷摔倒之前的状况可以判定他是可以生活自理的老年人，在摔倒之后，根据年龄、活动受限的情况判定孙大爷的护理等级变更为介助Ⅲ级，需要护理员协助孙大爷进行变更位置及一些生活方面的照料。

课堂练习

练习一：老年人如何进行高血压的三级预防，从而进行有效的健康管理。

练习二：每组6～8名同学，回忆实习过程中给你印象最深的一位老人，并把病例以情景剧的形式表演给大家，让大家去判断案例中的老年人所需要接受的护理等级。

案例分析

案例简介：77岁的侯大爷，患有糖尿病、阿尔茨海默症，平日里喜欢将自己关在屋子里不出来，

每天对着房间的窗户呼唤“兰兰”的名字。据了解兰兰是侯大爷的小女儿，只有护理员假装成兰兰去探望侯大爷，侯大爷才能正常洗漱、吃饭、如厕等。

分析：如果没有护理员扮演成兰兰，侯大爷便一天神情恍惚、呼之不应、拒绝吃饭、两便不能自理，一整天不出房间。试问护理员应该为侯大爷规划什么级别的护理，在健康管理方面护理员应该怎么去做。

项目三　签署服务协议和服务合同

任务情景

汪女士入住某养老院时，虽未签订入住服务合同，但按月交纳养老服务费。入院一年半后，汪女士因心脏病突发猝死。汪女士的儿子吴先生认为养老院存在过错，起诉要求养老院赔偿各项损失 24 万余元。吴先生认为养老院未按规定在老人入住前进行体检，也没有签订必要的入住服务合同，导致养老院连汪女士子女的联系方式都不知道。而汪女士发病时，养老院既没有采取任何急救措施，也缺乏必要的急救设备，导致老人病情被耽误。法官说法：汪女士与养老院形成事实上的护理合同关系。汪女士的发病和死亡虽存在不可预见性，养老院不构成直接侵权责任，但养老院未与之签订服务合同，且在急救车到来前未采取必要的急救措施，因此存在一定过错，应承担相应的民事责任。

情景分析

在此案例中，由于养老机构未与汪女士签署入住协议和服务合同，汪女士在养老机构突发疾病时，养老机构既没有采取急救措施也缺乏必要的急救设备，导致汪女士的病情被耽误而死亡。法官判定，汪女士的发病虽存在不可预见性，养老机构不构成直接侵权责任但养老院未与之签订服务合同，且在急救车到来前未采取必要的急救措施，因此存在一定过错，应承担相应的民事责任。就是因为养老机构未与汪女士签署入住协议和服务合同才导致上述事件的发生。

学习探究

任务一　养老活动的主体和客体

一、养老活动的主体——入住老人

养老机构与入住老人之间是经营者与消费者的关系。首先，从主体上看，在老人入住养老机构期间养老机构是服务的提供者、经营者，入住老人是消费者、服务的享受者，符合消费者与经营者

法律关系的主体特征。其次，在法律关系客体角度，老人入住养老机构与养老机构经营共同指向的对象都是养老机构的“为老服务”，即养老机构提供的服务行为。

二、养老活动的客体——养老机构

养老机构是社会养老专有名词，是指为老年人提供饮食起居、清洁卫生、生活护理、健康管理和文体娱乐活动等综合性服务的机构。与其他服务不同的是，养老服务是一种全人、全员、全程服务。

三、主体和客体的法律关系

从法律关系的内容角度看，双方的权利义务按照消费者权益保护法的内容进行界定也是没有问题的。根据《中华人民共和国消费者权益保护法》第七条、第八条的相关规定：“消费者在购买、使用商品和接受服务时享有人身、财产安全不受损害的权利。”第十一条规定：“消费者因购买、使用商品和接受服务受到人身、财产损害的，享有依法获得赔偿的权利。”实践中养老机构入住协议内容中以及养老机构在服务提供过程中必须首先保证的就是入住老人的人身安全，其次必须向入住老人或其亲属明示能够提供的服务，按照服务的内容和标准收取相应的费用。可见，从法律关系的内容角度看，二者也完全符合经营者与消费者的关系界定。

任务二　签订养老机构服务协议

一、有利于明确当事人双方的权利义务及具体内容

2016 年 11 月 7 日，民政局、工商总局《关于印发＜养老机构服务合同＞（示范文本）的通知》指出推行和执行《养老机构服务合同（示范文本）》（GF-2016-2011）有利于当事人了解和掌握有关法律、法规，避免因合同缺少条款项和当事人意思表达不真实、不确切而出现显失公平甚至违法的情况。

养老机构服务标准是国家（地方）制定的该行业发展运行中必须遵守的规范性文件，而养老机构入住协议是养老机构提供养老服务的法律文件，也是入住老人及家属交费和享受服务的根据。养老机构应该按照地方标准的要求提供相应的服务，入住协议的具体服务内容也应该就是服务标准的具体化。

二、能够在争议发生后提供关键证据

养老机构入住协议是入住老人和养老机构之间存在法律关系的关键证据，该协议的内容直接影响双方在以后的法律行为中如何作为、不作为，而这些权利义务的具体内容也将直接影响双方发生法律纠纷后的处理结果。养老机构与入住老人（家属）发生的各种纠纷的争议焦点往往集中在养老机构是否尽到了护理义务，养老机构的护理义务的确定依据就应该是根据服务标准规定内容且符合具体老年人护理档次和护理需要的，同时必须在合同中进行约定。

三、能够从整体上提高整个养老服务行业的规范化程度

党的十八届四中全会提出依法治国，建设社会主义法治国家的基本思路，这既是整个国家的治国理念，也是各行各业应该贯彻的发展思路。养老服务行业要想规范化、有序化发展，必须贯彻法

治的要求，首先要做的就是要将入住协议进行规范化，使得该行业中的各种行为纳入法律的范畴，做到规范、有序发展。

触类旁通

汪女士的案例说明：如果在汪女士刚入院时，养老机构与其签署入住协议和服务合同，事先讲明养老机构毕竟不是医院，急救设备本身就比较欠缺，它的主要作用并不是治疗，养老机构的民事责任便会减少。

课堂练习

案例分析题：李爷爷住在养老机构，在吃饭过程中发生哽噎，送往医院后抢救无效死亡，死因为窒息。家属认为是老人因食物而导致的窒息，养老机构则认为是老人身体疾病的原因导致的窒息。由于入住养老机构时签订了老人因自身身体原因患病的，养老机构应在所提供服务和自身能力的范围内积极救治，但对老人患病、意外摔倒导致去世所产生的后果不承担责任等一系列条款，并且经过医院的检查诊断，老人的气管里存在大量的浓痰。最终，法院认为家属主张的老人因食物导致窒息的证据不足，确定老人的死因为身体疾病导致的窒息，驳回了家属的诉讼请求。

案例分析

案例简介：一位老人住于某养老机构内。某日女儿前来看望，老人与女儿因为某些事情起了争执，女儿离开时并未告诉护理人员（在此之前，女儿每次探访离开时都会告知护理人员）。她走后不久，老人即从二楼翻窗跳下，致腿骨骨折。老人家属认为是院方未尽到看护之责，应该由院方承担医药费、营养费、误工费等。但院方认为老人女儿与老人争吵，又不辞而别，对该起事件的发生负有不可推卸的责任，而且养老院的窗户设计符合市政府的有关规定，老人自杀，院方对此无责任。后双方协商，院方支付七千余元医药费。

分析：老人自杀的原因是本案的关键。该事件发生的直接原因是老人与前来探望的女儿发生争执，事后女儿离开养老院时，又未将此情况主动向院里反映，为此老人的女儿应负直接责任。

由于老人在入住养老机构时签署了入住协议和服务合同，规定非因养老机构原因造成老人人身、财产损害的，养老机构不承担责任。并且养老机构的窗户设计符合养老机构设计标准，养老机构在建筑设施上没有缺陷。同时，该老人的自杀行为不是在护理员为其服务过程中发生的。因此，院方及护理人员没有过错，院方不应承担责任。

项目四　协助新入院老年人平稳度过适应期

学习情景

王奶奶今年 76 岁，由于老伴去世，只有一个女儿，还不在身边，女儿便将其送到了养老院。

在养老院的日子，王奶奶每天愁眉苦脸，晚上在床上辗转反侧睡不着，平时血压都在正常范围，最近血压一直为 150 ～ 160/90 ～ 100 毫米汞柱。作为养老护理员的小刘打算帮助王奶奶调节情绪，让她能够尽快适应养老院的生活。

情景分析

适应期通常指人类、动物等在接触或置入某个新环境的情况下，需要调整自己的状态以满足新环境的需求所需的时间。王奶奶由于新入养老院，对周围的人、事物都不熟悉，再加上关系最亲密的老伴离世，更是加重了不适应。我们需要从王奶奶自身心理、养老机构的社会环境、护理员与老人的关系、养老机构人文环境以及王奶奶亲情关系五个方面共同着手。

学习探究

任务一　心理和环境适应

一、老年人自身心理适应照料

老年人入住时的心理状态，直接决定着他们在养老机构居住的心理状态和生活状态。一般来讲，主动选择住进养老机构的老人，心态较好，对集体生活出现的一些不便也能够客观看待。而被动住进养老机构的老人，一般比较消极，适应能力较差，不容易融入集体生活，认同感差。老年人的各种心理状态均会反映到现实生活中。例如，王奶奶不是自己自愿来住养老机构而是女儿送她过来的，王奶奶便很容易产生不良情绪。

二、对养老机构的社会环境适应照料

养老机构院内应尽可能布置得温馨，并设有棋牌区、活动区（唱歌区和跳舞区）、运动区、健身区等娱乐区域，丰富老年人的生活，使其感受到生活的乐趣。

任务二　帮助和交流

一、护理员能给老年人提供的帮助

（1）生活照料，包括老年人的饮食起居、打扫卫生、代为购物等。

（2）物质支援，包括提供食物、安装设施等。

（3）心理支持，包括治病、护理以及向老年人传授养生之道。

（4）整体关怀，积极组织老年人进行思想交流、谈心活动。鼓励老年人参加院内组织的各项活动，如做操、唱歌、跳舞、下棋、打麻将、打羽毛球、击鼓等一系列有利于身心健康的文体活动。

二、养老机构和老年人及其亲友交流

（一）和老年人交流

老年人入住后，要向每一位老年人介绍新入住老年人的具体情况，让他们互相交流、互相关心、互相帮助、互相照护。这样便会分散老年人的注意力，减轻老年人的抑郁情绪。像王奶奶，如果多了这么多老年朋友，心里话也有人倾诉了，相信很快会适应新的环境。

（二）和老年人的亲友交流

亲情是没有条件的，不会要求什么回馈。虽然中国有“养儿防老，积谷防饥”的说法，但这只是一种较为功利的概念，通常很少有父母会真的把养孩子视为投资。

触类旁通

通过对以上知识的学习，我们对养老院的工作更加了解，会更加热爱我们的工作。

课堂练习

李爷爷今年 63 岁，身体健康，子女不放心他独自生活才将其送进养老机构。如果你是养老机构的一名护理员，请做一份新入院老人的适应计划。

案例分析

案例简介：（请参阅本任务的学习情景）

分析：通过对老年人不适应原因的分析，我们可以尝试解决情景中的问题。①从王奶奶自身心理着手，试着与她多沟通、多交流；让她主动说出自己内心的情绪（包括抑郁、忧愁等）。②陪伴王奶奶到户外走动走动，看看外面其他老年人都在做什么，可以去唱唱歌、跳跳舞，释放一下内心的不良情绪。③护理员应多与王奶奶谈谈心，分担王奶奶的心事，帮助王奶奶解决她的燃眉之急，带她参加一些文娱活动，使她内心得到放松。④给王奶奶介绍其他的老年伙伴，他们之间可以分享心事，分享彼此的喜怒哀乐，这样王奶奶便会把更多的精力放在其他的事情上，可以早日度过适应期。⑤王奶奶现在只有女儿与她相依为命了，身为女儿有必要和王奶奶多沟通，多来探望，给予王奶奶支持与鼓励。

项目五　老年人出院管理

学习情景

李爷爷，76 岁。2016 年 4 月由于老伴逝世，虽有一女儿但长期生活在国外，李爷爷在老伴去世后自身觉得太过孤独便在女儿的陪同下毅然决然地选择了入住养老机构。前些时日，李爷爷的女

儿带着外孙回国了，在国外置办了大的房子要接李爷爷一同去国外生活，李爷爷高兴得合不拢嘴，愉快地答应了。一想到要出院，李爷爷一下子乱了阵脚，出院流程怎么办理呢？

情景分析

虽然在养老机构出院的情况很是少见，但这种情况也是存在的。相关人员可以全程陪着李爷爷办理出院。

学习探究

任务一　养老机构出院管理的重要性

一、出院管理的重要性

（1）有利于老年人的安全。养老机构的每位工作人员都要热情和真诚地协助老年人及其家属办理出院手续，确保老年人安全回家。

（2）有利于老年人财产的完好无损。按照工作制度严格执行才能确保老年人在院内期间的财产安全。

（3）有利于养老机构发挥社会效益。老年人顺利出院，身心健康，能为养老机构带来社会效益。

（4）有利于经济效益提高。完美的服务无论从眼前和长远来看都有利于养老机构的经济效益提高。

（5）有利于打造养老机构的品牌。老年人的出院服务最能产生品牌效应。

二、出院的办理

养老机构应严格按照出院流程为老年人办理出院手续，如图 10-1 所示。

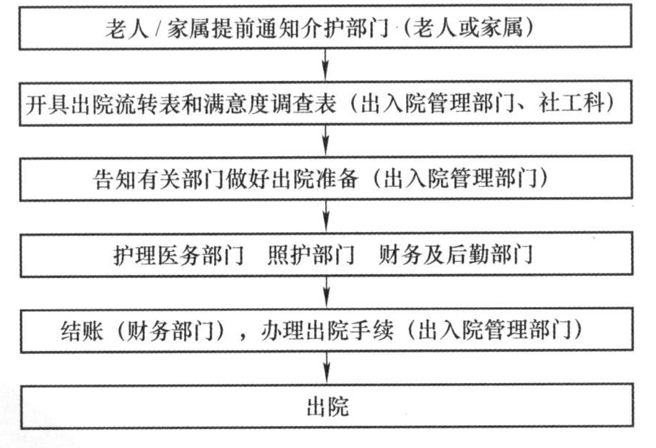

图 10-1　养老院出院流程

老年人无论是在养老院入住多长时间，都应该按照相关制度办理相关手续，这样既对自己有利，同时也可以让养老机构的管理更加轻松。

任务二　特别提醒事项

一、特别提醒

（1）反复交流协商。要和老年人及其委托人，反复交流和沟通有关事宜。

（2）手续完备。手续完备是老年人顺利办理出院手续的关键。

（3）注意做好宣传工作。对于老年人和亲友提出的各种问题，要认真反复地解释和宣传。

（4）坚持礼貌待人。不管发生什么情况，特别是老年人的亲友存在不当言行时，一定要保持好的态度，要说话和气，文明礼貌待人。

二、注意事项

（1）一定要把老年人及其亲友安全送回家中，并听取反馈意见。

（2）做好回访。要设计好回访计划，如果用电话回访，最好有电话录音。录音要保持相当长的一段时间，以三年为宜。

触类旁通

养老机构老年人入住和出院都是非常重要而需要细心处理的工作，是检验服务质量的重要手段之一。

课堂练习

老年人出院需征得谁的同意？老年人出院要征得委托人和院方同意，由老年人及委托人签字，办好相应手续。

案例分析

案例简介：某县城一家民办养老机构，在送老年人出院回家途中，不幸发生车祸，致使老年人及其家属一位重伤、一位轻伤。案件正在处理过程中。

分析：这是突发性的交通事故，一定要按照有关合同和法律法规处理。

单元十一　日常照料与膳食服务

单元概述

养老机构要进行日常客户管理，必须弄清楚老年人的身体特征，同时对他们提供营养膳食服务和日常照料活动。

学习目标

知识目标

（1）熟记老年人的生理特征。

（2）掌握老年人的膳食营养原则。

技能目标

能够根据老年人的生理变化帮助老年人科学养生。

情感目标

明确人在步入老年阶段时的生理变化，形成保健养生意识。

项目一　老年人的膳食营养

任务情境

俗话说“民以食为天”，健康的饮食能提供人体生长生存所必需的基本营养。有的老人不经常吃蔬菜、水果，造成肥胖症，行动不便；有的老人喜欢素食，不常吃肉类，从而导致缺铁性贫血，经常晕倒；有的老人只吃自己喜欢的食物，并且喜欢口味重的饭菜，很少吃蔬菜，导致血脂过高和便秘。

情境分析

不吃蔬菜和水果，导致维生素C摄入不足，自然也就影响对铁的吸收。由于铁需要与维生素C和肉类中分解的胱氨酸结合成为可溶性物质后才易吸收，所以不吃肉类也会造成贫血。由于老人的消化功能减弱，饮食宜清淡，不宜过于油腻，少食用调味品、多食用膳食纤维可以预防便秘。我们每天吃饭摄入各种各样的食物都是在为人体提供所需的各种营养素，通常包括蛋白质、脂肪、碳水化合物、矿物质、维生素、水以及某些对人体非常有益的物质，只有不挑食、不偏食，素荤搭配，

全面摄取营养，我们的身体才可以拥有较强的抵抗力和免疫力。

学习探究

任务一　膳食营养与健康需求

一、膳食营养和健康

（一）营养和健康

人类的健康长寿受到很多因素的影响，膳食营养就是影响因素之一。药食同源，很多食物都有保健和医药功能，而药物对人体有不同程度的副作用，故民间有“药补不如食补”的说法。人体每天从外界摄取食物，经过消化吸收和新陈代谢，为机体提供所需要的营养与能量。随着人们生活水平的提高，大家对饮食的要求不再仅仅是填饱肚子，还要注重合理搭配，保证机体所需的各种营养素的摄入充足和均衡。

（二）营养不合理的危害

不合理的膳食会造成营养不良或营养过剩，不管是前者还是后者都会给身体带来不同程度的危害。营养不良会导致老人贫血，免疫功能降低，患病概率升高，营养过剩会造成营养和热量摄入过多，会引发肥胖症、糖尿病、高血压、高脂蛋白血症等多种疾病。因此，合理的饮食和营养有助于保持身体健康、延缓衰老，通过适当的膳食营养干预可在一定程度上预防和控制疾病。

二、老年人的营养需要

（一）七大营养素

根据老年人的生理特点，其膳食营养也应有相应的特殊性。老年人合理的膳食应含有人体所需要的七大营养素，即碳水化合物（又称糖类）、脂肪、蛋白质、矿物质、维生素、膳食纤维和水，且各营养素应保持平衡。

（1）碳水化合物。老年人应节制碳水化合物的摄入，碳水化合物的摄入量一般占总热量的50%～60%。蔗糖摄入过多可能会导致糖尿病及动脉粥样硬化等心血管疾病的发病率的提高，过多的糖类还可转变为脂肪，使血脂含量增加。老年人的糖耐量降低，胰岛素分泌减少，血糖调节功能减弱，易患高血糖和糖尿病，因此老年人不宜过多食用糖果、精制糖、甜点等含糖量高的食品，一般每天摄入蔗糖量不应超过 30～50 克。

（2）脂肪。老年人胰脂肪酶分泌减少，对脂肪的消化能力变弱，所以应当食用低脂肪膳食，同时膳食中以含不饱和脂肪酸的植物油为主，比如花生油、豆油、芝麻油、玉米油等，可预防和控制血脂和肥胖。老年人脂肪摄入量应占膳食总热量的 20%。

（3）蛋白质。老年人要适当摄入蛋白质，尤其要摄入优质蛋白质，如肉、鱼、禽、蛋、乳、豆类及其制品等，蛋白质的摄入量应占膳食总热量的 10%～15%，优质蛋白质要占到蛋白质总量的40%～50%。

（4）矿物质。矿物质是构成牙齿和骨骼的重要成分，具有调节体内酸碱平衡，维持组织细胞的渗透压等功能。对于老年人而言，最需要补充的矿物质是钙和铁。①钙：老年人对钙的吸收率在

20% 以下，钙摄入不足易导致骨质疏松和骨折，我国营养学会推荐成人每日膳食钙的供给量为 800 毫克。②铁：老年人造血功能减退，对铁的吸收利用能力下降，易出现缺铁性贫血。我国营养学会推荐成人每日膳食铁的供给量为 12 毫克。此外，微量元素锌、铜、铬在每日膳食中也需要有一定供给量以满足机体需要。

（5）维生素。老年人由于食量减少，生理功能减退，易出现维生素 A 缺乏，膳食中维生素 A 的推荐供给量为每日 800 微克。老年人因户外活动减少，易缺乏维生素 D，维生素 D 的每日膳食推荐供给量应达到 10 微克。此外，每日维生素 E 摄入量以不超过 400 毫克为宜，维生素 B1 和 B2 的每日膳食推荐摄入量为 1.3 毫克，维生素 C 的每日推荐摄入量为 100 毫克。

（6）膳食纤维。膳食纤维对预防老年性便秘、改善肠道菌群及血脂代谢等疾病大有裨益，老年人应加强膳食纤维的摄入，而粗粮及蔬菜、水果是很好的膳食纤维的来源。

（7）水。水是生命必需的营养物质，对机体的新陈代谢有重要作用。老年人每日至少补充 1 200 毫升水，可以从多方面来补充水分，包括饮食中的牛奶、稀饭、各种菜汤、洁净天然水、多汁的水果和瓜类、淡茶水等。老年人要主动、少量、多次饮水，不要等口渴时再喝水。

（二）营养失衡的危害

为了保持健康和正常的生活，每天必须从膳食中获取适量且质量适宜的营养素，如果某种营养素长期供给不足或过多，就可能导致营养不足或营养过剩的相关疾病。

任务二　各类食物的营养特点

一、植物类

（一）谷类、薯类和豆类

谷类、薯类和豆类食物是碳水化合物的主要来源，为机体提供 70% ～ 80% 的能量。谷类也就是我们常说的主食，谷类食物不应仅仅局限于大米，可以与各类面食交替供应，多数谷类缺乏赖氨酸、色氨酸和苏氨酸，可以适量增加薯类、豆类等粗粮，以丰富谷类蛋白质的生物价值。薯类食物含有丰富的膳食纤维，且纤维质地细腻，对肠胃刺激较小，老年人可以适量摄入。

（二）水果蔬菜类

蔬菜和水果含有丰富的碳水化合物、维生素、矿物质和膳食纤维，能够促进肠道蠕动，可预防老年人便秘，属于低能量食品。蔬菜和水果种类十分丰富，共有上千种，全国各地产量不一样，现在都可以通过商业渠道获得。

二、动物和食用菌类

（一）畜、禽、蛋、乳、水产品类

畜禽蛋乳和水产品含有丰富的蛋白质，畜禽类含有丰富的铁，但畜禽和鱼类的内脏胆固醇含量较高，胆固醇高的老年人不宜多食。鱼虾的蛋白质和畜类相比更易于老年人消化吸收，脂肪含量低于畜类，且脂肪多为不饱和脂肪酸，有利于老年人的心脑血管健康。

（二）食用菌类

食用菌包括平菇、金针菇、香菇、木耳等，含有丰富的多糖、蛋白质、氨基酸和矿物元素，可

以与肉类相媲美。多种研究证明，食用菌类有很高的医学保健作用，具有控制高血压、降低胆固醇、抗肿瘤等多种功效。

只有充分了解到老年人对营养需求的特点和各种食物的营养特点，才能保证其均衡摄入营养。

触类旁通

人的生命过程是新陈代谢的过程。老年人的生活能力和新陈代谢功能逐步减弱，因此必须进行食品或营养方面的科学调节。

练习题

思考题：为什么说“民以食为天”？

案例分析

案例简介：刘大爷 68 岁了，他坚信多吃纤维丰富的食物一方面有益于肠道蠕动，另一方面又有利于减肥。因此，他长期大量食用竹笋类食品，结果造成严重的肠胃损伤。

分析：上述案例告诉我们，营养必须合理搭配，否则就会对身体造成伤害。

项目二　老年人膳食营养原则和“三高”患者的饮食

任务情境

子女带着 65 岁的父亲来到营养中心咨询，说自己的父亲有“三高”，在饮食上有很多限制导致现在营养摄取不足，身体极度消瘦虚弱，但又不知道哪些食物可以吃哪些食物不宜吃，希望营养师能够指导他们如何为老人营养配餐。

情境分析

面对老人因“三高”导致食物有所限制、营养不均衡的情况，子女首先应该了解各类食物的营养特点以及“三高”老人宜食和不宜食的食物。此外，由于老年人生理特点的变化，消化功能减弱，还要懂得老年人的膳食营养所遵循的原则。

学习探究

任务一　老年人膳食营养原则

一、老年人膳食营养应遵循的原则

（一）食物要多样化

食物多样化，一是食材的选择要多样化，合理搭配主副食，粗细兼顾；二是不择食、不挑食、

不偏食。只有这样，才能保证全面摄取营养。

（二）饮食宜清淡，不可过咸，忌过冷过热

食物过于油腻不宜老年人消化和吸收，食物过咸会引发或加重高血压、心脑血管疾病等。老年人宜适温进食，过冷过热饮食会损伤消化道黏膜。饮食以流质、半流质、糊状、常规饮食等为主。

（三）合理烹饪

食物烹饪和加工宜软而烂，应多采用蒸、煮、炖、熬、焖等烹饪方式，尽量减少煎炸、爆炒和腌制等。在注重食物色香味的同时，合理使用调味品，适当控制盐和油的用量。

（四）按时进食，少量多餐

早餐在6：30—7：30，午餐在11：30—12：30，晚餐在18：00—19：00进行为宜，由于老年人的咀嚼和吞咽能力较差，每次进食不宜过多，并且应在三次正餐之间准备一些简单的点心，比如水果泥、泡水饼干等。

（五）饮食有度

饭菜只吃七分饱，切忌暴饮暴食，尤其是晚餐不宜过饱，过饱易诱发心肌梗死；节制某些食物的过多摄入，如肥肉、精制糖、高胆固醇食物等，对于超重或肥胖的老年人还要限制热能食物，如主食、脂肪、糖类等的摄入。

（六）控制烟酒茶，少辛辣，白天适量多喝水

少抽或不抽烟，老年人肝脏解毒功能减退，应少饮或不饮酒，不宜饮浓茶。老年人吃多了辛辣食物易造成体内水分、电解质不平衡，出现口干舌燥、上火等症状。老人白天要多喝白开水，晚餐之后少喝水，减少夜间如厕次数。

二、良好的习惯和运动

对于老年人，最重要的是要粗细搭配，易于消化，保证能量平衡，养成良好的饮食习惯，加上适当的运动，才能保持健康长寿。

任务二　“三高”患者的饮食

一、“三高”患者的食物选择

（一）高血压患者的食物选择

多吃能保护血管和降血压及降脂的食物。降压食物有胡萝卜、番茄、黄瓜、木耳、海带、香蕉等。

（二）高血糖患者的食物选择

宜选用：①含胆固醇低的优质蛋白食物，比如乳制品、蛋类、豆制品、鱼类、瘦肉等；②在不增加总热量的前提下，米面、薯类、粉条等含淀粉高的食物可以选用；③增加富含膳食纤维食物的摄入，如粗粮、含纤维高的蔬菜等。

（三）高血脂患者的食物选择

多吃水果、蔬菜等富含维生素、无机盐和纤维素的食物，多食用植物油。

二、忌选用食物

（一）高血压患者忌选用食物

所有过咸及腌制食品、蛤贝类、虾米、皮蛋、含钠高的绿叶蔬菜、烟酒、浓茶、咖啡及辛辣食物均不宜食用。

（二）高血糖患者忌选用食物

动物内脏应限制食用。忌食白糖、蜂蜜、蜜饯、甜点、糖浆等含糖高的食品，含糖量高的蔬菜和水果也要限制，如甘蔗、山楂、鲜枣等。

（三）高血脂患者忌选用食物

忌食动物内脏、蛋黄、鱼子、鱿鱼等胆固醇含量高的食物，忌食饱和脂肪酸含量高的动物油脂。

触类旁通

知道老年人膳食的品种和作用以后，只有亲自享用才是有意义的，所以知道膳食使用的原则就非常重要。

课堂练习

论述题：请你说明“病都是吃出来的”。

案例分析

案例简介：宝妈认为，“人每天每顿都必须吃一点主食，每餐吃二两米饭是十分必要的。所以她不管吃了多少蔬菜和肉类食品，每顿也必须吃二两米饭，结果 58 岁的她就成了高血糖患者。

分析：我们应该知道，大米是主食当中含糖分最高的食品之一，应该多吃蔬菜、粗粮来代替大米的食用。

项目三　养老机构食堂供餐服务与管理

任务情境

一些养老机构食堂存在以下问题：食堂经营是否有科学规范的管理制度呢？饭菜营养结构是否合理呢？菜样如何搭配呢？有没有专业的营养师可以进行专业的调配制作和指导呢？

情境分析

养老机构食堂首先要做好厨房卫生工作，保证厨房的干净整洁，购买新鲜无污染的食材，并定期清扫厨房，从源头把好关。另外，工作人员要懂得基本的膳食营养和搭配方面的知识，懂得结合老年人的特点合理配餐，也可以聘请相关的营养学专家定期或不定期来食堂指导工作，传授营养膳食相关知识，强化食堂工作人员的素质教育。

学习探究

任务一　食 堂 管 理

一、养老机构食堂管理

（一）严格执行食品卫生法规

做好食品采购、运输、储存、加工、制作管理等环节的工作。在选购食物时应当选择外观好，没有泥污、杂质，没有变色、变味并符合卫生标准的食物，严把病从口入关。

（二）具备良好的硬件实施

应提供满足老人基本生活需求的厨卫设备，如冰箱、冰柜、保温设备、消毒设备、安全卫生的炊事用具和餐桌椅等。

二、完善管理制度

养老机构的食堂管理，有一整套规章制度可供执行，在规章制度部分已经讲过，请注意以下几点：①每周制订食谱，公布上墙。伙食荤素、软硬搭配合理，一日三餐按时开。②炊事人员每年进行身体健康检查一次，持证上岗。③保持食堂内外环境卫生整洁，做到“四定”：定人、定物、定时间、定质量。要划片分工包干负责；要消灭苍蝇、老鼠、蟑螂和其他害虫及其滋生条件；要创造安全卫生的食堂环境。

任务二　供 餐 服 务

一、食品采购和供应

（一）食品采购、存储和加工

食品采购、存储和加工应严格按照《中华人民共和国食品卫生法》的要求执行，确保饮食安全。

（二）食物供应

食材的选择要注重多样化。食物有粗有细，荤素搭配，适量的禽、鱼、瘦肉、奶、豆及其制品，少量的蛋、肝等。蔬菜供应要多样化，豆类、根茎类、绿叶类、菌藻类可以搭配，交替供应。

二、烹饪方式和服务质量

（一）烹饪方式

食物的烹制宜松软、易于消化吸收，对膳食的烹饪方式进行改善，在注重膳食色香味的同时，合理使用调味料，配备控盐勺和控油勺，限制盐和油的使用。以蒸煮炖为主，尽量减少油炸和爆炒。

（二）供餐服务质量

膳食个体化是养老机构供餐服务质量提高的标准之一，现在大部分养老机构对自理老人都还难以达到这个要求。但是对特殊供餐服务老人相对做得比较好。营养配餐员在对老年人健康状况全面了解的基础上做好饮食需求调查，建立每位老人的健康状况档案，编制每周食谱。对有特殊饮食需要的老人进行科学分类管理，如对患高血压、心脏病、胆囊炎、肾脏病、糖尿病等老人的伙食，营养配餐员应按照医生提出的饮食要求科学配餐。此外，建议养老院配备专业营养师，对食堂的营养膳食供应进行长期指导。

触类旁通

养老机构的食堂管理有几个重要的规章制度，如用餐制度、卫生制度、厨房管理制度、食品采购制度、食品保管储藏制度等，应该规范地执行。

练习题

课堂讨论题：请你谈谈如何满足生活自理老人的膳食要求。

案例分析

案例简介：某城市郊区一家民营的养老机构，常住30多位老人，每顿都为老人提供三种米饭——大米稀饭、普通米饭（江南地区的做饭方式）、电饭煲煮饭，满足老人的不同需求，受到一致好评。

分析：一件普通的事；一种细心的服务；一致的好评。

单元十二　护理康复和产品服务

单元概述

康复服务既包括传统的广义范围，也包括现代条件下的狭义范围。后者在我国开展的时间还比较短，由于我国康复辅具研究开发和制造还很不发达，还需要做大量的工作。

学习目标

知识目标

（1）掌握康复辅具的概念和服务要求。

（2）掌握康复护理的特点。

（3）掌握生活照料和康复服务的区别。

技能目标

（1）具备护理照料老年人的技能。

（2）能够为老年人选择康复辅具，并对其进行培训。

情感目标

（1）热爱老年康复服务工作。

（2）为创建具有中国特色的康复护理努力。

项目一　护理照料服务

任务情景

一位老人因为左腿瘫痪，购置了一辆电动轮椅，在练习过程中不幸将电动轮椅开进花园里，受了轻伤。

情境分析

这是一种最简单的状况，一方面说明康复服务的重要性，另一方面也说明护理照料服务非常重要。

学习探究

任务一　饮 食 照 料

一、饮食照料的内容

因为饮食照料显得特别重要，所以从生活照料中单独列出来学习。

（一）饮食禁忌

食物宜清淡少盐，健康老人每日食盐量不超过10克（相当于两个可口可乐瓶盖的容量），以降低高血压、心脏病的发病率。食物中要有较丰富的膳食纤维。膳食纤维有促进胃肠蠕动的作用，并可防止粪便在肠内滞留，对预防便秘和肠道肿瘤的发生有一定的作用。蔬菜水果和粗粮含有较丰富的纤维。

糖尿病人不宜吃含糖量高的食物，如西瓜、葡萄、小米粥，精细加工的食品也应少吃。患类风湿的老人不宜吃海鲜、奶类等含嘌呤多的食物，否则会加重病情。

（二）进餐姿势

进餐时要保持老人上半身挺直，身体稍向前倾，以利食物顺利、安全地进入老人的胃内；不要让老人的上半身后仰，这样会造成食物下咽困难，甚至发生呛咳或吸入呼吸道导致疾病，威胁生命安全。

对不能下床的老人，采取坐位或半坐位，身体背后及周围用棉被、软枕或支架加以固定后，再协助进餐。

对坐起有困难的老人，将头胸部用软枕垫高或摇高床头30～50度，以利于老人吞咽。对完全不能抬高上半身的老人，应尽可能为老人采取侧卧位并使头部向前倾斜。

二、注意事项

（一）尊重医生的意见

在中国的医疗文化传统中有“食疗”“食补”的方式方法，在对老人进行饮食照料的时候，一定要尊重医生的处方和意见。为了安全，护理人员不能随意改变医生的决定。

（二）尊重老人的爱好和意见

这是对康复护理的最基本要求之一。

任务二　日常生活照料

一、睡眠照料

睡眠是每个人都不可少的生理现象，它是周期性的、可逆性的静意现象，是一种完全静止、无活动的状态。睡眠时对周围环境反应极度下降，能使大脑得到充分休息，可以补充能量，促进细胞功能恢复，可以使人体处于代谢低的休息状态，如心率、呼吸减慢，胃液分泌减少，肌肉松弛等，使能量消耗小于产生。

老年人睡眠特点：前半夜睡得沉，后半夜易惊醒。

（一）睡前准备

在老人睡眠前1小时至30分钟把卧室门、窗打开，让室内空气流通；按铺床法铺好床，拍松枕头；按需关门窗，最适宜的室温为夏季25～28摄氏度，冬季18～22摄氏度；帮助老人做好睡前个人卫生；拉上窗帘，关闭照明灯。

（二）入睡后夜间巡视

检查通道、床旁呼叫器是否畅通；夜间要经常巡视卧室；检查入睡时间，是否易惊醒、早醒、夜间醒几次等。巡视时，走路、关开门等声响应轻，减少干扰。夜间要定时协助瘫痪、垂危等生活不便老人翻身。

二、清洁照料

（一）晨晚间照料

老年人晨晚间照料主要包括协助老人更衣（即穿、脱衣裤）、排便处理、刷牙、漱口（不能自理者做口腔清洁）、洗脸洗手、梳头、洗脚、会阴部清洁、整理床单位等。

（二）口腔清洁

定时刷牙与漱口或者用棉球擦拭口腔都可以起到清洁口腔的作用，可减少细菌在口腔的生长繁殖，避免引起口腔内局部炎症、溃疡、口臭及其他并发症。如果老人佩戴义齿，护理员就要叮嘱老人在饭前、饭后漱口，每天清洁义齿，每半年或一年到专业医院复查一次，同时告诉老人不宜吃太硬或黏性较大的食物。

（三）头发照料

定期清洁头发，经常梳理头发，可帮助疏通经络，促进血液循环，从而获得保健效果。

（四）皮肤清洁

外出回来、夏季出汗多时要勤洗手，多食含有维生素及矿物质的食物，每天保证 8 小时左右的睡眠，同时保持良好的情绪状态。

（五）床单位清洁

卧床老人勤换被服，随时保持床铺的清洁、干燥、平整、柔软，每日清扫床单，每周定期更换床单、被罩，经常将被褥置于太阳下暴晒。

三、排泄照料

（一）正常排便的照料

安排规律的排便时间，良好的排便习惯是建立在稳定的生活规律之上的。对于老年人来说，最适宜的排便时间是在每日早餐后。

要为老人创造一个独立、隐蔽、宽松的排便环境。对于能够行走和乘轮椅的老人，应尽量搀扶老人如厕排便。对于自理困难、需要在床上排便的老人，在照料中要做到周到、耐心。室内最好用拉帘加以遮挡，老人便后要及时清理环境。为老人盖好衣被、开窗通风，保证老人居室环境清洁、空气清新、无异味。

采取舒适的排便姿势。蹲位排便是最佳排便姿势，老人在下蹲时腹部肌肉受压，使腹腔压力增加，可促进粪便排出。如果老人患有高血压、心脏病，应避免采取蹲位排便，以防老人下蹲时间过久导致血压改变或加重心脏负担而发生意外。

对于体弱或因病不能下床排便的老人，如果病情允许可将床头抬高 30 ~ 50 度，扶助老人取

半坐卧位后在床上进行卧位排便。对于卧床不起的老人应为其准备便盆，并帮助老人在床上使用便盆。便盆必须清洁、无破损，以防引起老人不适。放便盆时，便盆下方要放布垫，以防污染床铺。大便后要及时清理环境，开窗通风，并注意观察粪便的性状有无异常，如发现异常要及时报告医生和护士。

（二）正常排尿的照料

正常老人每日摄入的水分应为 1 500 毫升，当老人有额外水分丧失如发热、大量出汗、呕吐、腹泻及液体引流时，则应增加液体的摄入。保证一定的活动量，活动可增加腹部和会阴部肌肉的张力，有助于排尿。如果老人活动受限，则应做局部肌肉的锻炼，指导老人有节律地做会阴部肌肉的收缩与放松活动，以增加会阴部肌肉的张力。正常的排尿姿势可以利用重力作用及腹内压促进排尿。隐蔽性有利于老人自我放松，尤其在老人处于疾病或其他压力所造成的焦虑状态时，为老人创造隐蔽的排尿环境非常重要。

（三）大便失禁的照料

由于肛门括约肌失去控制能力，排便不受意识支配会导致大便失禁。应主动关心老人，给予其精神安慰，保持室内空气新鲜，经常通风。使用柔软、通气性好的尿布垫或一次性尿布铺在老人臀下，一经污染要立即更换。有条件时可让老人卧于有孔的病床上，以减少床褥污染。保持肛门周围皮肤清洁，发现有粪便污染，用柔软卫生纸擦净后再用温水清洗局部皮肤，用毛巾擦干，并涂油膏于肛门周围皮肤，防止发生皮疹或压疮。了解老人排便规律，适时给予便盆。与医生协商每日定时为老人使用导泻剂或灌肠，以帮助老人建立排便反射。

（四）便秘的饮食注意事项

帮助老人养成每日定时上厕所和排便的习惯，排便时注意力集中。建立合理食谱，调整饮食习惯，在饮食中增加纤维量，适当摄取粗粮。食物中的纤维素在肠道中能吸收水分增大粪便体积，起到通便的作用。糙米含有丰富的纤维素、蛋白质、淀粉及钙、铁、磷、维生素 B1、维生素 A、维生素 E 等矿物质，其中丰富的纤维素有助于排便。食用新鲜水果和蔬菜并多饮水。每天饭后可吃半个柚子，吃到大便顺畅为止。甘薯味甘性温，食用后能滑肠通便、健胃益气。食用苹果，能使大便变得松软，另外苹果能刺激肠蠕动，有助于排便。

（五）尿潴留的照料

尿液存留在膀胱内不能排出称尿潴留，老人表现为下腹部胀满、疼痛，不能排出尿，用手触摸下腹部膨隆，有囊样包块。发现老人有尿潴留的情况，要及时报告护士和医生，并确定尿潴留的原因。如果有的老人不习惯以躺卧姿势排尿，在病情许可的情况下可协助老人以习惯姿势排尿，也可将床头支起或扶助老人坐起排尿。还可用热水袋敷下腹部或轻轻按摩下腹部，以便解除肌肉紧张，促进排尿。或者利用条件反射，让老人听流水声或用温水洗会阴，以引起排尿反射。注意观察老人尿液的颜色、量，以及有无泌尿系统感染等情况。

（六）尿失禁的照料

老人的排尿系统失去控制，使尿液不自主地经尿道流出或排出称尿失禁。尿失禁老人容易产生

困窘、恐惧、自卑、自我厌恶等不良情绪反应。要充分理解和关心老人，用适合老人身心状况的护理方法，帮助老人摆脱困境。

保持皮肤清洁和干燥。为老人及时更换潮湿的尿垫和衣裤并用清洁的温水洗净会阴和臀部（用柔软的毛巾擦干）。对长期卧床的老人，要选择合适的尿垫，尿垫应选用吸湿性强、通气性良好、柔软的棉织品。一次性纸尿垫吸水性强，对皮肤刺激性小，但通气性较差，不适宜长期使用。

要协助老人养成定时排尿的习惯，无论有尿与否，每隔 2 小时都要去卫生间排尿一次或为老人送一次便器，以训练排尿功能。排尿后用手按压下腹部，以排空膀胱残余尿。坚持一段时间后，再逐渐延长排尿间隔时间，使老人逐渐恢复至正常状态。在训练排尿功能的同时，要鼓励老人多喝水，以便有足够的尿量刺激排尿反射的恢复。一般应在白天供给液体 1 500 ～ 2 000 毫升，夜间应限制液体的摄入量，以免夜间尿量增多，影响老人的睡眠。

（七）留置导尿管的照料

留置导尿管是为老人导尿后，将导尿管保留在膀胱内，引流出尿液的方法。要保持引流管的通畅，留置的引流管要放置妥当，防止受压、扭曲、堵塞。为老人翻身、活动身体时，注意导尿管固定的部位不要松脱。保持会阴部的清洁，每日用热毛巾擦拭会阴部，必要时用消毒剂擦拭尿道口及周围皮肤。鼓励老人多饮水和更换体位，促进排尿，尿液增多可达到冲洗膀胱的目的，防止发生泌尿系统感染和结石。注意尿液颜色和性质，发现尿液浑浊、有沉淀物时要及时报告医生、护士。每日定时更换储尿袋，测量尿量并记录。更换储尿袋时，不可将橡胶引流管末端提高，以防止尿液逆流，引起逆行感染。采用定时夹闭和开放引流管的方法，以训练膀胱排尿功能的恢复，一般每 4 小时开放一次，使膀胱能定时充盈和排空。老人离床活动时，要注意导尿管和集尿袋的安置。

触类旁通

该部分讲解的内容，实际上属于广义的康复服务，和我们以前讲的护理课程有许多雷同之处，要学会融会贯通。

课堂练习

思考题：为什么饮食照料显得特别重要？

案例分析

案例简介：某市一家养老机构，在照料一位失能老人的饮食问题时，由于体位不正确，导致老人呛着而呼叫受阻，发生昏厥状况。

分析：进食体位虽然是一个很简单的操作，但是稍不注意就会产生重大的危险事故，必须引起我们的高度重视。

项目二　医疗保健服务

学习情景

王大爷，今年 69 岁，患有糖尿病已有 4 年左右，近来发现血糖控制得不理想，并且有视物模糊的现象。护理员小彭发现王大爷在入住养老院后饮食结构控制得不好，不喜欢参加养老院的一些活动，就连运动量也在减小。王大爷不清楚血糖的正常值，对于糖尿病的健康与保健知识也全然不知。那么针对王大爷的血糖控制情况及自身对疾病的掌控情况，小彭应该如何去做呢?

情景分析

很多老年人由于相关医学知识缺乏导致不能很好地对自身健康进行管理，尤其是一些患有常见的慢性病，如高血压、糖尿病、冠心病等的老年人更是如此。这就需要养老机构的护理人员能够学会为每一位老年人建立健康档案，根据慢性病的三级预防进行健康管理，并且使其能够对自身疾病的一些预防及护理措施有所了解，能够掌握自身的慢性病知识，能够按时服药，能够自我监测，能够进行自我保健，更好地延长自身寿命，提高自己的生活质量。

学习探究

任务一　医 疗 服 务

一、医疗和医疗服务的概念

人民卫生出版社出版的《医院管理词典》中关于医疗的定义如下：医疗是一项社会实践活动，有狭义和广义之分。狭义的医疗是指医疗技术人员运用医学科学技术与人类疾病做斗争的过程，这个定义只局限于诊疗的范围。广义的医疗是指卫生技术人员运用医学科学技术及社会科学知识为防病治病增进人类健康而斗争的过程，包括预防、康复、保健、健康医疗咨询和狭义的医疗。

医疗服务是指各级医疗机构以一定社会人群为主要服务对象，以医学技术为基本服务手段，向社会提供能满足人们医疗保健需要，为人们带来实际利益的医疗产出和非物质形态的服务。现代的医疗服务，已从医院内扩大到医院外，形成了综合医疗的概念，医疗内容也日益广泛，包括增进健康、预防疾病和灾害、健康咨询、健康检查、急救处理、消灭和控制疾病、临床诊疗、康复医疗等。综上，医疗服务是指医院或医疗技术人员向人群提供的一种健康服务。

二、医疗服务的特点

（一）医疗服务具有无形性与有形性双重属性

医疗服务的无形性是指医疗服务流程的科学性，服务项目组合的合理性，服务效率，以及服务

人员的态度、技能等。这些内容尽管患者看不到摸不着，但只要进入医疗服务机构就会时时刻刻感觉到医疗服务的存在，这些感觉还会持续到离开医疗服务机构之后，并会影响以后是否愿意再来这一机构接受医疗服务。医疗服务的有形性主要是指医疗服务设施设备的完好程度，医疗环境的舒适和美观程度，服务场所的便利程度，以及服务人员的仪容仪表等。它是患者通过视觉能观察到的有形的东西。如果患者走进病房看到的是血迹斑斑的被单，到处乱飞的苍蝇，甚或卫生间污物乱流而无法下脚，其对医院的好感定会荡然无存，如有其他选择，患者可能会马上要求出院。

（二）医疗服务的生产与消费具有不可分离性

有形产品的生产与消费一般是分离的，而医疗服务本身具有的无形性使得其生产过程与消费过程在很多情况下是同步的。只有当患者到医疗机构开始消费时，医疗服务产品才能开始生产并提供出来。这种生产和消费的不可分离性决定了医疗机构的患者在做出购买决策之前，不可能先行体验或感知就诊医疗机构的“样品”，从而给患者带来了更大的购买风险。所以患者对医疗服务的购买往往只能借助医疗机构的口碑、自己以前的亲身体验或别人的良好体验来进行决策。

（三）医疗服务既具有共性又具有个性

医疗服务的提供者主要是医疗机构的工作人员，接收对象主要是健康出现问题的患者。患者患病后到医疗机构就诊，对医疗服务有一种共性的要求，如期望医护人员为其提供及时周到的服务，通过规范的诊断和治疗尽快解除自己疾病的痛苦、恢复健康等。患者对医疗服务的共性要求就构成了规范化、科学化医疗服务标准的基础。但由于每个人的家庭经济状况、教育背景、就医或生活经历、身体状况、所患疾病以及对疾病的忍耐力等各不相同，因此他们对医疗服务也具有个性化的需要。

（四）医疗服务具有直接性与间接性

医疗服务是一种综合性服务。在服务过程当中，服务的供需双方既有面对面的，也有非面对面的。健康出现问题的患者到医疗机构就诊时，有些环节需要与医疗服务人员直接面对面地接触。当面消费、当面服务，如导医的接待、医生的问诊和体格检查、护理人员的治疗等，服务的优劣患者可以当面体验，这就是医疗服务的直接性。

间接性是指在医疗机构有些服务的提供者并不直接面对患者，而只通过其服务的产出或声音等与患者发生联系。比如当患者到医院接受隔室透视时，患者在其他工作人员的帮助下进入检查间，医生主要是通过话筒在隔壁房间指挥患者配合检查，这时医生和气的声音、耐心的态度等对医疗服务的影响非常大。

（五）医疗服务具有异质性和同质性

医疗服务是通过医护人员表现出来的一系列行动实现的，而且医护人员提供的医疗服务多针对特定的患者并需要患者参与和配合。由于没有两个完全一样的医护人员也没有两个完全相同的患者，那么就没有两种完全一致的医疗服务。

医疗服务的异质性主要是由于医护人员和患者之间的相互作用以及伴随这一过程的所有变化因素导致的。医疗服务质量标准和评估尺度虽然多数情况下都是由医疗机构或者相关管理部门或团体定义的，但其标准必须以居民的健康需求和期望为基础，而不能仅仅建立在医疗机构自身目标基础上。

任务二　养老机构的医疗服务和健康教育

一、养老机构的医疗提供

（一）医养结合

1. 医养结合的概念

医养结合是指医疗资源与养老资源相结合。其中，“医”包括医疗、康复、保健服务，具体有医疗服务、健康咨询服务、健康检查服务、疾病诊治和护理服务、大病康复服务以及临终关怀服务等；“养”包括生活照护服务、精神心理服务、文化活动服务等。

2. 医养结合模式的分类

医养结合模式主要有以下几类：养老机构与医疗机构合作；养老机构中增设医疗区或者单独设医院；医疗机构转型为“医养结合”服务机构。

（二）医疗保险

1. 医疗保险的概念

医疗保险是指通过国家立法，按照强制性社会保险原则基本医疗保险费应由用人单位和职工个人按时足额缴纳，为补偿个人因疾病、负伤、生育时，由社会或企业提供必要的医疗服务或物质帮助的社会保险。

2. 医疗保险的分类

（1）商业医疗保险。它分报销型医疗保险和赔偿型医疗保险。报销型医疗保险（普通医疗保险）是指患者在医院里所花费的医疗费由保险公司来报销。赔偿型医疗保险（专项医疗保险）是指患者明确被医院诊断为患了某种在合同上列明的疾病，由保险公司根据合同约定的金额来给付给患者供其治疗及护理。

（2）津贴给付型医疗保险。津贴给付型医疗保险是保险公司按照合同规定的补贴标准，向被保险人按次、按日或按项目支付保险金的医疗保险。理赔与实际发生的医疗费用无关，无须提供发票。

（3）费用型医疗保险。费用型医疗保险是根据客户实际发生的医疗费用支出按保单约定的保险金额给付保险金。目的是补偿客户的医疗费，理赔时需要客户出具门诊或住院发票，理赔范围与“社保”基本一致。

（4）社会医疗保险。社会医疗保险是国家通过立法形式强制实施，由雇主和个人按一定比例缴纳保险费，建立社会医疗保险基金，支付雇员医疗费用的一种医疗保险制度。它是国家社会保障制度的重要组成部分，也是社会保险的重要项目之一。

（三）慢性病管理

1. 慢性病的概念

慢性病是一类起病隐匿、病程长且病情迁延不愈，缺乏确切的病因证据，病因复杂，既不能自行缓解，也无特效治疗方法，且有些尚未完全被确认的疾病的概括性总称。

2. 慢性病的演变过程

（1）无危险阶段：人们的周围环境和行为生活方式中不存在危险因素。进行健康管理的目的是

防止危险因素的发生、认识危险因素的危害、保持良好的生产生活环境和健康生活方式。

（2）出现危险因素阶段：随着年龄增加和环境改变，人们的生产、生活环境中出现了危险因素，但由于作用时间短暂及程度轻微，危险因素并无明显危害，或其危害作用不易被检出。通过环境因素检测或行为生活方式调查，能够发现危险因素。

（3）致病因素出现阶段：随着危险因素数量增加及作用时间延长，危险因素转化为致病因素开始对机体产生危害作用，但由于人们机体防御机制的作用以及致病因素的弱化，尚不足以形成疾病。及时采取干预阻断措施，停止危险因素的作用，可阻止疾病的发生。

（4）症状出现阶段：疾病已形成可逆的形态功能损害，用生理生化的诊断手段可及时发现。此时应通过筛检，在正常人群中及时发现无症状患者，并予以早期诊断、早期治疗，可及时阻止危险因素的作用，使病程逆转而恢复健康。

（5）体征出现阶段：症状与体征可并行或先后出现，此时患者能明显感觉自身异常而主动就医，但即使停止危险因素的继续作用，病程亦不可逆。此时往往只能采取治疗措施以改善症状和体征，推迟伤残时间和减弱劳动能力的丧失。

（6）劳动力丧失阶段：随着病程发展，症状加剧，患者逐渐丧失生活和劳动能力。此时是疾病进程的最后阶段，只能采取康复治疗，以提高生存质量。

（四）慢性病的预防

（1）病因预防（一级预防）。一级预防的主要目的是消除危险因素，防止发病、促进健康。应该注意以下七个方面：认识和收集慢性病危险因素；针对慢性病危险因素进行行为培养和纠正；进行中老年心理、精神卫生辅导；控制体重；普及科学营养膳食；保护环境、改善居住条件；免疫接种，人群保健。

（2）临床前期预防（二级预防）。二级预防的目的是早期发现、早期诊断、早期治疗。阻止疾病向临床阶段发展，减轻疾病的严重程度。主要通过对疾病的筛查进行预防。

（3）临床期预防（三级预防）。三级预防主要是通过医院临床治疗和社区机构康复相结合的方式进行医疗保健，主要任务是全科医生以预防为导向的服务。

在养老机构中，对于老年人常见的一些高血压、糖尿病、冠心病等慢性疾病，主要通过这一、二、三级预防进行健康管理。这不仅需要有养老机构中全科医生、护士的配合，还需要养老护理员在日常护理工作中及早发现，进行防范。

二、健康教育

（一）健康教育的概念

通过有计划、有组织、有系统的社会教育活动，人们应自觉地采纳有益于健康的行为和生活方式，消除或减轻影响健康的危险因素，预防疾病，促进健康，提高生活质量，并对教育效果做出评价。健康教育的核心是教育人们树立健康意识，促使人们改变不健康的行为生活方式，养成良好的行为生活方式，以降低或消除影响健康的危险因素。健康教育能帮助人们了解哪些行为是影响健康的，并能自觉地选择有益于健康的行为生活方式。

（二）健康教育的目的

增强人们的健康，使个人和群体实现健康的目的；提高和维护健康；预防非正常死亡、疾病和

残疾的发生；改善人际关系，增强人们的自我保健能力，使其破除迷信，摒弃陋习，养成良好的卫生习惯，倡导文明、健康、科学的生活方式；增强健康理念，从而理解、支持和倡导健康政策，创建健康环境。

（三）健康教育的内容

建立和完善适应社会发展的健康教育工作体系；做好重大疾病和突发公共卫生事件的健康教育；广泛开展农村健康教育；深入开展城市社区的健康教育；以学校、医院、工矿企业和公共场所为重点，开展各类场所的健康教育；开展重点人群的健康教育；控制烟草危害与成瘾行为。在不同的地区、不同的民族，还应该采取特殊的教育方式。

触类旁通

前面案例中的王大爷，自身有糖尿病史，却没能进行有效的自我监测，没有对视物模糊等常见的并发症进行防范与护理。护理员小彭应该针对王大爷的健康状况建立健康档案，并且告知王大爷糖尿病是一种常见疾病，但是后果也很严重，应该提高警惕，知道血糖的正常值，了解自己血糖高到什么程度，能够在饮食、运动、药物、血糖监测等方面进行自我护理，做好糖尿病的三级预防。

课堂练习

练习一：尝试对高血压老年人进行健康教育。

练习二：养老机构的医疗服务有哪几种，服务内容有哪些？

案例分析

案例简介：71 岁的李奶奶，近日经常头痛、恶心，护理员小孟为其测量血压，高低压分别为 160/110 毫米汞柱，护理员小孟陪同李奶奶去社区医疗机构进行高血压确诊，医生给开了降压药。

分析：护理员小孟发现李奶奶平时性格急躁，容易发脾气，而且作息不规律，喜吃咸食。作为护理员，小孟应该如何与李奶奶进行沟通，如何对李奶奶进行健康教育，让李奶奶学习、了解高血压的预防措施、并发症及保健措施呢？

项目三　老年产品和康复辅助器具

学习情景

刘奶奶今年 70 岁，68 岁的时候开始拄拐，她使用的这根拐杖是刘奶奶的老伴精挑细选之后买的，刘奶奶非常喜欢。去年老伴因病去世，子女们又很忙，平时没时间照顾老人，因此子女们和刘奶奶商量好，把刘奶奶送去养老院，每周来看她一次。因拐杖用的时间过久了，子女们考虑给

老人换一根拐杖，面对市面上多种多样的产品，家属分不清拐杖是老年产品还是康复辅助器具。作为刘奶奶护理员的你，该如何向老人的家属解释呢？

情景分析

对于腿脚不方便的老年人来说，拐杖是必需的生活用品，因为它不仅仅是方便老年人生活，更是老年人独立生活的一种辅助产品。也就是说，拐杖的作用是维护老年人的人格尊严。拐杖是老年产品还是老年辅助器具呢？我们在选购时该考虑哪些因素？

学习探究

一、老年产品概述

老年产品作为产品中的一类，具备了产品的所有特性。老年产品是指人们向市场提供的能够满足老年人群体某种需求的任何有形和无形东西。它包括实体产品、技术服务等一切能够满足老年人生活需要、精神需要和情感需要的产品。简而言之，老年产品是适合老年人的产品。我们在日常生活中见到的拐杖、老花镜、助听器等产品均属于老年产品的范畴。

二、康复辅助器具的概念

“辅助器具”最早是由1988年国务院批转的《中国残疾人事业五年工作纲要》提出来的，1992年经国家标准化管理委员会确认将“technicalaids”译为辅助器具，1996年国家标准CB/T 16432—1996《残疾人辅助器具——分类》发布后被广泛接受。根据国际标准ISO9999：2007，辅助器具是指“能预防、代偿、监护、减轻或降低损伤、活动受限和参与限制的任何产品（包括器具、设备、工具、技术和软件），可以是特别生产或试用产品”。现在我国已经加大了康复辅助器具研究开发的进度和生产规模。2016年11月，国务院办公厅正式下发文件，组织和推进我国康复辅助器具的发展。

三、康复辅助器具的品种

康复辅助器具广泛用于老年人、残疾人、伤病人等功能障碍者改善生活质量和促进康复，它涉及起居、洗漱、饮食、移动、如厕、家务、交流等生活的各个方面，涵盖医疗康复、教育康复、职业康复和社会康复等各个领域，在康复过程中必不可少。配置康复辅助器具是帮助功能障碍者回归社会最有效的手段，对于某些重度功能障碍者来说，甚至是唯一的康复手段。目前，我国有2.5亿老年人、8 500多万残疾人和每年上亿人次伤病人，是世界上康复辅助器具需求人数最多、市场潜力最大的国家。发展康复辅助器具业，制造、配置符合中国国情的康复辅助器具产品，满足数量庞大的功能障碍者需求，提高他们的生活质量，已经成为政府和社会共同的责任。

四、康复辅助器具的选用原则

（一）经济原则

根据需求对象的个人需求、康复目标、个人经济状况等因素，在配置康复辅助器具时优先考

虑补偿类辅助器具。由于我国还是发展中国家，在广大农村和偏远地区，很多老年人的收入还不是很高，因此我们要充分考虑康复辅助器具的经济原则。

（二）适用性原则

这是我们要考虑的最基本原则之一，康复辅助器具是代偿类辅助器具，也是适应类辅助器具。当机体有部分能力时，就要通过康复的办法维持或恢复机体的能力，再配合辅助器具使用，避免机体的能力萎缩，充分发挥机体的原有功能。

触类旁通

本专业的同学还要学习一门专业课程——“老年产品和康复辅助器具的应用”，这门课程里会有更详尽的介绍。本章只是进行初步的介绍，比如我们会懂得，老人拐杖选用标准：①长度适宜。这样老人握持起来才不至于因过矮而感到弯腰吃力；也不会因过高而感到顶得手臂酸麻，握起来不舒服。②手柄宽度适宜。古时手杖顶端做成龙头形状，并非仅仅是一种权利的象征，还因为它均匀而圆滑的操持感，让老人握起来感觉非常舒服——既有饱满厚实的感觉，又省事不费力。③底端防滑。这一点很重要，因为后期老人使用久了就会产生依赖感，如果它不防滑，就极易发生意外。④材质。拐杖的种类和取材形形色色，其中竹、木制最多。⑤重量。拐杖的重量以 250 ～ 350 克为好，表面不要太光滑，握在手中应具有舒适、安全的感觉。

课堂练习

课堂讨论题：养老院要对入住的老人进行拐杖需求调查，但不知道该从哪些方面调查，想请你帮帮他们，你该如何回答？

案例分析

案例简介：1 月 10 日，幸福路学校组织学生参加帮助区养老院老人的爱心活动，得到了众多热心家长的响应，孩子们纷纷捐出善款。六年级的小马捐出了 206.5 元压岁钱，想帮老人购买一根拐杖。小马同学不知道该如何挑选拐杖，请给小马同学一些参考意见。

分析：“触类旁通”中已经介绍了选择手杖的基本标准，大家可以灵活运用。

单元十三　身心活动和心理服务

单元概述

人们步入老年后容易产生消极情绪。部分内向长者愈发孤寂、不爱言语。他们面对养老公寓及社区的各种文娱活动，往往羞于参与或者认为自己不具备歌舞特长，仅限于围观甚至是远离群体。本单元从文康服务、心理服务管理两方面入手，借助身心机能活化运动、音乐活动带动等形式，可以在缓解心情的前提下，改善其身心机能状况、延缓身体机能衰退；增进长者及身心障碍者的互动，形成良好的互动氛围。丰富多彩的文康活动主题，能够满足不同长者群体的需求，使其获得精神上的愉悦，充实退休后生活，同时也可提高为老服务质量。

学习目标

知识目标

（1）掌握身心活化及音乐照护的相关概念，了解活动所需相关器材的操作方法。

（2）熟悉不同老年群体老有所乐的相关活动流程。

（3）了解长者不良心理状态。

技能目标

（1）能够运用身心活化及音乐照护技能组织老年人老有所乐活动。

（2）能够挖掘老年群体的文艺特长，策划组织主题丰富多彩的歌舞活动。

（3）能够独立为老年群体做心理疏导与服务。

情感目标

（1）培养学生独立思考、组织协调及创新能力。

（2）培养学生敬老、爱老、孝老的为老服务意识。

项目一　身心活化和音乐照料

学习情境

一养老院不同护理区域长者的身体状况与精神需求层次有所不同，开展养老机构活动时总是冷冷清清。养老机构社工部的小石，一直在考虑通过新颖的形式吸纳更多的长者参与到集体活动中来，最大限度地满足长者的活动及精神娱乐需求。

情境分析

文体旅游康乐活动作为人们生活中不可缺少的元素，能够缓解长者退休后的忧郁、焦虑、情绪不稳定等状况，调节心情，从不同层次满足老年人精神文化需求。面对养老机构活动参与度不高的

现状，老年社工工作人员应当定时更改活动内容、创新活动方法。必须建立在对入住长者的身体机能状况、工作背景、教育背景、兴趣爱好以及精神需求评估基础之上，才能设计出好的活动方案，加强过程和结果评估，提升活动的参与度、扩大受众面。

对于活动方案的制订，我们可以根据长者身体状况，确定分别针对半自理老人、完全不能自理老人、全自理老人的不同活动方式。针对自理老人可以组织竞技类、旅游类活动；针对半自理与完全不能自理老人可组织其参加康乐活动，利用音乐的特性，帮助其舒缓情绪、增进人际关系、延缓身体机能衰老。本项目着重介绍康乐活动，它适用于所有身体状况的长者。

活动策划步骤：老年需求调查——老年需求评估——老年活动策划——活动项目遴选——活动准备——活动实施与带动——活动评估与总结。

学习探究

任务一　身心活化运动

一、温热运动

（一）教学目标

运用加热板将麦饭石垫加热后，以麦饭石垫暖和老人的手、肩、背、膝、足等部位，同时利用捶打技巧来按摩、温热各部位，以促进血液循环、舒缓筋肉，使接受温热的各部位关节、肌肉能达到放松、柔软的效果。

（二）执行顺序

由手部、肩部、颈背部依序做温热运动。寒暄→用指腹按压手部→手部日字形敲打 20 下（注意律动，和老人一起数数，提高老人注意力）→手部敲打 20 下 + 唱歌（老歌）→肩部敲打 20 下→颈背部敲打 20 下→深呼吸 3 次 + 肩部上提 3 次→肩胛骨敲打 20 下→背部脊椎敲打 20 下→深呼吸 3 次 + 手部外转 5 次 + 手部内转 5 次→请长辈将毛巾收好→结束（谢谢长辈配合）。

（三）各部分敲打重点提醒

按压老年人手指头时须使用指腹并运用身体重心力量来使力。进行温热按摩时要注意长辈的神情及状况。敲击长辈背部时要注意力道是否适中。

二、活力健康温热操

（一）教学目标

由 4 个基本动作（双手用力拍掌、双手握拳双臂弯曲开合运动、手指及腕用力双臂轮流向上伸展、双臂由上向下拍大腿），伸展四肢肌肉和关节，刺激穴道，促进血液循环，此为活动前的暖身操。这可使身心活络，减少及预防从事活动后可能产生的运动伤害，而跟着数数可提升肺活量。

（二）执行顺序

手掌手臂伸展运动→肩部旋转放松→上肢屈指伸展运动→肩部旋转放松→上臂开合运动→肩部

旋转放松→全身伸展运动→肩部旋转放松→深呼吸 3 次。

（三）引导重点提醒

协助老年人动作时，应动作轻柔且须托住老年人关节，避免受伤。操作速度不宜过快或忽快忽慢。应鼓励老年人站起来做运动。

三、手部筋力及伸展运动——手指棒

（一）教学目标

借由对手指棒的搓揉或紧握来刺激手心、手背及手指的穴道及手指末梢神经，进而刺激脑部活动。活动中以丹田的力量喊出声音及唱歌，不但能让手得到完全的伸展，还能训练喉咙肌肉，并增强丹田的力量。

（二）执行顺序

敲打肩部、活络手部后，以手部开闭运动带动全身做运动。肩部敲打（左右）→下肢敲打→搓手掌 10 下（胸前）→搓手掌 10 下（双手伸直）→按摩双手（指尖、手背、大拇指）→握力运动（前上横下）10 下→握力运动（前上横下）10 下 + 唱歌→套手指棒→开闭运动（前上侧下）10 下 + 唱歌→脱手指棒→搓手掌 10 下（胸前）→按摩双手（手背）→按摩大腿→收手指棒。

（三）引导重点提醒

过程中穿插协助长辈，不可过于勉强。过程中节奏速度适中，不要忽快忽慢。穿手指棒动作须轻柔，有耐心，事先询问长辈意愿。适时注意长辈，避免因手指棒带来不适而不愿活动。

四、全身协调及伸展运动——健康环

（一）教学目标

健康环是一项有氧健身运动，可训练膝关节、脚趾头及手臂的力量，在全身律动的同时，训练全身的协调性，进而达到增进内脏机能、平衡机能、反射神经机能，提高记忆力、集中力，以及活化脑细胞等效果。由膝盖股四头肌律动的力量带动手臂及全身，能增强身体的协调性以及握力耐力。

（二）执行顺序

由头部至身躯部的伸展姿势开始，进行健康环全身有氧运动。（不用轮环）坐着，伸展运动 10 下（后、前、左、右）→手部暖身 10 下（上、前、下）→手部暖身 10 下（左、前、右）→手部暖身 10 下（右、前、左）→颈部伸展运动（上、前、下）→颈部伸展运动（左、前、右）→颈部伸展运动（右、前、左）→休息→发轮环→顺时回转 30 下→顺时回转 30 下（手伸直）→逆时回转 30 下→逆时回转 30 下（手伸直）→单手摇健康环→深呼吸 3 次→结束收回健康环，并展示多人健康环、花样健康环。

（三）引导重点提醒

协助摇健康环时要有耐心。适时注意长辈，避免因无法摇动健康环而不愿活动。注意安全距离，避免受伤。

任务二　音乐照护

一、音乐照护的作用和起源

（一）作用

音乐照护是利用音乐的特性及简单的动作，带给参与者身心的刺激、安抚情绪，进而改善人际关系与情绪状态，以促进身体功能方面的改善，使参与者身心和生活有更好的改变。

（二）起源

音乐介入照护引进日本加贺谷宫本式音乐照顾，此项活动没有群体、时间、场地的限制，长者可以随时参与音乐带动活动。

音乐的选取可以以参与者倾听的意愿为主，音乐节奏与旋律必须明显、有时间点明确的乐器及肢体活动，配合曲子节奏设计适合参与者身体状况的动作，以增强参与者的成就感。

触类旁通

通过需求评估，撰写、制订具体的活动方案，提升活动的有效性。可以大型节日为契机，调动老年人的积极性。

课堂练习

练习一：请大家独立完成身心机能及音乐照护的带动活动，能说出该项活动的注意事项。

练习二：请大家独立完成活动策划方案的撰写。

案例分析

案例简介：一位65岁的老年人，在一次交通事故中受伤，失去了记忆。后来一位从事音乐治疗的老师，对他进行了音乐照护服务，一年以后，奇迹发生了，他的记忆能力得到了很好的恢复。

分析：音乐是心灵沟通的桥梁和纽带，所以能够唤起老年人对记忆的恢复。

项目二　心理咨询和心理慰藉服务

任务情境

随着生理功能的减退，老年人面临着社会角色的转变、疾病、空巢、丧偶等事件。许多老

年人适应不良，导致一系列心理问题出现，损害了老年人的身心健康，降低了老年人的生活质量。

情境分析

我国已步入老龄化社会，且老年人人数呈上升趋势，预计到2040年我国将达到老龄化高峰。老年人随着年龄增加引起一系列复杂的退行性变化，导致全身各系统的功能逐渐下降。老年人的心理伴随生理功能的减退而出现老化，产生很多不良的心理问题。了解老年人的心理特点，维护和促进老年人心理健康关系到老年人的健康幸福，关系到整个社会的和谐稳定。

学习探究

任务一　老年人的心理特点

步入老年后，随着自身机体的衰老、神经系统的功能改变，以及社会生活方式的不断变化，退休带来的社会角色改变、失落、和子女的代沟、与社会的脱节和一些负性事件等，导致老年人的心理状态和生理状态发生明显变化。其心理变化如下：

（一）认知功能特点

认知功能老化过程和特点的研究表明，人到60岁以后，体力、大脑和其他生理机能开始退化，包括感觉、知觉、记忆与思维、想象力等，从而引起一系列生理和心理上的退行性变化。这种正常的衰老变化使老年人难免有“力不从心”的感觉，并且带来一些身体不适和痛苦。

（1）感知觉方面，老年人视觉、听觉、味觉、嗅觉和触觉敏锐度逐渐下降，运动灵活性及速度也出现明显的减退，因而学习速度明显变缓，易出现焦虑情绪。

（2）记忆力与思维由于注意力分配不足，对于信息的编码精细程度及深浅度均下降，易出现干扰或抑制记忆的现象。

（3）液体和晶体智力理论提出要区别对待智力结构的不同成分，因为老年化过程中智力减退并不是全面性的，主要表现在液态智力有所下降，晶态智力反而提高。他们在实际生活中解决各种复杂问题的效果仍处于很高的水平，甚至在不少方面超过中青年人。这是由于现实生活中解决问题所需要的往往不是单一的智力成分，而是包含社会经验等非智力因素的综合分析及敏锐判断。

（二）情绪情感特点

情绪与情感是人对客观事物是否合乎自身物质和精神上需要而产生的心理体验。情绪可分为以快乐为主的正面情绪和以痛苦为主的负面情绪。老年人的正面情绪情感包括愉快感、自主感、自尊感等；负面情绪包括紧张害怕、孤独寂寞感、无用失落感以及抑郁等。随着生理功能的逐渐老化、各种疾病的出现、社会角色与地位的改变、社会交往的减少，以及丧偶、子女离家、好友病故等负性生活事件的冲击，老年人经常会产生消极的情绪体验和反应。

老年人常见的不良情绪有以下 4 类：

（1）孤独

老年人离退休后，离开了原先熟悉的社交圈、环境，进入一个陌生的环境，同外界联系较少，加剧了孤独感的产生。

（2）多疑

由于老年人处在一个相对陌生的环境里，会对周围人，特别是会对养老院里的工作人员不信任。因此，我们开展工作时，必须打消老年人对我们的抵触心理，从心底里关心他们。

（3）抑郁

老年人多会产生抑郁心理，对周围漠不关心，喜欢独处，也不爱走动，长此以往肯定对他们不利，必须采取措施使他们活动起来，唤起老年人的兴趣爱好。

（4）易怒

由于对周围的不信任，只要出现了令他们不满的事情，老年人就会出现愤怒情绪。因此，我们要理解老年人的这种心理特点，不要因老年人易怒而生气。

还有一些特殊情况，通过观察就可以知道。

（三）个性变化特点

老年人的个性有独特性、稳定性，还有可变性的特点。由于老年人接受新观念、新事物的速度减缓和不同性质的行为障碍，因此许多老年人被认为个性保守、古板、顽固、多疑、幼稚等。但究其根本原因，是时代与社会的飞速发展，引起了知识结构与观念的迅速更新造成的。一些人格的显著改变，如偏执、多疑、幼稚化、强迫等，则往往与病理生理过程有密切的关联。

（四）动机与需要特点

根据马斯洛的需要层次学说，人有生理、安全、爱与归属、尊重及自我实现等五个层次的需要。老年人的安全需要主要表现为对生活保障与安宁的要求，对养老保障、患病就医、社会治安以及合法权益得到保护的关注。爱与归属的需要主要体现在希望从家庭和社会获得更多精神上的关怀，能融入各种团体，不被社会所遗忘。老年人对尊重的需求主要表现在，希望社会能承认他们的价值，得到社会的尊重和认可，在家庭生活中也要具有一定的自主权，过自信、自主、自立的老年生活。

任务二　心理咨询和心理慰藉服务

一、老年人面临的危机

（一）情感危机

身体上的老化，心理机能的变化，以及社会交往、角色地位的改变，使老年人容易产生失落感、孤独感、疑虑感、抑郁感等消极情绪与情感，如长期得不到疏导，容易诱发严重的精神疾病，威胁身心健康。遭遇重大的生活事件，如丧偶、再婚、丧子、经济困窘等，对老年人的精神打击尤为严重，不仅会留下心灵创伤，引发老年抑郁等心理疾病，还可诱发一些躯体疾病，如冠心病、

中风等，甚至在精神创伤的折磨下，加速衰老和死亡。

（二）社会适应危机

进入老年后，面临退休，社会地位和角色的改变，生活环境和社会关系的转变，人的社会适应性会发生改变。老年人需要适应老年期四个丧失：经济独立的丧失；身心健康的丧失；与家庭、社会关系的丧失；亲朋好友去世，特别是配偶的丧失。老年人对待这些丧失应做到情绪稳定，善于调适，采取正面迎战的态度，如不能很好地解决这些问题，将会诱发社会适应危机。

二、养老机构心理咨询服务内容

为了预防老年心理问题、促进老年心理健康、提高老年生活质量，需要大力开展社区老年心理咨询服务。在进行心理咨询时，要为老年人提供安静、温馨、放松、安全的环境。

（一）心理咨询的方法

老年心理咨询方法根据不同的理论取向可分为行为疗法、认知疗法、森田疗法等。行为疗法以系统脱敏疗法、满灌疗法、厌恶疗法等最为多见。认知疗法多用于网络成瘾、抑郁症、焦虑症的治疗。森田疗法是一种适用于神经质症的特殊疗法，多被运用到强迫症和抑郁症等心理问题的治疗中。

（二）心理咨询的形式

养老机构心理咨询可以采取一对一的、根据来访者的具体心理问题进行分析和指导的个体咨询形式，也可以采取团体咨询的形式。除此之外，还可以提供心理健康教育等其他形式的心理服务，如普及老年心理知识的专题讲座、发放健康资料、制作健康知识宣传栏等。此外，在心理健康教育的基础上，开展结构式团体心理咨询效果更佳。

（三）心理咨询的基本原则

心理咨询主要有六个基本原则：保密原则、避免双重关系原则、促进成长的非指标性原则、情感限定原则、咨询时间地点限定原则、为有咨询意愿的人服务原则。

（四）老年人心理咨询的特点

（1）短期咨询为主。由于老年人身体功能和注意力的下降，常常没有精力和体力去支撑时间过长的心理咨询活动，心理咨询师宜进行短时多次的咨询。

（2）掌握老年医学知识。老年人常有慢性病，很多老年人出现情绪的变化是因为身体疾病的原因，所以心理咨询师需要把老年人的身体状况与心理相结合，从而优化咨询的效果。

（3）培养老年人积极的生活态度。老年人面临着角色转变和社会适应的变化的冲突，很难接受变老和身体衰老的事实，容易产生悲观消极的心理态度。在咨询时，应协助老年人接纳年老的处境，鼓励其抱着乐观的态度，筹划自己的生活，享受乐趣，树立健康的态度，校正一些不合理的观念。

（4）理解老年人的思维与感受。要了解老年人的社会阅历和文化背景，用老年人能接受的语言和思维方式与老年人沟通，让老年人有被理解的感觉，愿意讲述自己的感受。

三、养老机构心理慰藉服务

对于老年人的心理慰藉一定要融入老年人的精神生活，摸清老年人的心理状态，以“静”“情”作为主导进行护理，以情感去安慰老年人。

（一）环境

养老机构和家人要为老年人提供安静、舒适的生活环境，因为良好的环境和气氛有助于老年人身心健康和精神愉快。

（二）陪伴

老年人害怕寂寞和孤独，心理咨询与护理人员作为知心好友的陪伴，能增强老年人对生活的信心和安全感，交谈还能使老年人压抑在心头的情绪得到疏泄，心情逐渐舒畅，进而摆脱不良情绪的困扰。

（三）倾听

耐心听取老年人“吐苦水”。不少人都有“一吐为快”的感觉，把心中不高兴的事都讲出来之后，就会感觉心情舒畅多了。倾听和理解对老年人尤为重要。

（四）疏导

有些患有心理问题的老年人固执己见、不通人情、情绪偏激，影响了他们的认知能力，造成“一叶障目”而“全盘皆黑”的错觉。及时、有效的疏导能帮助当事人走出认知的误区，客观而全面地看问题，清除心理障碍。

四、老年人心理咨询和心理慰藉服务工作重点

老年人心理咨询和心理慰藉服务工作都是为了维护老年人心理健康，但两者工作的侧重点不同，心理慰藉服务一般采用三级预防理论：一级预防是预防心理问题的出现，这是社区心理服务工作的重点；二级预防是在心理问题刚刚萌芽的时候进行调节和干预；三级预防是对心理疾病的治疗。而心理咨询是通过帮助来访者解决各种情感、人际关系问题和心理困惑，使他们学着实现自己设定的人生目标，其工作重点在二、三级预防上。

触类旁通

同学们都学过一些心理学，大家可将老年心理学和管理学的相关内容结合起来理解。本章是全书的重点之一，学习好了对于提高我们的能力非常有帮助。

课堂练习

练习一：谈谈心理咨询对老年人养老的帮助。

练习二：你对老年人的心理慰藉感兴趣吗？

案例分析

案例简介：县城的一家养老机构，请了一位心理咨询专家进行老年人的心理慰藉活动。部门的负责干部去参观以后，提出了一个问题，“这样做有作用吗？”

分析：据经济发达国家的经验，大多数情况下心理慰藉活动是非常有用的，有条件的养老机构应该更多地开展此类服务项目，提高服务质量。

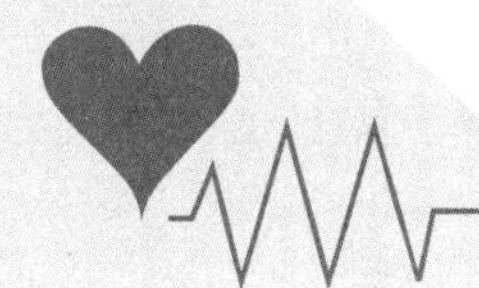

第五篇

养老机构的管理

- 单元十四　安全管理和风险规避
- 单元十五　质量和标准化管理
- 单元十六　信息和系统化管理
- 单元十七　岗位和人力资源管理
- 单元十八　税费保险和财务管理
- 单元十九　不同类型养老机构管理

单元十四　安全管理和风险规避

单元概述

随着我国老年人口的快速发展，养老服务市场基本形成了以社区居家养老为主，机构养老为辅的局面，如今越来越多的老年人选择专业化的养老机构安享晚年。然而，养老机构在运营过程中，难免会出现老年人意外伤害、走失甚至是自杀等问题，因此引发很多纠纷，挫败养老机构经营者的信心。尽管造成老人意外伤害等不良情况有多方面的因素，但是绝大多数的意外伤害事件在发生之前是完全可以预防和避免的。因此，养老机构如何进行风险规避和内部安全管理显得尤为重要。

学习目标

知识目标

（1）能识记风险和安全管理的内涵。

（2）能分析养老机构风险和安全管理的几大元素。

（3）会辨识养老机构的风险类别。

（4）能找出养老机构安全管理中存在的漏洞。

技能目标

（1）能为规避养老机构的风险做好准备。

（2）能让安全管理在养老机构中发挥作用。

（3）能灵活选用有效的规避风险行为、解决纠纷的方式，并懂得如何进行安全管理。

（4）能化解安全问题产生的纠纷。

情感目标

（1）明确老年服务过程中安全的重要性。

（2）具备安全管理的常识。

（3）培养管理者、员工和老年人的风险规避意识和安全意识。

项目一　安全管理制度和安全生产责任制

任务情境

张兰最近在一家新开业的养老机构面试成功，准备做该院的院长助理，今天是小张来到养老院报道的第一天。上班之后，院长让小张先熟悉一下养老院的情况。转了半天，小张发现，养老院里的墙上到处挂的都是老人的作品，有油画、手工艺品、书法作品等，却没有见到一条关于安全的规章制度。见到院长后小张反映了该情况，院长说，安全规章制度全贴在办公室里面，但是那些只是参照其他行业的安全管理制度制定的，没有建立一个适合养老院的制度。接下来，院长

给小张安排了第一项工作任务：建立一个完整的符合养老院特点的安全管理制度和安全生产责任制度。小张从未接触过这些，这让她很苦恼。

任务分析

安全管理制度不仅仅是员工需要学习的制度，入住的老人也应该有所了解，以便在出现紧急情况时配合工作人员科学合理地避险。这既是为处理紧急情况做准备，也是彰显养老机构规范的一种行为。而且安全制度也是国家硬性要求的制度，因此建立安全制度是非常必要的。

学习探究

任务一　安全管理制度的内涵

一、安全管理制度

由于我国养老机构的市场化程度还不高，有关安全的法律法规还不健全，因此，我们必须学习我国有关生产部门的安全制度，逐步建立养老机构的安全管理规范制度。

（一）安全管理制度概述

安全管理主要是控制风险，因此安全管理制度要依据风险制定。一个企业的安全生产管理制度主要包括：安全生产会议制度；安全生产资金投入及安全生产费用提取、管理和使用制度；安全生产教育培训制度；安全生产检查制度和安全生产情况报告制度；“五同时”管理制度；安全生产考核和奖惩制度；岗位标准化操作制度；危险作业审批制度；生产安全事故隐患排查治理制度；重大危险源检测、监控、管理制度；劳动防护用品配备、管理和使用制度；安全设施、设备管理和检修、维护制度；特种作业人员管理制度；生产安全事故报告和调查处理制度；应急预案管理和演练制度；其他保障安全生产的管理制度。

（二）安全管理制度的制定

安全管理制度可以依据以下步骤制定：考虑存在什么风险，需要从哪些方面控制风险；考虑各个环节之间的关系，也就是流程；考虑每个环节实现的具体要求，也就是应用；考虑法律法规的要求，将法律法规的条款转化为制度的内容；考虑制度中需要被追溯的内容，加以记录。

（三）养老机构服务安全基本规范

2019 年 12 月 27 日，国家市场监督管理总局（国家标准化管理委员会）批准发布《养老机构服务安全基本规范》国家标准（2019 年第 16 号），这是我国养老服务领域第一个强制性国家标准（GB 38600-2019），明确了养老机构服务安全的“红线”，有利于防范、排查和整治养老机构服务中的安全隐患，推进养老服务高质量发展。

二、安全生产责任制

（一）安全生产责任制概述

安全生产责任制是经长期的安全生产、劳动保护管理实践证明的成功制度与措施。这一制度与

措施最早见于国务院1963年3月30日颁布的《关于加强企业生产中安全工作的几项规定》（即《五项规定》）。《五项规定》中要求，企业的各级领导、职能部门、有关工程技术人员和生产工人，各自在生产过程中应负的安全责任，必须加以明确的规定。

《五项规定》还要求：企业单位的各级领导人员在管理生产的同时，必须负责管理安全工作，认真贯彻执行国家劳动保护的法令和制度，在计划、布置、检查、总结、评比生产的同时，计划、布置、检查、总结、评比安全工作（即“五同时”制度）；企业单位中的生产、技术、设计、供销、运输、财务等各有关专职机构，都应在各自的业务范围内，对实现安全生产的要求负责；企业单位都应根据实际情况加强劳动保护机构或专职人员的工作；企业单位各生产小组都应设置不脱产的安全生产管理员；企业职工应自觉遵守安全生产规章制度。

（二）安全生产责任制的作用

企业单位的各级领导人员在管理生产的同时，必须负责管理安全工作，认真贯彻执行国家有关劳动保护的法令和制度，对实现安全生产的要求负责。

企业单位都应该根据实际情况设置劳动工作机构或专职安全管理的工作岗位。劳动安全管理工作机构或专职人员的职责是：协助领导组织推动生产中的安全工作，贯彻执行劳动保护的法令、制度；汇总和审查安全技术措施、计划，并且督促有关部门切实按期执行；组织和协助有关部门制订或修订安全生产制度和安全技术操作规程，对这些制度、规程的贯彻执行进行监督检查；经常进行现场检查，协助解决问题，遇有特别紧急的不安全情况时，有权指令先行停止生产，并且立即报告领导进行研究处理；总结和推广安全生产的先进经验；对职工进行安全生产的宣传教育；指导生产小组安全员工作；督促有关部门按规定及时分发和合理使用个人防护用品、保健食品和清凉饮料；参加审查新建、改建、大修工程的设计计划，并且参加工程验收和试运转工作；参加伤亡事故的调查和处理，进行伤亡事故的统计、分析和报告，协助有关部门提出防止事故的措施，并且督促其按期实现；组织有关部门研究执行防止职业中毒和职业病的措施；督促有关部门做好劳逸结合和女工保护工作。

任务二　安全生产责任制基本内涵

一、安全生产责任制的基本要求

为确保企业的安全生产，提高全员的自我保护和保护他人意识，在员工中牢固树立“安全第一”的思想，使员工懂得安全生产的基本知识，掌握安全生产的操作技能。

（一）安全生产责任制安全教育

企业的培训由安全生产管理部门组织实施，各部门的培训由各部门的主要负责人组织实施，班组的培训由各班组长负责组织实施。

（二）安全生产责任制培训计划制订

根据企业制订的年度培训计划，由安全生产管理部门负责制订半年、季度、月度培训计划；各部门、班组根据企业的培训计划，制订相应的培训计划。

（三）安全生产责任制原则

要本着“要精、要管用”的原则，培训应有针对性和实效性。

二、安全生产责任制的内容与形式

（一）安全生产责任制的基本内容

安全生产责任制的基本内容包括安全生产的法律法规、基本知识、管理制度、操作规程、操作技能及事故案例分析等。企业培训以安全生产的法律法规、方针政策、规范和企业的规章制度为主；部门、班组培训以安全操作规程、劳动纪律、岗位职责、工艺流程、事故案例剖析等为主；特种作业人员培训以特种设备的操作规程、特种作业人员的安全知识为主；重大危险源的相关人员培训以危险源的危险因素、现实情况、可能发生的事故、注意事项为主。学习可采取灵活多样的培训形式，如课堂学习、实地参观、实际演练、安全技能比赛、看录像、研讨交流、现场示范等。

（二）安全生产责任制培训学时要求

高危行业主要负责人和安全管理人员的资格培训学时不得少于48学时，每年不得少于16学时；其他行业主要负责人培训不得少于24学时，每年不得少于8学时；新从业人员不得少于24学时（高危行业不得少于48学时），新技术、新工艺、新设备、新材料在使用前，必须进行安全教育培训；新从业人员和转岗人员在上岗前，必须进行安全教育培训，新从业人员必须经“三级”安全教育培训后方可上岗。特种作业人员必须参加有关部门的培训取得特种作业人员操作证，做到持证上岗。

（三）安全生产责任制建立档案

要建立培训台账，培训结束后要将培训计划、培训名单、课程表等有关资料存入培训档案。

情境反馈

通过学习，我们掌握了一个企业该如何建立安全制度和如何实施安全责任制度。小张想要为该养老院制定安全制度和责任制，应该从上述各个方面进行考虑，而且要考虑自身的实际情况，制定出符合生产实际需要的、切实可行的规章制度。

课堂练习

制定一个企业的安全管理制度的步骤是怎样的？

案例分析

小张制定好制度后，利用中午的时间组织公司的员工进行培训学习。老李是养老院的保洁人员，因平时工作很忙，加上年纪大了，中午的时候想睡一小会儿，因此很抵触培训的事情，每次培训时都在座位上呼呼睡觉，有几次居然打出了鼾声，这让小张觉得很不舒服。

分析：出现这种现象是培训认识不足的结果。小张决定找老李谈谈，她向老李说了安全培训制度的重要性和必需性，老李也意识到了培训的重要性，在接下来的培训中老李再也不睡觉了。

项目二　安全设施设备和消防安全实施管理

任务情境

小张制定的养老院安全管理制度中包括第三条—— 设施安全管理：①院长负责敬老院内设施设备的安全性能。②安全工作领导小组每半月进行一次全院性安全工作大检查。③配备一定的消防器材和应急照明灯，确定专人管理。老李在学习时对这一点很不明白，养老院里的消防栓、灭火器和应急照明灯没见到过有专人管理，而且每年基本上只有在市里进行消防检查时院长才会安排人去擦干净，这让老李觉得这些设备可有可无，特别是消防设备储存箱的设置，白白的墙上多出来一个红色的窟窿很难看，而且这些设备还会增加老李的工作量，老李想向院长建议把这些设备挪走。

任务分析

安全设施设备是处理突发危机情况的物资，是必不可少的物品，每年有关单位都会对安全设施进行检查，对于不合格的单位还会予以严重的处罚。养老院中的老人是弱势群体，在处理突发情况时，能力非常有限，而且有的老人思想状况不稳定，极易发生自我伤害事件，因此无论是从国家规定出发还是出于对老人人身安全的考虑，安全设施设备的存在都是非常必要的。

学习探究

任务一　安全设施设备管理

一、安全设施设备概述

安全设施设备是指企业（单位）在生产经营活动中，将危险、有害因素控制在安全范围内，以及减少、预防和消除危害所配备的装置（设备）和采取的措施。

在概念上，我们应该区分设施和设备。一般情况下，设施一般是指固定的建筑，而设备是指小型的可以移动的装置，如空调。

二、安全设施设备的分类

（一）预防事故设施

（1）检测、报警设施：压力、温度、液位、流量、组分等报警设施，可燃气体、有毒有害气体、氧气等检测和报警设施，用于安全检查和安全数据分析等的检验检测设备、仪器。

（2）设备安全防护设施：防护罩，防护屏，负荷限制器，行程限制器，制动、限速、防雷、防潮、防晒、防冻、防腐、防渗漏等设施，传动设备安全锁闭设施，电器过载保护设施，静电接地设施。

（3）防爆设施：各种电气仪表的防爆设施，抑制助燃物品混入（如氮封）、易燃易爆气体和粉尘形成等设施，阻隔防爆器材，防爆器具。

（4）作业场所防护设施：作业场所的防辐射、防静电、防噪声、通风（除尘、排毒）、防护栏（网）、防滑、防灼烫等设施。

（5）安全警示标志：包括各种指示、警示作业安全和逃生避难及风向等警示标志。

（二）控制事故设施

（1）泄压和止逆设施：用于泄压的阀门、爆破片、放空管等设施、用于止逆的阀门等设施，真空系统的密封设施。

（2）紧急处理设施：紧急备用电源，紧急切断、分流、排放（火炬）、吸收、中和、冷却等设施，通入或者加入惰性气体、反应抑制剂等设施，紧急停车等设施。

（三）减少与消除事故影响设施

（1）防止火灾蔓延设施：阻火器、安全水封、回火防止器、防油（火）堤、防爆墙、防爆门等隔爆设施，防火墙、防火门、蒸汽幕、水幕等设施，防火材料涂层。

（2）灭火设施：水喷淋、惰性气体、蒸汽、泡沫释放等灭火设施，消火栓、高压水枪（炮）、消防车、消防水管网、消防站等。

（3）紧急个体处置设施：洗眼器、喷淋器、逃生器、逃生索、应急照明等设施。

（4）应急救援设施：堵漏、工程抢险装备和现场受伤人员医疗抢救装备。

（5）逃生避难设施：逃生和避难的安全通道（梯）、安全避难所（带空气呼吸系统）、避难信号等。

（6）劳动防护用品和装备：包括头部，面部，视觉、呼吸、听觉器官，四肢，躯干防火、防毒、防灼烫、防腐蚀、防噪声、防光射、防高处坠落、防砸击、防刺伤等免受作业场所物理、化学因素伤害的劳动防护用品和装备。

任务二　消防安全实施管理

一、安全设施设备重点检查

养老院因其客户群体类型的特殊性，是安全设施设备重点检查单位，故要求上述设施设备齐全。建立一个完善的管理制度，能达到事半功倍的效果。消防工作是众多的安全设施设备管理中最重要的一环。养老院消防安全设备管理流程提要：确保消防洒水系统由专业的公司或个人至少一年检查一次，将检查文件副本保存在行政管理文档中，并在预防性维修记录上记载检查情况。

二、养老院消防安全设备管理流程

（1）管理者应按照国家或当地消防部门的要求保存一份所有消防安全设备的检查、测试和认证清单。

（2）关于适用法规的问题和要求的说明应该询问消防队长。与当地消防队长或消防部门的其他

代表建立良好的工作关系是非常重要的。

（3）在预防性维护记录上记载所有如下要求的检查、测试和认证（见维修制度和流程手册上的预防性维修部分）。

1）烟雾探测器 / 消防警报系统。确保烟雾和一氧化碳警报器安装正确并每月按计划进行测试。确保消防警报系统测试每年进行一次，也可视个人或公司要求增加次数。当一个具备资质的公司进行所需的系统测试时，公司应该向相应机构提交所有必要的文件。在行政管理文档里保存一份检查文书副本。该服务应载入预防性维修记录。在检查中发现消防警报系统和烟雾探测器的任何问题应立即修复。进行系统检查的签约公司亦可负责必要的维修，或者找专业的个人或公司及时进行维修。

2）消防洒水系统。确保消防洒水系统由专业的公司或个人至少一年检查一次。将检查文件副本保存在行政管理文档中，并在预防性维修记录上记载检查情况。如果消防洒水系统出现任何问题，立即进行必要的修理。

3）灭火器。维修人员应确保将充满干粉的灭火器放置在所有指定位置并按照当地消防法规在灭火器上贴上标签。所有灭火器必须每年由专业公司进行测试和认证，或按照当地消防部门的要求进行。进行检查的公司需向有关部门提交所有必要的文件。在预防性维修记录上记载所有灭火器检查情况。在发现有坏掉的灭火器后应尽快修理或更换。

4）安全出口标志。必须定时对安全出口标志进行检查以确保照明灯箱得到妥善的修理且没有坏掉的灯泡。

触类旁通

通过学习，老李知道了养老院安全设施设备存在的必要性，再擦拭消防设备时觉得非常有劲头。老李曾自豪地说过，别看我擦掉的是尘土，我保障的可是所有人的生命安危。

课堂练习

练习题：安全设施设备的分类有哪些？

案例分析

案例简介：2015 年 5 月 25 日，河南省平顶山市鲁山县城西琴台办事处三里河村的一个老年康复中心发生火灾。26 日上午河南省平顶山市鲁山县城西琴台办事处三里河村老年康复中心火灾情况新闻发布会召开，新闻发布会上了解到的消息是，当时的死亡人数是 38 人，重伤是 2 人，轻伤是 4 人。目前重伤的 2 人已经转移到了平顶山平煤总医院进行治疗，轻伤的 4 人也在鲁山县人民医院进行积极的救治。

根据了解到的情况，这个发生火灾的康乐园老年中心是 2010 年 12 月份经过政府部门批准成立的正规的养老中心，过火的区域一共有床位 51 个，发生火灾时有 44 人居住。

分析：上述案例给我们两大教训。①养老机构的管理部门应该加强安全管理。②经营者要增强安全意识，加强安全检查工作。

项目三　自然灾害防范和疏散

任务情境

2003年的夏天，是欧洲最热的一个夏天，气温多次突破纪录。热浪危害多个国家的居民健康，并结合干旱造成作物短缺，令南欧共有35 000人丧生。在法国就有14 802人死于此次热浪，其中大部分是老人。

情境分析

高温、高寒等这些自然界的变化引起的突发事件，是人类无法预测和抗拒的。养老院里的老人，因为年龄的增长，机体抵抗外界的能力变得很弱，作为养老机构的管理者，最好从预防入手，包括硬件条件的预防，以及自我救护技术和能力的增强两方面。

学习探究

任务　自然灾害防范和应急疏散

建立完善的自然灾害防范和疏散管理组织，确保发生灾害时将损失降到最低。自然灾害应急工作领导组织机构包括组长和组员。自然灾害应急成员的责任分工如下：组长负责定时召开自然灾害应急工作领导小组会议，传达上级相关文件与会议精神，部署、检查落实消防安全事宜。同时负责各具体负责组织对紧急预案的落实情况，未雨绸缪，做好准备，保证完成院领导部署的各项任务。

工作组组长具体负责火险发生时全院突发事件的处理、报告、监控与协调，保证领导小组紧急指令的畅通和顺利落实；做好宣传、教育、检查等工作，努力将自然灾害事故减小到最低限度。

消防安全领导组织机构下设通信联络组、行动组、抢救组、紧急疏散组，分别具体负责通信联络、组织救灾、抢救伤员、疏散人员等工作。

（1）通信联络组。自然灾害发生时，负责立即电话报告院自然灾害应急工作组和上级相关部门，以快速得到指示，视灾害情况拨打119，广播告知全体在院人员，抢险救灾。

（2）行动组。包括组长一名和若干成员。负责设施完善和用具准备，负责检查全院各办公室、宿舍、厨房、活动室、医务室、锅炉房和猪舍等地的用电、用火安全；灾害发生，立即参加救火救灾工作。

（3）抢救组。包括组长和组员。负责做好及时送往医院的准备工作，负责火险发生时受伤人员及救火人员伤痛的紧急处理和救护。

（4）紧急疏散组由抢险救灾总指挥部负责人。包括组长、成员构成，负责制订紧急疏散方案，明确逃生途径与办法指导，负责人员紧急疏散中的安全；负责逃生途径与办法的培训与指导；宿舍

发生紧急情况时及时告知老人，负责协助老人疏散与逃生。

各组按照组长的指挥相互配合，妥善做好防灾工作。

触类旁通

建立完善的预防机制，建造良好的防灾工作组织，通过设备、组织和人的良好结合，降低自然灾害引发的伤害水平。定时定量地进行防灾工作的演练，使工作人员和入住的老人能做到面对灾害不慌张、不害怕，有秩序地撤离。防灾人员面对灾害时，要能控制局面，进行妥善处理。

课堂练习

练习题：自然灾害的特点有哪些?

案例分析

案例简介：中国日报网 8 月 31 日电，据日本放送协会（NHK）网站报道，日本东北部岩手县岩泉町遭遇洪水袭击，造成 9 名老人死亡。目前，警方正试图确认这些老人的身份。当地时间 8 月 31 日，警察在岩泉町一家养老院发现了 9 具尸体。警方称所有遇难者都是老年人，且很有可能都住在这家养老院。该养老院位于一条河边。8 月 30 日台风“狮子山”袭击这一区域后，河水决堤，该养老院和与其同在一个建筑群内的另一家护理机构都被洪水淹没。岩泉町官员称，他们最先于 30 日晚接到了一家护理机构的人员打来的电话。据悉，该员工告诉当地官员，他们所处的机构中所有住宿者和员工都已转移到建筑物的 3 层，但另一家名为 RanRan 的养老院的人员没能完成转移。岩手县方面称，RanRan 是一家供患有阿尔茨海默症的老年人居住的养老院，其建筑是木制的，且只有一层。数据显示，有 9 名老人住在那里，另有 10 名护理人员照顾他们。

分析：从这则事例中我们可以看出，在建造养老院之初位置的选择、建筑材质的选择、建筑的设计等都会影响到后续的安全工作。因此，作为管理者我们不仅要做好对应的处理机制，更应该因时因地地分析好自身的环境特点，做好最全面的预防。

项目四　突发事件防范和处置

任务情境

去年年初，一位八旬老人入住秦淮区某养老院，院方建议其子女为高龄父亲购买“意外伤害险”，但对方以“父亲身体健康，独居在家买菜做饭都能自理”为由，拒绝购买保险，并连同拒绝了院方提议的“全护理”。入住该院 85 天后，老人上楼梯时后脑着地摔倒，3 天后去世。家属随后将养老院告上法庭。秦淮区法院开庭判决养老院支付老人家属 9.73 万元，院方负责人认为自己无责不服判决，向南京市中级人民法院提请上诉，随后，南京 40 多家养老院院长纷纷声援。市中院开庭审理两次，并有意让双方庭下调解，被杨老夫妇拒绝。随后，市中院认为：原审判决中认定事实错误，此案发回秦淮区法院重审。

任务分析

事发的养老院在老人入院之初已经做过对后续可能遇到的风险的预防工作，但是因家属的拒绝，该项预防措施未能成功实施。面对这种情况，我们又该如何去预防和处置呢？

学习探究

任务　突发事件防范和处理

一、突发事件的预防

要想有效预防突发事件，应健全预警体系，加强应急管理工作。突发事件发生前的预防是突发事件管理的重点，预防是突发事件管理中最简便、成本最低的方法。各部门应健全监测、预防工作，及时收集各种信息，并对这些信息进行分析、辨别，有效觉察潜伏的危机，对危机的后果事先加以估计和准备，预先制订科学而周密的危机应变计划，建立一套规范、全面的危机管理预警体系。各部门明确责任，对危机采取果断措施，为危机处理赢得主动权，从而预防和减少突发事件及其造成的损失，保障人民群众生命财产安全，维护社会稳定发展。各部门加强协调，对突发事件迅速做出反应。

二、突发事件的处理

（一）正确认识突发事件预防和处理的关系

一般情况下，突发事件都具有灾害性的后果，无论是自然的还是人为突发事件都需要我们认真应对。突发事件具有偶然性和危害性，因此我们只有通过提高认识来解决。最基本的方法就是通过应对突发事件演练和培训来实现，一般一年进行两次为宜。

（二）突发事件处理

养老院应该建立突发事件应急反应机制，进一步明确各部门的职责，将部门协调行动制度化，以保障各部门和领导能在第一时间对危机做出判断，迅速反应，政令畅通，各部门协调配合，临事不乱。各部门要树立大局意识和责任意识，不仅要加强本部门的应急管理，落实好自己责任范围内的专项预案，还要按照总体应急预案的要求，做好纵向和横向的协同配合工作。

触类旁通

触电的处理：①一旦发现有人触电，应立即关闭电源，若无法及时关闭电源，应使用干燥的竹竿等绝缘物体调开电线，切记不可用潮湿的物体。②将触电者转移至通用开阔地带，并拨打 120 报

警电话，触其口鼻判断是否有呼吸，摸其颈动脉有无搏动。③若无搏动迹象，且无呼吸，需进行人工呼吸和胸外按压，进行急救，直至伤者送到医院进行抢救。

课堂练习

练习：如何预防突发事件?

案例分析

案例简介：某养老院发生了一次老人自己用火不慎烧伤事故，老人和养老院因无法协商好赔偿问题而上诉法院，养老院为了维护自己的利益，在接收老人时都会与老人及其家属签署免责协议，诸如“凡入住老人自行发生烧伤、摔伤等，由自身负责，甲方不负责”。结果养老院败诉，因为根据合同法及有关法律规定，合同中即使有免责条款也是无效的。

分析：为了避免不必要的麻烦，老年人或家属最好与养老院签订正式的书面合同，对养老院的看护义务予以明确约定。同时，养老机构要加强制度建设，严格监督管理机制。针对老年人的生理特点改善养老院的居住条件，增加便于他们生活的各种设施，减少意外的发生。在实际生活中，养老机构对老年人在日常生活中发生的意外事故应该承担相当的责任，只不过在合同中规定得明确一些，养老机构承担的责任便会相对少些。

项目五　常见事故的防范和处理

任务情景

某养老院一位老人发生触电事故，大家都紧张了起来。事情是这样的：老人用带金属的拐杖去拨电线，结果触电受伤。

情景分析

这位老年人有一些预防触电的常识，知道用棍子去拨开电线，他的拐杖外表是塑料，但里面是金属，因为塑料磨损，金属的部分露出触电了。

学习探究

任务一　养老机构内部常见事故处理

一、用电事故

电流对人体的损伤主要是电热所致的灼伤和强烈的肌肉痉挛，极易影响到呼吸中枢及心脏，引起呼吸抑制或心搏骤停。严重电击伤可致残，直接危及生命。

（一）应急要点

一旦发现有人触电，应立即拉下电源开关或拔掉电源插头，若无法及时找到电源开关断开电源，可用干燥的竹竿、木棒等绝缘物挑开电线，使触电者迅速脱离电源。切勿用潮湿的工具或金属物拨电线，切勿用手触及带电者，切勿用潮湿的物件搬动触电者。

将脱离电源的触电者迅速移至通风干燥处仰卧，将其上衣和裤带放松，观察触电者有无呼吸，摸一摸颈动脉有无搏动。若触电者呼吸及心跳均停止，应在做人工呼吸的同时实施心肺复苏抢救，并及时拨打电话呼叫救护车送医院，途中绝对不能停止施救。

（二）基本方法

电力部门事故应急抢修电话号码为95598（全国统一）。10千伏、35千伏、110千伏、220千伏、500千伏设备不停电时的安全距离分别是0.7米、1.0米、1.5米、3米、5米。如果发生电器着火，一时无法扑灭，应迅速拨打119报警。禁止在电线杆拉线上拴家畜、系绳子、晾衣物等。切勿用湿手拔、插电源插头，不要用湿布擦拭带电的灯头、开关、插座等。不得私拉乱接电源。

二、燃气或液化石油气钢瓶泄漏事故

燃气或液化石油气钢瓶发生泄漏，可导致中毒，甚至引发火灾爆炸。

（一）应急要点

一旦发生燃气或液化石油气钢瓶泄漏或着火，应迅速关闭气阀，然后打开门窗通风，切勿触动电话、室内电器开关。如气瓶泄漏无法制止，应立即将气瓶移至室外通风良好且无明火的安全地方，离开泄漏房间及时拨打供气单位维修电话或110/119报警。

（二）基本方法

使用取得生产许可证的厂家制造的合格炉灶及附件。用信誉好、服务好的瓶装液化石油气充装单位提供的气瓶和气体。在燃气使用过程中绝对不能离人。

三、饮用水污染事故

（一）应急要点

当饮用水被污染时，应立即停止使用，及时向卫生监督部门或疾病预防控制中心报告情况，并告知物业部门和周围邻居停止使用。用干净容器留取3～5升水作为样本，提供给卫生防疫部门。如不慎饮用了被污染的水，应密切关注身体有无不适，如出现异常，应立即到医院就诊。

（二）基本方法

接到政府管理部门有关水污染问题被解决的正式通知后，才能恢复使用饮用水。不要自行改装自来水管道。饮水机要定期清洗和消毒。

四、火灾事故

（一）应急要点

养老院火灾一般是由于管理人员和老年人疏忽大意造成的，常常事发突然，由于养老院人口集中，后果往往比较严重。

电器起火时，应先切断电源，再用湿棉被或湿衣服压灭；电视机或计算机起火，灭火时要特别注意从侧面靠近，以防显示屏爆炸伤人；逃生时不要留恋室内财物，如已脱离室内火场，千万不要为财物而返回室内；逃生时要尽量放低身体，最好是沿墙角蹲式前进，并用湿毛巾或湿手帕等捂住口鼻，背向烟火方向迅速离开。

（二）基本方法

不要随意乱扔烟蒂，应把烟蒂掐灭在烟缸内。不要在酒后、疲劳时或临睡前躺在床上或沙发上吸烟。外出时、临睡前要熄灭室内外的火种，关闭煤气、液化气的阀门。不要私拉乱接电线，不要在公寓内违规使用大功率电器和明火，使用家用电热器具时人不能离开，也不要用灯泡取暖烘烤衣物。

五、侵害事故

这里所说的侵害事故主要是指街头抢夺、抢劫。抢夺是以非法占有为目的，乘人不备，公开夺取公私财物的行为。抢劫是指用暴力夺取他人财物的行为。“两抢”案件具有发案多、频率高、侵害面广的特点，社会危害较大。

（一）应急要点

在人员聚集地区遭到抢劫，被害人应大声呼救，震慑犯罪分子，同时尽快报警。在僻静地方或无力抵抗的情况下遭到抢劫，应放弃财物，保全人身；待处于安全状态时，尽快报警。尽量记住歹徒人数、体貌特征、口音、所持凶器、逃跑车辆车牌号及逃跑方向等情况，同时尽量留住现场证人。

（二）基本方法

到银行存取大额款项时应尽量有人陪同，最好以汇款方式代替提取大量现金；输入密码时，应防止他人窥探；不要随手扔掉填写有误的存、取款单；离开银行时，应警惕是否有可疑人员尾随。不随意暴露钱财及贵重物品。上街时，请将手提包、移动电话、金项链等贵重物品牢固掌握在自己手（身）上，使作案者难以轻易抢走。打电话或在一个地方等人应尽量保证背后的安全，要注意自己前后的车辆及行人的动态变化。

六、入室盗窃与抢劫

（一）应急要点

夜间遭遇入室盗窃，要呼叫互救，或拨打 110 报警，切不可一时冲动单打独斗，造成不必要的人身伤害。公寓无人时遭遇盗窃，发现后应立即报警，不要翻动现场。遭遇入室抢劫，受害人应放弃财物，以确保人身安全。

（二）基本方法

老年人之间要互相照应，当遇到陌生人在住所附近徘徊时，一定要多加小心，必要时进行监视、盘查或拨打 110 报警。要妥善保管好自己的财物。要认真辨别上门推销员、维修工、家政服务员等的身份，不要让陌生人进屋。钥匙要随身携带，不要乱扔乱放，以免给犯罪分子创造取得钥匙的机会；丢失钥匙要及时更换门锁。增强自我防范意识，保护好所有私人信息，不要在公众场所夸大、炫耀财富。

任务二　养老机构外部发生险情处理

一、公共场所突发险情

（一）应急要点

发生拥挤或遇到紧急情况时，应保持镇静，在相对安全的地点短暂停留。注意收听广播，服从现场工作人员引导，尽快从就近安全出口有序撤离，切勿逆着人流行进或抄近路。在人群中不小心跌倒时，应立即收缩身体，紧抱着头，最大限度地减少伤害。

（二）基本方法

进入公众场所时，要提前观察好安全通道、应急出口的位置。去参加大型集会，要经常穿平底鞋，以保持身体的平衡，防止摔倒。人群拥挤时，要用双手抱住胸口，以免内脏被挤压而受伤，能靠边走最好靠边，以便减少人群压力。

二、气象和洪水灾害

（一）应急要点

台风预警信号根据逼近时间和强度分四级，分别以蓝色、黄色、橙色和红色表示。龙卷风是从积雨云中伸下的猛烈旋转的漏斗状云柱。

（二）基本方法

做好防风准备，注意有关媒体报道的热带低压最新消息和有关防风通知。把门窗、围板、临时搭建物等易被风吹动的搭建物固紧。关紧门窗，处于危险地带和危房中的人员，应到避风场所避风，切勿外出；危险地带人员应撤离。切断室外危险电源。停止露天集体活动，立即疏散人群。当风力减小或静止一段时间时，切记强风可能会突然吹袭，应继续留在安全处多避一时。

三、雷电灾害

（一）应急要点

注意关闭门窗，远离门窗、水管、煤气管等金属物体。关闭家用电器，拔掉电源插头，防止雷电从电源线入侵。在室外时，不要在空旷的野外停留。在野外无处躲避时，应尽量寻找低洼处（如土坑）藏身，或者立即下蹲，降低身体的高度。远离孤立的大树、高塔、电线杆、广告牌等。立即停止室外游泳、划船、钓鱼等水上活动。如多人共处室外，相互之间不要挤靠，以防被雷击中后电流互相传导。

（二）基本方法

在户外不要使用手机。对被雷电击中人员，应立即采用心肺复苏法抢救。雷雨天尽量少洗澡，太阳能热水器用户切忌用其洗澡。

四、暴雨灾害

（一）应急要点

暴雨预警信号分三级，分别以黄色、橙色、红色表示。

（二）基本方法

遇到暴雨灾害，应暂停户外作业，人员尽可能停留在室内或者安全场所避雨。危险地带以及危房中的人员要转移到安全场所避雨。

五、洪水灾害

（一）应急要点

突然遭到洪水袭击时，要沉着冷静，并以最快速度转移。安全转移先人员后财产，切不可心存侥幸或救捞财物而贻误避灾时机，造成不应有的人员伤亡。

被洪水围困时，有通信条件的，可利用通信工具寻求救援；无通信条件的，要设法向外界发出紧急求助信号，可制造烟火、来回挥动颜色鲜艳的衣物或集体呼救，不断向外界发出紧急求助信号；同时要寻找体积较大的漂浮物等采取自救。

当住宅遭受洪水淹没或围困时，应迅速向屋顶转移，并想办法发出呼救信号，条件允许时，可利用竹木等漂浮物转移到安全的地方。

对于因呛水或泥石流、房屋倒塌等导致的受伤人员，应立即清除其口、鼻、咽喉内的泥土及痰、血等，排除体内污水。对昏迷伤员，应将其平卧，头后仰，将舌头牵出，尽量保持呼吸道畅通，如有外伤应采取止血、包扎、固定等方法处理，然后转送医院急救。

（二）基本方法

严禁乱砍滥伐、乱采乱挖、毁林开荒等破坏自然生态的行为。大灾过后往往伴随疫情发生，应积极主动做好疫病防治工作，加强粪便、农药及鼠药等的管理，要特别重视食品和饮用水的安全。

六、地震灾害

（一）应急要点

住在平房的居民遭到地震时，如室外空旷，应迅速头顶保护物跑到屋外；来不及跑时可躲在桌下、床下及坚固的家具旁，并用毛巾、衣物捂住口鼻防尘、防烟。住在楼房的居民，应选择厨房、卫生间等开间小的空间避震；也可躲在内墙根、墙角、坚固的家具旁易于形成三角空间的地方；要远离外墙、门窗和阳台，不要使用电梯，不要跳楼。尽量避开高大建筑物、立交桥，远离高压电线及化学、煤气等工厂或设施。正在野外活动时，应尽量避开山脚、陡崖，以防滚石和滑坡；如遇山崩，要朝远离滚石前进方向的两侧跑。正在海边游玩时，应迅速远离海边，以防地震引起海啸。身体遭到地震伤害时，应设法清除压在身上的物体，尽可能用湿毛巾等捂住口鼻防尘、防烟；用石块或铁器等敲击物体与外界联系，不要大声呼救，注意保存体力；

设法用砖石等支撑上方不稳的重物，保护自己的生存空间。参加震后搜救时，应注意搜寻被困人员的呼喊、呻吟和敲击器物的声音；不可使用利器刨挖，以免伤人；找到被埋压者时，要及时清除其口鼻内的尘土，使其呼吸畅通；已发现幸存者但解救困难时，首先应输送新鲜空气、水和食物，然后再想其他办法救援。

（二）基本方法

遇到地震要保持镇静，不能拥挤乱跑。震后应有序撤离。已经脱险的人员，震后不要急于回屋，以防余震。对于震动不明显的地震，不必外逃。遭遇震动较强烈的地震时，是逃是躲，要因地制宜。关注政府发布的最新消息，不听信和传播谣言。

七、交通事故

（一）应急要点

遇到道路交通事故，不要惊慌失措，要保持冷静，利用电话、手机拨打 122 交通事故报警电话（高速公路交通事故拨打 12122）和 120 急救中心报警电话。

报警时要说清事发时间、地点及事故的大致情况；在交通警察到来前，要保护好现场，不要移动现场物品；交通事故造成人员伤亡时，当事人不要与车方私了，以免事后伤情恶化，后患无穷；遇到肇事车逃逸时，要记下车牌号码、车身颜色等特征，及时向当地公安机关举报，为侦破工作提供依据和线索。

机动车在高速公路上发生故障或交通事故时，应在故障车来车方向 150 米以外设置警示标志，车上人员应迅速转移到右侧路肩上或应急车道内，并迅速报警。遇有人身伤亡事故时，在无人救助的情况下，要尽可能将伤者移至安全地带，以免再次受伤；暴露的伤口要尽可能先用干净布覆盖，再进行包扎，以保护好伤口；利用身边现有材料如三角巾、手绢、布条折成条状缠绕在伤口上方，用力勒紧，可以起到止血作用。

（二）基本方法

（1）要走人行横道、过街天桥、地下通道，禁止跨越双黄线。在没有上述设施的路段，要注意观察道路车辆情况，注意避让来车，在确保安全的情况下通过。

（2）行人横穿马路，不能斜穿猛跑。过马路要先看左后看右，确保安全再通过。车辆临近时不要突然横穿马路。

八、食物中毒

（一）应急要点

出现食物中毒症状或者误食化学品时，应立即停止食用可疑食品，喝大量洁净水以稀释毒素，用筷子或手指伸向喉咙深处刺激咽后壁、舌根进行催吐，并及时就医。了解与病人一同进餐的人有无异常，并告知医生。向所在地疾病预防控制机构或卫生监督机构报告。

（二）基本方法

不吃不新鲜或有异味的食物。不要自行采摘蘑菇、花菜或不认识的植物食用。扁豆一定要炒熟后再吃，不吃发芽的土豆。从正规渠道购买食用盐、水产品及肉类食品。生熟食物要分开存放，水产品以及肉类食品应炒煮熟后再吃。不要用饮料瓶盛装化学品，存放化学品的瓶子应有明显标志，并存放在隐蔽处，以避免辨别不清而饮用。发生食物中毒后应尽可能留取食物样本，或者保留呕吐物，供化验使用。食物中毒病人，必须立即送往医院抢救，不要自行随意服药。

触类旁通

上述讲了关于养老机构内外的应急事故和灾害预防，丰富全面，大家需要融会贯通。

练习题

课堂讨论题：请你讲讲应对各类突发事故的关键。

案例分析

案例简介：某市一家养老机构发生火灾，工作人员去取灭火器使用时，发现灭火器不能产生泡沫。结果造成较大的灾害，重伤两人，轻伤 11 人。

分析：我们应该牢记，任何安全设备都应该保持良好状态。

项目六　老年人安全保障

任务情境

陈阿婆 85 岁，身体虚弱，常有不适。9 年前，她因突发脑梗死以致生活不能自理。陈阿婆的儿子王大伯也已到花甲之年，家里还有病重的老伴，因此无法日夜守候在母亲床边照顾。

为了让母亲的晚年生活能够得到细致、全面的护理，王大伯将陈阿婆送入一家颇有名气的养老院，要求以一级护理等级为陈阿婆提供护理服务。在办理入住手续时，王大伯特意交代养老院的负责人，陈阿婆患有脑梗死、糖尿病、冠心病、高血压等多种疾病，需要时时看护并小心照顾。同时，他还嘱咐负责看护陈阿婆的护工，一旦陈阿婆有任何不适或者其他任何问题，都需要随时与自己联系。一天晚上，到了陈阿婆该休息的时间，护工照例要将坐在轮椅上看电视的陈阿婆抱扶到床上。不想在抱扶的过程中，陈阿婆的身体磕撞到了床架，摔倒在地。起初，陈阿婆并没有什么特别的反应，但到了后半夜，陈阿婆在睡眠中被痛醒。

第二天下午，养老院致电王大伯，告知其前一晚发生的事情经过。王大伯听闻母亲受伤，立刻赶到养老院并将陈阿婆送至医院救治。

情境分析

养老院明知陈阿婆行动不便，却未提供相应的保护器具，也未以足够的谨慎加以防护，以致老人在护工抱扶过程中摔倒受伤。可见，养老院违背了“妥善护理”义务，需为陈阿婆人身受损承担赔偿责任。作为提供专业养老服务的机构，养老院应当具有了解其护理对象的身体情况和行动能力的专业能力和义务。同时，在日常的护理过程中，就如何有针对性地实施护理并减少伤害情况的发生，具有较非专业护理人员更强的预知性和专业性，那么，养老院应从哪些方面保障老人的安全呢?

学习探究

任务一　老年人安全概述

一、老年人安全保障概述

安全是指没有受到威胁，没有危险、危害、损失。人类的整体与生存环境资源的和谐相处，互相不伤害，不存在危险、危害的隐患，是免除了不可接受的损害风险的状态。安全是在人类生产过程中，将系统的运行状态对人类的生命、财产、环境可能产生的损害控制在人类能接受水平以下的状态。

二、老年人安全的特殊性

（一）老年人是人类的特殊群体

老年人作为人类群体的一部分，其安全保障是特殊的，而且包含的内容也较多。

（二）老年人是弱势群体之一

由于老年人生命功能衰退，老年人身体的各部分器官逐步退化，生活能力不断下降，同时我国的基本国情导致形成空巢老人较多的状态，因此安全防护尤为重要。

任务二　机构内部老年人安全

一、养老机构安全基本规范

（一）养老机构安全防护基本规范

加强领导，落实安全防范措施；加强隐患排查，预防安全事故发生；加强养老机构安全设施建设和人员培训，保证老年人生命安全。

（二）养老护理员安全防护基本规范

严格遵守安全管理制度；坚持安全第一，预防为主；遵守用电安全规定；加强生活用火管理；加强环境清洁卫生；加强食品卫生；配合防暑降温防汛；严格执行请销假制度；严禁私自组织老年人外出；坚决执行安全值班制度；发现安全隐患及时报告处理；接受安全培训保证老年人生命安全。

二、养老机构安全防范基本知识

（一）预防跌倒的相关知识及措施

常见原因：身体衰老，机能下降；疾病原因；药物影响；环境因素。

预防跌倒的相关知识及措施：选择合适的衣服；创造适宜的环境；进行行走训练；陪伴看护。

（二）预防坠床的相关知识及措施

常见原因：意识障碍；护理不当。

预防措施：加强防范；加强巡视；加强协作，正确护理。

（三）预防走失的相关知识及措施

常见原因：老年人患阿尔茨海默症等疾病原因；生活矛盾纠纷。

预防措施：加强看护工作，配备适当的仪器防止老年人走失；在老年人的衣物上留下个人信息和联系方式；及时报警。

（四）预防噎食的相关知识及措施

常见原因：身体机能的衰退导致咀嚼吞咽功能下降；疾病原因；进餐情绪不稳定；食物形状的问题；进餐速度过快；体位不当。

预防措施：采取适当的体位；稳定情绪；提供适合老年人的食物形态；放慢进餐速度；适当饮水，促进唾液分泌；进行口腔体操等饭前准备活动。

（五）预防烫伤的相关知识及措施

常见原因：取暖温度过热，局部受热时间过长；发生意外烫伤（热水、食物、引燃物品、护理不当）；机体老化，耐热性降低。

预防措施：取暖时控制好温度；注意防止意外的发生。

触类旁通

入院前详细了解入住老年人的情况是十分重要的。了解老年人的情况后，养老机构应该按照老年人的实际情况，为老年人制订一份详细的照护方案，避免伤害的发生。此外，养老护理员目前仍是入职门槛很低的职业，但是其肩负的责任却很重，良好的护理技术能够防止安全事故的发生。面对这种情况，养老机构经营者要积极采取相应举措吸引高素质的优秀人才。

课堂练习

养老护理员安全防护基本规范有哪些?

案例分析

案例简介：龙大爷 88 岁了，由于记性不好，将存单、存折上的账号、密码等记在日记本或其他秘密记事本上，存单、存折同本子及身份证、户口簿等放在一起。有一天一位中年男子，以检查燃气炉安全名义进入家中，把龙大爷的存折、密码、记事本及 58 000 元现金偷走。

分析：老年人的重要东西应该分开存放，应该是身份证、存单存折和记事本分别放在三个不同的地方，才能确保安全。

单元十五　质量和标准化管理

单元概述

中国经济发展和人民生活水平快速提高，人口老龄化、高龄化程度不断加剧，传统的家庭养老模式已经面临巨大压力和挑战，越来越多的失能老年人需要依靠养老机构的专业化养老护理服务来维持老年生活，而且对养老服务质量和标准的追求越来越高。推广和普及养老机构服务质量和标准化管理，成为养老机构的发展趋势，不仅能赢得客户满意，还能推动养老事业的稳步发展。目前，在国家对养老政策的重视与支持下，社会养老机构的数量迅猛增加，规模和质量高低不一、等级不同，人员、设备、设施配置也不同，需要研究、学习和应用养老机构质量等级划分和评定标准。

学习目标

知识目标

（1）掌握养老机构服务质量基本规范。

（2）掌握养老服务机构服务质量要求与标准。

（3）了解养老服务机构服务质量星级划分和评定标准。

技能目标

（1）能够按照《养老机构等级划分与评定》标准和要求，规范养老服务机构员工行为、服务流程、设备设施和经营管理。

（2）知道如何提高养老机构服务档次和客户满意度。

情感目标

（1）要树立“质量就是生命”的理念。

（2）要牢固树立养老服务的质量直接关系到老年人的生命和身体健康安全，任何轻视行为都是严重失职，甚至是犯罪的理念。

（3）要培养“关爱入住的老年人，就像关爱自己的父母一样”的职业情感。

项目一　养老机构服务质量要求与标准

任务情景

何大爷今年73岁，是一名退休老师，由于患有风湿性关节炎，来到养老机构的时候，走路一瘸一拐，经过养老院的精心调理，尤其是参与康复训练和体育锻炼，三个月后，参加了养老

院的老年太极拳队，还外出表演。养老院的老人对养老院的健康管理称赞有加，服务满意度已达85%。你知道养老服务机构服务质量有哪些要求和标准吗？

任务分析

制定养老机构服务质量标准，目的在于推广养老服务质量标准，促进养老服务质量的提高，对满足社会发展和人民生活需要都有重要意义。养老机构服务质量标准有利于加强养老服务行业管理水平，帮助老年人选择适当的星级养老服务机构作为养老服务的提供者。

学习探究

任务一　养老机构服务质量要求

按照《养老机构服务质量基本规范》（GB/T 35796-2017）和民政部、公安部等六部的《关于开展养老院服务质量建设专项行动的通知》（民发［2017］51号）的要求，服务质量是服务能够满足规定和潜在需求的特征和特性的总和，核心是满足老年人的需要。服务标准是为达到某项服务工作要求所制定的标准。服务质量标准是规定服务特征的定量、定性质量指标和要求的标准文件。

一、服务基本要求

（1）行为规范要求。尊老敬老，以人为本；一视同仁，不分种族、民族、年龄、性别、身体状况、贫富、亲疏；服务第一，爱岗敬业；有礼貌，诚实、热情、平易近人；尊重人格、民族、宗教信仰和个人习惯，保护个人隐私；遵纪守法，自律奉献，保护服务双方的合法权益。

（2）仪容仪表要求。仪表端庄、精神饱满、佩戴饰品符合行业要求；表情自然、和蔼、亲切，微笑服务；服装整洁，着装规范，佩戴胸卡上岗。

（3）举止姿态要求。语言文明，主动服务，举止大方、体现文明礼貌的职业形象；对老年人提出的问题，应予以耐心解释，及时向主管部门报告。

二、服务标准体系

（1）有适应本机构运行的服务标准体系，包括技术标准、管理标准、工作标准。通过建立服务标准体系，实施过程管理，加强程序管理和流程管理，实现机构管理最优化。

（2）管理标准包括本院质量方针、机构发展规划、组织结构体系、服务管理程序和过程、资源管理、安全管理和其他配套的管理制度等。

（3）供选服务项目有服务提供程序或流程。其服务程序的目的、范围、职责、过程、支持性文件和质量记录要做到目的明确、职权清晰、服务过程实用、确保老年人安全、记录完善。

（4）通过评估制订个人照顾计划，与老年人签订双方认可的养老服务合同；为老年人提供适宜必需的服务，并定期检查和改进。

（5）有服务投诉和持续改进程序。

（6）定期对机构可能发生的危机进行评估，有危机处理预案或流程。

（7）有服务信息管理系统，对机构的服务质量管理情况进行统计学处理（包括老年人在院人数、工作人员人数、各项服务质量指标完成情况、院内感染发生率），并按时上报上级主管部门。

（8）技术标准包括技术基础标准、技术操作规程、作业标准，应定期进行技术检验。

（9）工作标准包括各岗位的责任与权限、工作内容与要求、检查与考核、作业标准等。

任务二　人员资质和质量标准

一、服务人员资质要求

（一）院长

需持有有关部门颁发的职业资格证书并接受养老机构管理社会工作类专业知识的培训。

（二）业务副院长

需持有有关部门颁发的职业资格证书，同时具有相关专业大学专科及以上学历，具有中级以上专业技术职称。

（三）部门主管

需持有相关专业学历，具有中级以上专业技术职称。150 张床位以上，特别是入住有生活半自理老人的养老服务机构，至少有一名具备 5 年以上工作经历的护理管理人员，负责照料、护理服务工作。

（四）专业技术人员

具有相关专业学历，持有国家卫生健康、人社、民政部门颁发的专业资格证书并办理注册登记，具有相应的业务知识和技能并能熟练运用。

（五）医生和护士

在养老服务机构医务室护理站工作的医生必须持有执业医师证书，护士必须持有护士执业证书。

（六）养老护理员

持有养老护理员或失智老人照护员职业技能等级证书，具有相应业务知识和技能并能熟练运用。2019年10月，人力资源社会保障部、民政部联合颁布《养老护理员国家职业技能标准（2019年版）》。

（七）其他人员

持有所从事工种的国家职业技能证书，具有相应的业务知识和技能并能熟练运用。厨房工作人员需同时持有健康证。

二、养老机构服务质量标准

（一）总体要求

总体要求是：坚持服务至上的方向，始终牢记“顾客就是上帝”“顾客总是有理的”基本理念。各项服务质量管理应符合养老机构服务质量标准的基本要求。

（二）主要质量目标要求

①提供服务完成率 100%；②顾客满意率≥ 80%；③基础护理合格率≥ 90%；④护理及照料人员技术操作合格率≥ 90%；⑤食物中毒 0；⑥ II 度压疮发生率 0；⑦医疗事故发生率 0；⑧院内感染发生率≤ 15%；⑨常规物品消毒合格率 100%；⑩各种记录合格率≥ 90%；⑪处方合格率≥ 90%；⑫老年人每年体检率 100%；⑬炊事人员每年体检率 100%；⑭各种设备完好率≥ 90%。

触类旁通

通过对养老服务机构服务质量要求与标准的学习，同学们应明确养老机构的服务质量水平要从服务基本要求、服务标准体系、服务人员资质要求等方面来评价。

课堂练习

在养老服务机构工作的服务人员需要具备哪些资质？

案例分析

案例简介：某市一家民营养老机构，一位厨师患了急性肝炎，由于没有及时到医院进行检查和医治，把食堂的另外两位工作人员也传染了，造成了很坏的影响。

分析：养老机构的餐饮或食堂工作人员，必须身体健康，且有较强的抵抗能力，要每时每刻关心和注意自己的身体，一旦有不适症状就要及时到医院检查，防止将疾病传染给他人。

项目二　养老机构等级划分与评定标准

任务情景

李奶奶刚刚过了 84 岁生日，她来到五星级养老院已经三年了，刚来时，不爱说，不爱动，但现在性格开朗，爱说、爱笑，人缘好，不仅与身边的老年人打成一片，和护理员的相处也很和谐。她在这里不像是客户，更像是在自己家里，经常主动参与院内互帮互助活动。有一次领导来养老院考察，问身边的老人："这里的服务你们还满意吗？能给打多少分？"老人们毫不犹豫地说："90 分。"你知道养老院有哪些标准吗？

任务分析

养老院的等级划分原则是统一规范条件和依据，做到合理、公平，利于改善养老服务环境，提高服务质量。养老院共分为五个等级，一颗星表示一个级，依次为一级、二级、三级、四级、五级。

等级越高，表示养老服务机构的服务质量越高，且服务设施设备更加完善。

学习探究

任务一　服务质量等级划分的原则目的意义

等级是对功能用途相同但质量要求不同的产品、过程或体系所做的分级。供选服务是根据养老服务机构服务质量标准服务内容，结合专业人员和设施设备配备情况，为满足老年人需要，供老年人选择的服务项目。服务质量标志是依据养老服务机构服务质量所能满足需要的程度，由评定机构授予的专门星级标志。

一、基本原则

（一）符合国家和地方有关的方针、政策、法律法规的规定。
（二）执行强制性国家标准、行业标准和地方标准。
（三）有效满足老年人对服务功能性、经济性、安全性、时间性、舒适性和文明性的明确需求。
（四）确定有关服务质量的定量和定性要求。

二、目的和意义

（一）落实国家质量提升战略和重视养老服务质量的需要

党中央、国务院高度重视养老服务质量问题。2016 年 12 月，习近平总书记在中央财经领导小组第 14 次会议上发表重要讲话，要求加快建立全国统一的服务质量标准和评价体系。2017 年 3 月，民政部、原质检总局、国家标准委等部门联合启动养老院服务质量建设专项行动。同年 9 月，中共中央、国务院发布《关于开展质量提升行动的指导意见》，将质量提升进一步上升到战略高度。本标准是贯彻落实习近平总书记重要指示精神，进一步推进养老机构服务质量建设专项行动，建立健全养老机构评价体系的重要措施，有利于持续提高全国养老机构规范化管理水平，有利于提升入住老年人的安全感、幸福感、获得感。

（二）填补了养老机构等级划分与评定国家标准的空白

由于缺乏全国统一的养老机构标准，养老机构开展质量建设缺乏规范化引导，社会对养老机构的质量评价也缺乏依据。《养老机构等级划分与评定》填补了养老机构等级国家标准空白，健全了养老机构分级标准体系，通过客观、公正、透明的评价，引导养老机构提供优质服务。

（三）增强机构等级透明度，方便老年人选择满意的养老机构

目前，我国养老机构发展不平衡、服务水平参差不齐，广大老年人对养老机构了解不全面。选择养老机构时，老年人难以挑选到自己满意的养老机构。通过施行《养老机构等级划分与评定》国家标准，对机构进行客观的等级评定，公示等级评定结果，可以降低信息不对称的程度，方便有需求的老年人及其家庭做出选择，有利于更好地保护老年人合法权益，增强老年人幸福

感和获得感。

任务二　养老机构等级评定和管理

一、养老机构服务质量等级的评定

（一）等级划分与评定依据

养老机构等级划分与评定工作依照 2018 年 12 月 28 日国家市场监督管理总局、中国标准管理委员会发布的《养老机构等级划分与评定》（GB/T 37276—2018），本标准自 2019 年 7 月 1 日正式实施。

（二）等级评定的组织程序和方法

（1）组织。由省级养老服务机构委员会、民政部门和市场监管等部门的专家组成省评定委员会，统一负责评定和监督全省养老服务质量星级评定和服务质量标志的使用，各市县成立评定小组负责本辖区养老服务质量星级评定工作的具体实施，评定小组成员不少于 5 人，评定委员由具备相应评定资质证书的人员担任。

（2）权限。省评定委员会负责评定四星级和五星级，省辖市评定小组负责评定三星级及以下，并应将评定结果报省养老服务质量星级评定委员会审核备案。

（3）评定人员素质要求。思想品德好，严格要求，认真负责，秉公办事，不谋私利。熟悉有关法律、法规和政策，熟悉相关业务知识。熟悉养老服务工作，具有较丰富的行业管理经验。具有较强分析、研究能力，有一定协调组织能力和口头、文字表达能力。

（4）评定程序。养老服务机构向各级服务质量星级评定委员会提出星级评定申请，评定委员会受理星级评定申请。

（5）评定方法。按照执业要求、绩效、服务标准体系、服务质量、环境、设施设备等方面的评定细则完成评定。

（三）组织评定过程

成立评定小组；审查相关资料；实地检查；提出评定审核结论；星级评定委员会审核批准；公示评定结果，颁发证书和标志。

二、养老机构等级标志的管理

（一）方法

（1）标志实行自愿申请，统一管理制度。

（2）标志统一制作，等级标志由五角星图案构成，有几颗五角星是表示为几级。

（3）经过评定的养老服务机构由省养老服务质量星级评定委员会授予相应星级的服务质量标志，并颁发证书。

（4）标志的有效期为三年（自颁发证书之日起计算），到期应向评定机构申请复核。在有效期内（满一年）可继续申请较高等级的评定。

（二）监督和处罚

养老服务机构在使用标志期间，一经发现与标准不符或给老年人带来直接的、间接的利益损害的行为时，可根据情节进行如下处理：书面警告、通报批评、降低星级标志直至取消星级标志。星级标志取消后两年方可重新申请。凡标志使用有效期满而不继续申请者，不得继续使用标志。

三、养老机构等级评定条件

（一）养老机构等级划分和申请等级评定的基本条件

（1）主要内容。《养老机构等级划分与评定》标准（以下简称标准）共计 118 条，除范围、规范性引用文件、术语和定义外，共对养老机构等级划分与评定提出 102 条要求，涵盖等级划分与标志、申请登记评定时应满足的基本要求与条件、养老机构等级评定内容与分值表等。该标准的出台将进一步规范养老机构的建设，引导养老机构提供优质服务。

（2）等级划分与标志。该部分解释了养老机构的等级评定与各评定内容之间的整体关系，同时对各等级标志的呈现与管理方式作了规定。标准将养老机构的评定分为 5 个等级，等级越高表明养老机构在环境、设施设备、运营管理和服务等方面的综合服务能力越强。如：五级养老机构入住率要求达到 50%以上，提供服务项目不仅包括生活照料服务、膳食服务、医疗护理服务，还应能够提供康复、教育和居家上门等服务。老年人居住环境中，床位的平均可使用面积不应低于 6 平方米，单人居室使用面积不低于 10 平方米。同时，居室、卫生间、浴室应设置紧急呼叫装置或为老年人配备可穿戴紧急呼叫设备。

（3）申请等级评定基本条件。养老机构申请等级评定需满足的基本条件涉及：养老机构有效执业证明、工作人员应具备的要求和资质、空间配置、运营管理与服务等（见表 15-1）。通过对基本条件的规定，为养老机构设立了基准线。同时，通过对各等级养老机构应满足的入住率、提供的服务、人员配比与资质以及硬件设施提出要求，为养老机构划定了差异性门槛。

表 15-1　养老机构等级评定主要内容

序号	等级	申报条件
1	一级	24 小时内，养老护理员与重度失能老年人比例不低于 1:10，养老护理员与中度失能老年人比例不低于 1:25 有初级养老护理员及以上证书或者经培训达到初级养老护理员标准的人员比例不低于 50% 机构入住率不低于 50% 每半年至少开展 1 次老年人及相关第三方满意度测评并有提升改进措施 应提供的服务项目包括但不限于：出入院服务、生活照料服务、护理服务、膳食服务、清洁卫生服务、洗涤服务、文化娱乐服务、通讯服务、交通服务等
2	二级	24 小时内，养老护理员与重度失能老年人比例不低于 1:8，养老护理员与中度失能老年人比例不低于 1:20 有初级养老护理员及以上证书或者经培训达到初级养老护理员标准的人员比例不低于 60% 机构入住率不低于 50%； 每半年至少开展 1 次老年人及相关第三方满意度测评并有提升改进措施 应提供的服务项目包括但不限于：出入院服务、生活照料服务、护理服务、膳食服务、清洁卫生服务、洗涤服务、文化娱乐服务、委托服务、通讯服务、交通服务等

（续）

3	三级	24 小时内，养老护理员与重度失能老年人比例不低于 1:6，养老护理员与中度失能老年人比例不低于 1:15 有初级养老护理员及以上证书或者经培训达到初级养老护理员标准的人员比例不低于 80% 院长应具有大专或以上文化程度 至少有 1 名社会工作者指导开展社会工作服务 老年人居室设卫生间的占比不低于 50% 机构入住率不低于 60% 每半年至少开展 1 次老年人及相关第三方满意度测评并有提升改进措施 应提供的服务项目包括但不限于出入院服务、生活照料服务、护理服务、膳食服务、清洁卫生服务、洗涤服务、文化娱乐服务、委托服务、通讯服务、交通服务、医疗服务、协助医疗服务等 内设医疗机构或与医疗机构签订医疗服务协议
4	四级	24 小时内，养老护理员与重度失能老年人比例不低于 1:5，养老护理员与中度失能老年人比例不低于 1:10 有初级养老护理员及以上证书或者经培训达到初级养老护理员标准的人员比例不低于 80%; 院长、副院长应具有大专或以上文化程度 每 200 名老年人（不足 200 名的按 200 名计算）至少配有 1 名专职医生、1 名专职护士、1 名专职社会工作者 护理服务部门负责人应具有医学或护理学或社会工作专业背景 老年人居室设独立卫生间的占比不低于 60% 机构入住率不低于 60% 每半年至少开展 1 次老年人及相关第三方满意度测评并有提升改进措施 应提供的服务项目包括但不限于：出入院服务、生活照料服务、护理服务、膳食服务、清洁卫生服务、洗涤服务、文化娱乐服务、委托服务、通讯服务、交通服务、医疗服务、协助医疗服务、康复服务、心理 / 精神支持服务、居家上门服务等 内设医疗机构或与医疗机构签订医疗服务协议
5	五级	24 小时内，养老护理员与重度失能老年人比例不低于 1:4，养老护理员与中度失能老年人比例不低于 1:5 有初级养老护理员及以上证书或者经培训达到初级养老护理员标准的人员比例不低于 80% 院长、副院长应具有大专或以上文化程度； 每 200 名老年人（不足 200 名的按 200 名计算）至少配有 1 名专职医生、2 名专职护士、1 名专职及 1 名兼职社会工作者 护理服务部门负责人应具有医学或护理学或社会工作专业背景 老年人居室设独立卫生间的占比不低于 90% 机构入住率不低于 60% 每半年至少开展 1 次老年人及相关第三方满意度测评并有提升改进措施 使用电子化信息管理系统 应提供的服务项目包括但不限于：出入院服务、生活照料服务、护理服务、膳食服务、清洁卫生服务、洗涤服务、文化娱乐服务、委托服务、通讯服务、交通服务、医疗服务、协助医疗服务、康复服务、心理 / 精神支持服务、居家上门服务、教育服务、安宁服务、社会参与服务、法律援助服务等 内设医疗机构

（二）等级评定的基本内容

该部分对等级评定管理过程中的评定原则、评定方法、评定人员、评定过程做出了要求，以保证评定工作的科学、有效。评定方法中各部分分值的划分体现了《养老机构等级划分与评定》“以服务为重”的指导思想，对养老机构环境、设施设备、运营管理等重要方面进行了综合评价。此外，按照《养老机构等级划分与评定》第六章的规定，养老机构可根据自身情况自愿向评定机构提出参

与评定的申请。

在满足申请条件的基础上，标准从环境、设施设备、运营管理、服务四个方面设置了40个打分项，并明确规定了每个评定项目的评定内容与分值。

规范性附录“养老机构等级评定内容与分值”作为评定方法的补充条款，阐释了养老机构等级评定的主要内容，包含了环境、设施设备、运营管理、服务四个分项及其次分项（见表15-2）。

表15-2 养老机构等级评定主要内容

序　号	项　目	内　容	分值（1000）
1	环境	包括交通便捷度、周边服务设施、公共信息图形标志、无障碍设计、室内温度、室内光照质量、室内噪音水平共7个方面	120分
2	设施设备	包括居室、卫生间及洗浴空间、就餐空间、洗涤空间、接待空间、活动场所、储物间、医疗卫生用房、停车区域、电梯或升降移动装置及坡道、评估空间、康复空间、社工工作室/心理咨询空间共13个方面	130分
3	运营管理	包括行政办公管理、人力资源管理、服务管理、财务管理、安全管理、后勤管理、评价与改进共7个方面	150分
4	服务	包括出入院服务、生活照料服务、膳食服务、清洁卫生服务、洗涤服务、医疗护理服务、文化娱乐服务、心理/精神支持服务、安宁服务、委托服务、康复服务、教育服务、居家上门服务共13个方面	600分

（三）等级评定标准的实施

该标准在实施过程中，应严格按照标准和等级评定分值（见表15-3），重点明确养老服务的监管责任，依法依规制定民政和各有关部门的权力和责任清单，通过进一步规范和固化对养老机构质量、环境、设施设备、专业素养、控制、改进等方面的要求，提升养老机构的服务质量，以推动养老服务行业持续健康发展。

表15-3 养老机构等级评定分值

序　号	等　级	申报条件
1	一级	养老机构评定得分不低于360分，且每一分项不低于该项总分40%的
2	二级	养老机构评定得分不低于450分，且每一分项不低于该项总分50%的
3	三级	养老机构评定得分不低于570分，且每一分项不低于该项总分60%的
4	四级	养老机构评定得分不低于780分，且每一分项不低于该项总分80%的
5	五级	养老机构评定得分不低于900分，且每一分项不低于该项总分90%的

触类旁通

通过养老服务机构服务质量星级划分与评定标准的学习，同学们应懂得养老机构服务质量是反映服务满足明确或隐含需要能力的特性总和，核心是满足顾客的确定养老服务机构服务质量的星级概念，树立养老服务机构在市场中的星级形象，因此要加快养老院服务质量标准化和认证建设。

课堂练习

养老机构服务质量提升和标准化应用，对养老机构发展有什么重要意义？

案例分析

案例简介：某市郊区，一家养老机构属于国有公办的养老机构，由于服务质量较高，曾被评为“五星级养老机构”。后来养老机构的主要领导人换了以后，管理不善，出现了一次食物中毒事件，虽然影响不大，但是还是把“五星级养老机构”的牌子摘掉了。

分析：这说明一个养老机构的主要领导是很重要的，后来者要经过特别的努力，才能保持既有荣誉。

单元十六　信息和系统化管理

单元概述

养老机构作为我国养老事业中重要的一环，其信息化进程将直接影响养老机构自身的运营管理效果和服务质量，并且通过养老机构信息系统数据库及时采集行业信息，也将为行业管理、质量监控和督导提供基础依据，促进养老服务行业标准化水平的提升。同时，对于政府部门而言，养老机构信息化可以帮助政府及时掌握养老机构行业的动态信息，增强监管和指导效能。从国家、行业乃至机构自身层面来看，养老机构信息化管理已经成为必然趋势，其重要意义已经被政府、社会和行业内人士所认同。因此，养老机构应掌握养老机构信息化管理的关键知识，积极采取行动，抓紧自身信息化建设，推进信息化管理。

学习目标

知识目标

（1）识记推进养老服务信息化建设的社会背景。

（2）理解养老机构信息化管理的内容和意义。

（3）熟悉信息系统的功能组成。

技能目标

（1）能分析养老机构信息化管理的范围。

（2）能把握养老机构信息系统必要的功能目标。

（3）能针对养老机构的实际情况提出相应的信息化管理对策。

情感目标

（1）对养老机构的员工有高度关心的工作责任心。

（2）高度重视自己所在养老机构的形象和社会影响。

项目一　智慧健康养老和机构信息化管理

任务情景

中国面临老龄化的严峻挑战，与此同时，养老服务业正在发生快速的变化，信息化作为养老服务业的重要组成部分，其作用日益凸显。信息化不仅在改善、影响人们的生活，也推动着养老服务业的加速转型和快速发展。

情景分析

当前中国已经进入人口老龄化快速发展阶段。面对庞大老年人群体和随之而来的巨大养老

服务需求，我国的养老服务行业面临巨大考验。人口老龄化、高龄化是 21 世纪面临的重大社会难题。

学习探究

任务一　智慧健康养老产业发展行动

智慧健康养老是指融合应用医疗健康电子、物联网、云计算、大数据、移动互联网等信息技术和产品，通过采集和分析人体体征、居家环境等数据，实现家庭、社区医疗机构、健康服务机构、养老服务机构、专业医疗机构间的信息互联互通和分析处理，从而实现的数字化、网络化、智能化的健康养老模式。

一、智慧健康养老产业发展行动计划

智慧健康养老产业发展，对我国养老服务业的发展有着非常重要的意义，工信部、民政部、国家卫计委三部委发布《智慧健康养老产业发展行动计划（2017—2020 年）》（工信部联电子〔2017〕25 号），《关于开展智慧养老应用试点示范的通知》，积极推进智慧健康养老应用试点示范的建设，提出我国智慧养老产业的发展目标。

智慧健康养老产业发展，是有中国特色的养老服务，受益于我国互联网 + 和智慧健康养老技术的发展。智慧健康养老也将成为我国超越国际养老服务的重要突破方向，对我国健康养老产业发展有着非常积极的意义，不仅可以提高养老服务质量，同时也能够有效降低养老服务成本，加快养老服务产业的发展。

二、智慧健康养老产业发展总体思路和发展目标

（一）总体思路

牢固树立和贯彻落实创新、协调、绿色、开放、共享的发展理念，着力推进供给侧结构性改革，深入实施创新驱动发展战略，充分发挥信息技术对智慧健康养老产业的提质增效支撑作用，丰富产品供给，创新服务模式，坚持政企联动、开放融合，促进现有医疗、健康、养老资源优化配置和使用效率提升，满足家庭和个人多层次、多样化的健康养老服务需求。通过发挥新消费引领作用，促进产业转型升级。

（二）发展目标

到 2020 年，基本形成覆盖全生命周期的智慧健康养老产业体系，建立 100 个以上智慧健康养老应用示范基地，培育 100 家以上具有示范引领作用的行业领军企业，打造一批智慧健康养老服务品牌。健康管理、居家养老等智慧健康养老服务基本普及，智慧健康养老服务质量效率显著提升。智慧健康养老产业发展环境不断完善，制定 50 项智慧健康养老产品和服务标准，信息安全保障能力大幅提升。

三、智慧健康养老产业发展重点任务

（一）推动关键技术产品研发

（1）突破核心关键技术。发展适用于智能健康养老终端的低功耗、微型化智能传感技术，室内外高精度定位技术，大容量、微型化供能技术，低功耗、高性能微处理器和轻量操作系统。加强健康养老终端设备的适老化设计与开发。突破适用于健康管理终端的健康生理检测、监测技术。支持大容量、多接口、多交互的健康管理平台集成设计。推进健康状态实时分析、健康大数据趋势分析等智能分析技术的发展。

（2）丰富智能健康养老服务产品供给。针对家庭、社区、机构等不同应用环境，发展健康管理类可穿戴设备、便携式健康监测设备、自助式健康检测设备、智能养老监护设备、家庭服务机器人等，满足多样化、个性化健康养老需求。

（二）推广智慧健康养老服务

（1）培育智慧健康养老服务新业态。推动企业和健康养老机构充分运用智慧健康养老产品，创新发展慢性病管理、居家健康养老、个性化健康管理、互联网健康咨询、生活照护、养老机构信息化服务等健康养老服务模式。

（2）实施智慧健康养老服务推广工程。具体包括以下几方面：

第一，慢性病管理。重点发展病情监测、档案管理、个性化评估、趋势分析、诊疗建议、异常预警、紧急救助、康复服务等。

第二，居家健康养老。重点发展健康体检、居家环境监测、远程看护、亲情关怀、健康干预、健康评估反馈等。

第三，个性化健康管理。重点发展信息采集、健康计划、健康教育、健康跟踪、病情诊断、风险筛查、健康信息查询等。

第四，互联网健康咨询。依托互联网平台，发展在线咨询、预约挂号、诊前指导、诊后跟踪等。

第五，生活照护。基于互联网平台，为老年人提供家政配餐代买等智慧便民服务和关怀照料等养老互助服务。

第六，养老机构信息化服务。重点发展机构内老年人的无线定位求助、跌倒监测、夜间监测、老人行为智能分析、阿尔茨海默症患者防走失、视频智能联动、门禁系统联动、移动定位、消费娱乐等。

（3）推进智慧健康养老商业模式创新。充分发挥市场主体作用，探索民办公助、企业自建自营、公建民营等多种运营模式，鼓励社会资本投入，推进基本、保障性服务由政府保底购买，高端、个性化需求由市场调配的运作机制，推动用户、终端企业、系统集成平台、健康养老机构、第三方服务商等实现共赢，形成可持续、可复制的成熟商业模式。

（三）加强公共服务平台建设

（1）建设技术服务平台。建设智慧健康养老创新中心，解决行业共性技术供给不足问题，

不断创新产业生态体系。集聚产学研医等各方面资源，推动关键技术、核心器件、重点产品研发，完善产品检测认证、知识产权保护等服务，提升智慧健康养老产业的协同创新能力和产业化能力。

（2）建设信息共享服务平台。充分利用现有健康信息、养老信息等信息平台，基于区域人口健康信息平台，建设统一规范、互联互通的健康养老信息共享系统，积极推动各类健康养老机构和服务商之间的信息共享、深度开发和合理利用，开展健康养老大数据的深度挖掘与应用。

（3）建设创新孵化平台。支持智慧健康养老领域众创、众包、众扶、众筹等创业支撑平台建设，鼓励创客空间、创业咖啡、创新工场等新型众创空间发展，推动建立一批智慧健康养老产业生态孵化器、加速器，为初创企业提供资金、技术、市场应用及推广等方面的扶持。

（四）建立智慧健康养老标准体系

制定智慧健康养老设备产品标准，建立统一的设备接口、数据格式、传输协议、检测计量等标准，实现不同设备间的数据信息开放共享。优先制定适用于个人、家庭和社区的血压、血糖、血氧、心律和心电五大类常用生理健康指标智能检测设备产品及数据服务标准。完善智慧健康养老服务流程规范和评价指标体系，推动智慧健康养老服务的规范化和标准化。制定智慧健康养老信息安全标准以及隐私数据管理和使用规范。

（五）加强智慧健康养老服务网络建设和网络安全保障

加强宽带网络基础设施建设，到 2020 年实现城市家庭宽带接入能力达到 100 兆位 / 秒，打造覆盖家庭、社区和机构的智慧健康养老服务网络。落实智慧健康养老服务平台网络安全防护要求，提高防攻击、防病毒、防窃密能力。加强智慧健康养老个人信息保护，严格规范用户个人信息的收集、存储、使用和销毁等行为。落实数据安全和用户个人信息保护安全标准要求，加强智慧健康养老服务平台的数据管理和安全管控。

任务二　信息化管理的内容和风险防范

养老服务业信息化管理是国家信息化进程中的重要组成部分，与社会生活中的老年人生活息息相关。而养老机构作为我国养老服务业的核心成员，面向养老机构的信息化管理更是显得极为必要和迫切。国家“十二五”规划中提到，关于加强基本养老服务体系建设的总体部署，要求建立全国养老机构信息系统的技术规范体系、管理规范体系，实现全国养老服务业行业管理的信息化，为国家宏观决策和政府行业监管提供全面的数据和咨询支持；为社会公众提供有效、权威的老年服务信息，提高公共服务水平。

国家的关注以及政府的一系列推进举措都是在强调，养老机构需要对信息化管理引起高度重视，要将现代信息技术与先进管理理念进行融合，对传统的养老机构服务流程、业务流程和管理流程进行优化，整合国家、社会和机构内外资源，提高养老服务供应和管理的规范性，提升养老机构自身

的效益和竞争力。

一、信息化管理的内容

对于养老机构而言，信息化管理主要包含以下三方面具体的内容。

（一）标准化服务管理

养老机构信息化管理的一个重要内容就是优化工作流程，提升工作的效率、质量。养老机构以提供养老服务为主要业务，对养老服务进行信息化管理可实现服务过程中的服务内容标准化、透明化、服务质量实时监控。这样首先可以提升服务供应效率，保证服务的统一性和高质量；其次，客观透明的服务记录有助于机构对服务过程进行评估，可以有效促进服务的不断改进。

（二）规范化日常管理

养老机构信息化管理可以有效地将养老机构中的各项数据进行整合，减少数据由操作层向管理层传递的延时，以及数据在传递过程中所产生的误差。基于这些客观公正的数据，首先，管理层可以实时掌控养老机构中各项事务的进展情况，即使暂时离开养老机构也可以随时随地通过网络监测养老机构的日常运营，有助于提升日常管理行动的效率和准确性；其次，养老机构可以对上级管理部门和服务对象公正客观地展现自己的运营状况，高效完成各项资质认定及检查，同时可以吸引更多潜在服务对象。

（三）科学化发展决策

养老机构信息化管理为养老机构管理层提供了大量有关机构运营的数据，借助于计算机强大的信息处理能力，管理层可以从庞大的信息群中快速、准确地找到自己决策所需的数据，为决策提供支持。避免了管理者通过主观感受和不完整信息进行决策的问题，使得管理者可以在决定养老机构未来发展方向、制定相应发展战略等方面做出更强有力的决策。养老机构信息化管理的发展，不仅是对于养老机构自身而言具有重要意义，也将为我国带来巨大的社会效益和经济效益。其中，社会效益主要体现在养老机构将时刻掌握准确的养老服务数据，通过直报系统，国家将收集到全国的养老机构基本情况，可以为国家进行养老服务决策提供可靠支持，这将对养老服务体系建设起到关键作用。

最后，在推进养老机构信息化管理的过程中，养老机构一定要在国家的总体规划、政府的引导之下，加强对信息技术的了解与应用。养老机构要尽快规划和实施各类信息系统及智能设备，并对相关服务、管理人员进行培训，加快信息技术与服务、管理过程的融合。要切实、有效地做到信息化管理，实现服务的标准化、管理的规范化和决策的科学化，为我国养老服务事业的发展提供重要支撑。

二、信息化管理的风险防范

（一）推行标准化服务管理

国家层面，目前已出台了针对养老机构的标准规范，即《养老机构基本规范》《养老机构安全

管理》《老年人能力评估》《养老机构服务质量基本规范》《养老机构等级划分与评定》等相关标准。通过标准化的服务管理，譬如公开的服务标准、服务流程，详细的护理记录，这些都可以有效地防范运营上的法律风险。

（二）开展老年人能力评估

所有老年人入住之前，都应该进行评估。应从生活能力、精神状态等方面评估老人的等级。如在民政部颁发的行业标准《老年人能力评估》（MZ/T039-2013）中共划分了四个一级指标：日常生活活动、精神状态、感知觉与沟通和社会参与。二级指标有 22 个，从进食、洗澡、穿衣、大小便、认知功能、意识水平、沟通能力、视力、听力、生活能力、工作能力、时间 / 空间定向等方面评估，评估结果为“能力完好”“轻度失能”“中度失能”“重度失能”等四个级别。

触类旁通

通过以上的学习，同学们了解到“智慧养老”的最大受益者，首先是那些选择居家养老的老年人。

“物联网技术的引进，将现有养老资源进行科学整合，根据不同老年人的需求提供全方位、每时每刻的养老服务。尤其是那些‘管不到’的老年人，一部电话、一套感应设备、一个信息整合平台就能将他们的情况详细掌握。信息化手段极大地延伸了养老服务供给的广度与深度，改善了养老服务供需矛盾。”以互联网思维为导向、以创新驱动为支撑、以老人需求为目标，构建多元主体参与的居家养老服务体系，尊重老年群体在居家养老服务中的选择意愿，并发展智慧居家养老新业态，从而推动互联网与居家养老之间的融合，实现“互联网 +”时代居家养老服务的转型与优化。而这些都得借助智能硬件来帮助完成，公司提供智能呼叫器、智能老人卡、定位老人机、移动医疗设备来共同打造智慧养老云平台，完美地诠释了“爱”的随时随地，“爱”的无所不在。

课堂练习

练习一：如何更好地实现“智慧养老”？

练习二：如何更好地完善养老机构信息化？

案例分析

案例简介：有一家刚开一年多的民营养老机构，由于缺乏信息化管理人才，对入住老年人的评估工作没有做好，从而让一个患有较重神经病的老年人入住了养老机构，有一天老人病情突发，连续砍伤三位老人。

分析：这说明评估工作非常重要，稍有不慎就会带来重大的经济损失和负面影响。

项目二　行政管理和规章制度管理

任务情景

现在养老服务体系发生了很大的变化，在不同的历史时期形成了不同的养老服务模式和与之相适应的管理体制。但现行养老服务管理体制仍不合理，存在着法制化程度低、行业管理职能薄弱、管理方式粗放、主管部门统筹养老事业的权限不足等问题。

情景分析

在进一步完善养老服务体系过程中，需要努力推进养老服务政事分开、管办分离，实现养老服务全行业管理，建立适度集中、权责一致的养老服务行业管理体制，建立营利性与非营利性社会养老服务机构的分类管理制度。

学习探究

任务一　养老机构的经营和行政管理

一、如何经营好养老机构

（一）选择好院长

要经营好一家养老机构，先要有一个能打硬仗的团队，其中带团队的人最关键。对于带领团队朝哪个方向发展，院长要有清晰的思路，首先要明确目标和方向。

（二）团队建设很重要

光有将军还不行，还要有愿意跟着将军打仗的兵。而兵是需要日常操练的。练兵就要有各种制度，奖惩、亲情、人文关怀，所以机构的制度流程、企业文化等也很重要。有一支心在一起的团队，接下来就要根据老人及家属的需求，好好提供优质的服务。日常的监督管理、整改、落实，作为管理者要以身作则，有时员工不敢或不愿做的，院长要带头做，员工看到院长都做了，自己便不好意思不做了。

二、行政管理

（一）基本要求

在我国经济快速发展的形势下，行政管理体制如何更好地适应当前社会发展需求，已经成为维护我国经济稳定、持续发展的关键。

（1）努力学习法律法规及有关政策，加强法制观念，自觉做遵纪守法的职员。

（2）树立以院（中心）为家的思想，关心和支持院（中心）的精神文明和物质文明建设，牢固树立优质服务的思想理念，以高度的工作责任心和事业心，坚守岗位，做好本职工作，关心寄养老人的疾苦，做到工作热情、周到、耐心、细致。

（3）开展批评与自我批评，增强团结，同志间不搞无原则的纠纷，做到团结友爱，和睦相处，互相帮助，平等待人。院（中心）管理人员要密切联系员工，廉洁奉公。

（4）全院（中心）人员应认真遵守各项规章制度和有关规定，自觉履行各自的岗位职责，自觉遵守劳动纪律，加强事业心，积极完成本职工作，不断提高业务素质和服务质量。

（二）坚持勤政廉洁、克己奉公，要做到六个不准

不准侮辱、打骂寄养老人；不准索取寄养老人财物；不准多吃、多占和克扣寄养老人的生活物资；不准动用公款请客送礼；不准压制民主，打击报复；不准让寄养老人给员工干私活。

任务二　规章制度管理

一、为什么需要全面的制度管理

提高养老院服务管理质量，关系着2亿多老年人口特别是4 000多万失能半失能老年人的晚年幸福，也关系着他们子女的工作、生活，是涉及人民生活质量的大事。要按照适应需要、质量优先、价格合理、多元供给的思路，在养老院服务质量上有明显改善，加快建立全国统一的服务质量标准和评价体系，加强养老机构服务质量监管，坚决依法依规从严惩处欺老、虐老行为。

二、我国“两规范一标准”中《老年人社会福利机构基本规范》制度建设

相关制度建设不断完善。有按照有关规定和要求制定的适合实际工作需要的规章制度。有与入院老年人或其亲属、单位签订的具有法律效力的入院协议书。有简单介绍本机构最新情况的书面图文资料，其中须说明服务宗旨、目标、对象、项目、收费及服务使用者申请加入和退出服务的办法与发表意见的途径、本机构处理所提意见和投诉的承诺等，这类资料应满足服务对象的使用需求。有可供相关人员查阅和向有关部门汇报的长中短期工作计划、定期统计资料、年度总结和评估报告。建立入院老人档案，包括入院协议书、申请书、健康检查资料、身份证、户口簿复印件、老人照片及记录后事处理联系人等与老人有关的资料并长期保存。

有全部工作人员、管理机构和决策机构的职责说明、工作流程及组织结构图。有工作人员工作细则和选聘、培训、考核、任免、奖惩等的相关管理制度。严格执行有关外事、财务、人事、捐赠等方面规定。各部门、各层级应签订预防事故的责任书，确保安全，做到全年无重大责任事故。护理人员确保各项治疗、护理、康复措施的落实，严禁发生事故。服务项目的收费按照当地物价部门和民政部门的规定执行，收费项目既要逐项分计，又要适当合计。收费标准应当公开和便于查阅。有工作人员和入院老人花名册，入院老人的个人资料除供需要知情的人员查阅外应予以保密。

严防智残和患有精神病的老人走失，为智残和患有精神病的老人佩戴写有姓名和联系方式的卡片，或采取其他有效措施，以便老人走失后进行查找。对患有精神病且病情不稳定的老人有约束保护措施

和处理突发事件的措施。有老人参与机构管理的管理委员会。长期住院的“三无”老人的个人财产应予以登记，并办理有关代保管服务的手续。工作人员在工作时间内须佩证上岗。

触类旁通

通过对行政与制度管理知识的学习，同学们可以将其更好地运用到现实中，使民办养老机构普遍存在的规章制度建设不规范、服务质量管理不健全、安全与风险控制管理缺乏、财务管理制度不完善、信息化管理体系尚未建立等问题得到某种程度的解决。可以从完善政府对养老机构的管理、完善养老机构自身的管理、完善服务质量管理机制、完善机构管理监督机制等四个方面，不断强化民办养老机构的规范管理水平，持续提升民办养老机构的服务质量，提高老年人的生活质量，提升入住老人的满意度，满足老年人对机构养老的不同需求，真正实现“老有所养、老有所乐、老有所医”的理想状态，从而逐步缓解老龄化社会的各种压力，最终逐步促进各类养老机构的规范管理与未来的长足发展。

课堂练习

练习一：谈一谈制度管理在养老机构中的重要性。

练习二：制度管理有哪些方面需要完善？

练习三：制度管理有哪些注意事项？

案例分析

案例简介：某养老机构接受了一位患有精神抑郁症的老年人入住，护理等级为专护。为保证老人安全，养老机构在老人居住期间尽心尽力安排老人的生活并对老人进行精神辅导，但是百密一疏，某日凌晨老人趁看护人员交接班的时间差离开看护区域，从顶楼跳了下去，当场死亡。

分析：事发后，家属向养老院要求赔偿，养老院认为自己尽到了注意义务，应当免责。那么该老人死亡，养老机构是否有责任？在养老机构内部，任何时候老人出现任何问题，养老机构都要负有一定的责任。

单元十七　岗位和人力资源管理

单元概述

在养老机构管理的所有因素中，人才因素是决定性的。养老机构岗位的设置也十分重要，对于提高服务质量发挥着关键作用。

学习目标

知识目标

（1）了解和掌握养老机构岗位设置方面的知识。

（2）高度认识人才对养老机构发展的重要性。

技能目标

（1）能够制定养老机构主要岗位的目标责任制。

（2）能够起草养老机构人才招聘的有关文件。

情感目标

（1）热爱自己所在养老机构的工作。

（2）重视和尊重养老产业方面的人才。

项目一　养老机构的岗位设置和人员配置

任务情景

2015年10月，在西部地区某县民政局公办养老机构中，没有一位养老护理员有资格证书或培训证书。

情景分析

这是过去两年在我国西部地区存在的一种较为普遍的现象，现在有所好转，但是养老机构依然存在很大的专业人才缺口，必须引起各方的高度重视才能加以解决。

学习探究

任务一　加强人才培养的必要性

一、养老机构加强人才队伍建设的必要性

（一）养老机构发展呼唤专业人才的介入

养老服务工作需要综合运用科学的工作方法和专业知识进行助人活动和社会公益服务。养老机

构面对着弱势群体，要适应社会的发展，在服务手段、服务理念上要有所进步，需要专业养老服务人员的介入。随着社会的发展进步，养老服务正在从改革开放前的托底保障型服务向社会普惠型服务转变，同时养老机构的数量也以几何级数迅速增长。在这种情况下，引入岗位配置和专业人员配置，对于养老机构自身建立先进的管理和服务体系、适应社会进步的要求、在服务中贯彻“以人为本”的服务理念，能起到很大的促进作用。

（二）养老服务需求的增加呼唤专业人才的介入

随着我国开始步入老龄社会，养老服务社会化的发展趋势已经形成，动员全社会力量建设养老事业的格局正在形成。随着社会转型，养老服务对象所面临的社会问题日益复杂，传统服务手段已不能很好地解决服务对象所面临的问题。在发达国家和地区以及我国一些先行的养老机构中，包括招聘一些社会工作者运用其社工专业理念、技术和方法，解决此类问题的实践证明，专业介入能够成为我们解决社会新问题、满足服务对象新需求的有效手段。

（三）社会呼唤专业养老人才进入养老机构

随着社会的发展进步，人们对包括养老机构在内的社会公益性事业的服务内容、服务水准、公益性保证等诸方面有了更高、更多的要求。如以前只要求保障养老服务对象吃饱、穿暖、善终，而现在则同时强调要做好精神慰藉。人们开始主动进入养老机构参与志愿者服务活动，同时养老服务对象及其家属的维权意识和社会对养老服务的监督作用都在明显加强。在这种情况下，为适应社会的要求，需要在养老机构中推进专业岗位设置，从而加强机构与对象、家属的沟通，以便更好地做好公益性服务；加强机构与社会公众的沟通，以适应社会的发展与进步。

（四）养老福利机构中开展岗位配置和专业人员配置的现实需要

中共中央十六届六中全会通过的《中共中央关于构建社会主义和谐社会若干重大问题的决定》中明确提出，造就一支结构合理、素质优良的社会工作人才队伍，是构建社会主义和谐社会的迫切需要。把社会工作明确为社会建设的重要组成部分，确立社会工作在我国社会建设中不可或缺的地位和作用，从而体现党中央对社会工作和社会工作人才队伍建设的高度重视。国家劳动与人事部门相继出台了《社会工作者国家职业标准》《社会工作者职业水平认证暂行规定》和《助理社会工作师、社会工作师职业水平考试实施办法》，标志着我国社会工作者职业水平评价制度的正式建立。

二、养老机构岗位设置原则

（一）岗位设置以现有岗位的改造为主

根据养老机构运行的相关特点，在养老福利机构中推进专业人才培养工作，主要是对那些有原始社会工作特征的工作内容及岗位（如出入院接待、老人精神慰藉、老人文化生活安排、志愿者服务管理等）进行专业技术含量的注入，使其符合专业养老工作的技术要求，并被改造成为专业岗位。

（二）人员的配备，应以现有人员调整充实为主，引进为辅

在养老机构中配备专业人才的重点是要培养现有类似岗位上的工作人员的专业能力，鼓励他们

接受养老技能的专业教育，参加养老护理员职业水平的认证，取得社会认可的职业资格证书，同时，要加强对养老机构工作人员进行专业工作知识的普及培训。

任务二　养老机构的岗位

一、养老机构的岗位配置

（一）基本原则

（1）有利于尊重人才、重视人才，调动工作积极性和责任心。

（2）有利于提高养老机构的服务质量，保证老年人的安全和身体健康。

（3）有利于人力资源的有效配置和节约劳动成本。

（4）有利于实施岗位责任制和各部门有效、积极地配合，发挥团队精神。

（二）养老服务机构社工的主要工作领域

（1）老年人的出入院服务。该项服务要根据行业标准，通过量化指标，对申请入院的老年人进行心理、精神、家庭及社会关系的评估，确定老年人是否可以入院；指导帮助老年人按程序办理出入院手续；负责院方与家属等监护人的沟通联络工作；根据老年人身心变化，实现老年人的顺利转换服务等级。

（2）老年人的调适关怀性服务。该项服务通过对老年人的过程评估和工作人员的发现，运用社工专业方法，整合医生、护士、护理员及老年人的院外各类资源，为老年人开展个案性的康复护理服务。主要是调适老年人的人际关系，使之适应院内的集体生活；为患有阿尔茨海默症，精神抑郁、焦虑类老年人进行疏导和危机干预；为临终老年人提供临终关怀及帮助家属度过老年人临终期。

（3）老年人的精神文化活动安排。该项服务主要是根据老年人的身体与文化特点，从社工支持者、协调者、倡导者、管理者的角色出发，为老年人开展服务。如融合专业理念，组织开展老年人兴趣小组活动，或郊游、文艺表演等活动；运用专业技术，在老年人中开展怀旧、人际调适类的小组活动；组织老年人参加老年大学等老年教育活动。

（4）老年人的权益保障。该项服务内容主要是通过掌握与老年人相关的社会政策，为可以享受政策的院内老年人争取待遇。同时，组织联系院外法律、社会保障等方面专家到院内为老年人开展各类咨询活动。

（5）社会联络与志愿者管理。该项工作内容主要通过与社会各界加强联络，开发、维护捐赠单位和捐赠个人的良好关系，扩大社会的捐助面；规范、合理配置、使用捐赠钱物；向社会宣传养老福利事业，争取社会各界的理解支持；让老年人走出去，或引入社会资源，开展老年人与社会各界的互动活动；规范和负责社会志愿者的招募、登记、签约和培训；负责志愿服务的安排、过程控制和评估。

二、养老机构岗位分类

（1）日常管理类型。组织对老年人的状况进行评估，帮助老年人办理进出院手续；帮助

老年人熟悉环境，帮助老年人适应人际关系、调整生活习惯；帮助老年人消除因家庭、社会、环境、法律等方面的问题带来的消极影响；组织机构内外医疗、护理等资源为老年人开展康复活动。

（2）生活照料类型。居住睡眠照料；餐饮照料；排泄如厕照料；保暖和衣物照料；行走和安全照料；对外联系照料等。

（3）医疗康复类型。老年人疾病医疗；出入医院管理；康复理疗护理；养生保健护理等。

（4）体育和精神生活类型。组织老年人进行体育锻炼活动；提供精神慰藉活动和护理；提供临终关怀服务等。

（5）各种养老机构开展的特色服务岗位。养老机构为了创造自己的品牌，提高服务质量，根据自己人才的结构，为老年人提供各种有突出特色的服务。

触类旁通

尊重人才和重视人才是紧密联系的。有效配置养老机构的工作岗位是十分重要的，与提高服务质量也是一致的。

课堂练习

课堂讨论题：你认为什么人叫作人才？

案例分析

案例简介：北京某民营养老机构负责人感叹："养老院的管理者必须是全科多面手，管理一家养老院比管理一家企业要复杂得多，对管理者和服务者有更高的要求，因为我们服务的是高龄人群，身上责任更大。养老院的运营管理需要全方位的复合型人才。"

分析：运营养老院比运营企业需要更多的知识和技能。除了耐心、爱心和专业技能之外，养老行业的管理人才需要具备的综合素质比其他行业要高，比如：既要懂老人又要懂政策，既要懂管理又要懂营销，既要懂风险控制又要懂成本控制。养老机构管理者拥有同理心和爱心，才可能让老人们不仅生活有质量，而且感到温暖和有尊严。对内需要懂得食品卫生、医保、住宿、护理、心理、社工、人力资源、物业保障、工程维修等多学科知识，对外需要及时了解把握政策，能与民政、工商、医院、公安、消防以及所在社区和街道保持良好的沟通。

项目二 创建核心领导班子

任务情景

某城市一家公办的养老机构，上级部门为其配备了一个副院长，院长和副院长两人工作上互相

不配合，服务质量很快降低，造成了很不好的影响。

情景分析

养老机构核心领导班子岗位设置应当科学合理，做到职能明晰、职责明确，避免岗位责任交叉，避免出现一项职能无人负主责的情况。

学习探究

一、核心领导班子职能

领导班子是指领导集体各成员之间的相互搭配和组合方式。养老机构核心领导班子职能职责如下：

（一）负责人（院长）职责

（1）依照国家和政府的有关法律与政策，负责养老机构的全面工作。

（2）在各级民政部门的领导下，负责完成上级民政部门下达的各项目标管理和本院的工作计划，并向有关领导请示汇报本机构的工作。

（3）负责养老机构的财务管理和使用工作，坚持财务开支一支笔审批制度。

（4）主持养老机构领导班子办公会议、常务会议，研究和讨论决定重大问题。

（5）检查、落实养老机构的精神文明、综合治理、消防、计划生育工作。

（6）关心员工福利，了解掌握养老机构全体人员的思想、工作及生活情况，发现问题及时解决。

（7）贯彻民主集中制原则，搞好领导班子建设，不以权谋私、办事公道，执行制度纪律严明。

（二）副职（副院长）职责

（1）在院长的领导下，分管护理部、精神文明、综合治理、消防、计划生育工作。

（2）协助院长搞好全院工作，完成院长交办的各项任务。

（3）协助院长抓好对全体职工的思想政治教育，安排指导业务学习，提高职工的整体素质。

（4）做好收养人员的出入院及生活管理工作。

二、其他机构职责

（1）财务总监：负责管理财务工作，如工资和奖金分配等方面事务。

（2）医务总监：负责老人的医疗和健康工作。

（3）护理总监：管理全院的护理工作。

（4）行政总监：中大型养老机构，可以由副院长兼任，管理行政事务。

（5）人力总监：负责人力资源发展的各种规划、人力招聘、培训，建立并完善人力资源管理制度和体系，包括招聘、绩效、培训、薪酬及员工发展等方面。

三、照护部（主任）职责

（1）负责照护部的工作计划制订及实施；负责制定照护部工作体系及规章制度并贯彻落实照护

部各项规章制度；根据国家相关服务体系标准，制定本院照护服务质量标准并落实实施。

（2）负责老年人安全管理工作，保证老年人人身安全。当照护的老年人出现异常变化时及时协调处理，护理老人紧急就医；沟通协调各部门配合照护业务工作。

（3）根据照护标准，不断提高照护水平和服务质量。对照护人员进行日常管理、培训和考核，及时总结分享经验，提升服务质量。

（4）负责本部门的日常管理工作、团队建设及人员考核。组织本部门团队活动，构建良好的团队气氛；对员工实施计划、辅导、检查、反馈等绩效管理措施，不断提升员工绩效。

（5）完成上级领导及其他部门交办的其他工作。

四、办公室职责

（一）办公室主任职责

（1）主持好办公室的日常工作，贯彻执行院委会的决议和各项工作计划。

（2）当好领导参谋，主持起草各类文件和工作计划、工作总结，汇总养老机构情况。

（3）负责养老机构的生产劳动和种、养殖业工作的安排和实施。

（4）负责把握对外新闻报道宣传工作，做好各部门的协调工作，做好上传下达工作。

（5）负责养老机构党政办公室会议的记录、纪要；落实安排重大活动。

（二）工作人员职责

（1）负责管理水、电、暖和绿化工作。

（2）负责职工与老人的后勤生活。

触类旁通

关于工作岗位和人才选择，可以打开想象之门，还有很多部门和岗位可以设置，如理疗部、医疗部、护理部、餐饮部、保安部、公共关系部等。

课堂练习

书面练习题：为一家新的养老机构，设计一张岗位布置图，并对岗位职责进行简单的介绍。要求不少于500字。

案例分析

案例简介：一家大型养老机构，设立有办公厅、公共关系部、市场发展部、客户联络部等机构，一次接待一家外地市政府领导带队的参观学习团的时候，出现了没有部门进行接待的情况。

分析：对外关系部门设置太多，都具有对外接待功能，就会出现这样的状况：有时候大家都来参与；有时候没有人具体负责。

项目三　选择技术骨干人才

任务情景

在一次人才招聘会上，某市一家大型养老机构想招聘一位职业经理人，一位五星级宾馆的副总经理前来应聘，董事长没有决定是否聘请他，中午休息的时候与大家一起进行了讨论。

情景分析

一部分人认为，这位副总经理是个人才，对服务类型企业的管理有相当高的水平，应该招聘使用；另一部分人认为，这位副总经理没有经营过大型养老机构，不应聘用。其实我们应该明白，由于我国养老市场开放的时间太短，人才十分缺乏，从宾馆服务中选择部分中高级管理人才，经过一定培训进入养老产业，应该是个不错的选择。

学习探究

任务一　养老服务业需要大量人才

一、养老护理需要大量的技能人才

随着人口老龄化加剧，养老已成为当今世界各国普遍面临的重大问题，有限的养老资源与急剧增长的养老需求之间的矛盾成为各国关注的焦点。我国从 20 世纪末开始进入老龄化社会，而且老龄人口基数大、增长迅速，给经济社会发展带来巨大挑战。养老服务是一项公共服务，养老事业发展应是以政府为主体，以家庭、社会组织、企业、个人共同承担养老服务的一项系统工程。

要围绕老年化群体多层次多样化的需求，降低准入门槛，引导社会资本进入养老服务业。推动公办养老机构改革，建立居家养老社区，提高农村养老服务水平，推动养老服务业技术、设施、标准、人才建设，繁荣养老市场，提升服务质量，让广大老年人享受优质养老服务。召开会议并审议通过深化统计管理体制改革意见，提出要确保统计机构和统计人员独立调查、独立报告、独立监督职权不受侵犯，确保各类重大统计数据造假案件得到及时有效查处，确保统计资料真实准确、完整及时。

二、加强养老护理人员培训和建立职业技能等级证书制度

（一）推进养老服务专业 1+X 证书制度

认真组织开展养老护理人员就业技能培训、岗位技能轮训及养老护理知识技能进家庭、进社区等工作，积极做好职业技能等级评定工作。推进养老服务专业 1+X 证书制度，鼓励职业院校学生在取得学历证书的同时积极参加职业技能考试，获得老年照护、失智老年人照护等相应职业技能等级证书。

（二）采取多种形式，通过多种渠道培养人才

对于已取得养老服务业相关职业技能等级证书，且符合条件的从业人员，可由职业院校按相关规定择优免试录取，经考核合格后可获取相应学历证书。拓宽继续教育渠道，鼓励养老服务从业人员自学成才，逐渐成为专业型或复合型人才。支持开展与养老服务业发达国家或地区的教育合作，通过互派师生、交流研讨等形式，学习借鉴国外的先进经验，提高养老服务从业人员的整体素质。

任务二　培养养老机构高级人才

一、高级人才的分类和培养

（一）高级人才的分类

现代化的机构管理十分注重团队管理，团队成员的各种技术专长、管理经验要合理搭配形成统一理念，才能进行有效的运营管理。机构的良好运营，三类人才不可少：第一类是战略型人才；第二类是管理型人才；第三类是专业型人才。

（二）战略型人才的培养

战略型人才是指具有能够把握事物发展方向和大局、远见卓识的经营管理人才。这种人才，不仅需要眼光独具，能够看到理想的丰满，还要看到现实的骨感；同时还要下定决心迎着风险实实在在地投入真金白银，这类人才几乎是不流动的，他们自己是在成就事业，已经站在了需求层次的制高点上，他们是民办养老机构的柱石，未来必将成为社会化养老行业的坚实基础。

二、管理型人才和职业经理人

（一）管理型人才的含义

管理型人才是中国社会化、市场化养老发展过程中所需要的大量人才之一。管理型人才是指能够读懂中国社会化养老这一基本理念、发展方向、经营管理的中级管理人员。

（二）职业经理人的来源

职业经理人是在近几年新建并投入实际运营的民办养老机构中开始出现的。主要有三个来源：

（1）在福利系统中担任过养老机构管理人员的退休者。他们具有一定的管理经验，往往能够为一个新建机构的运营启动工作提供极大的帮助，打下一定基础，但受福利系统管理体制所限，对于社会化和市场化养老机构的企业化运作体系缺乏深入理解和思考，尤其在市场营销成本管理和客户感受方面缺乏必要的常识与技能。

（2）在医疗机构中做过护理管理工作的退休者。这是当前养老行业必谈医养结合最好的一个说辞与注脚，他们熟悉医疗护理的专业和细节，能够为入住机构的老人们提供医护需求的定心丸，但受医疗系统传统惯性思维的影响，往往也会在养老机构的客户感受上重视不足，这种不足体现在潜意识中而不易觉察。

（3）近年来对国内养老市场高度关注的国（境）外养老运营管理机构的派出者，以日本、美国等背景为主的他们有极强的客户服务理念和市场意识，更有一整套在国外运营很成熟的管理标准和流程，

代表了世界先进水平但往往不接地气，经他们管理的养老机构或养老社区运营效果大多难如人意。

人才培养是一项长期工作，技术骨干人才的培养更不是一朝一夕就能成就的，需要在工作中通过个人磨炼、组织发现、重点培养等漫长过程，才能培养出能挑大梁、独当一面的技术骨干人才，才能逐步建设一支能支撑起生产发展需要，能为企业发展建设做出贡献的技术骨干人才队伍。

触类旁通

从高阶管理人员到职业经理人有一个发展过程，关键看是否具有战略眼光，否则永远只是一位高级管理人员。

课堂练习

课堂讨论题：为什么养老产品需要大量的职业经理人。

案例分析

案例简介：某大型养老机构一位人事部门经理，向一位来宾介绍公关部副经理时说：“这是我们的一位职业经理人。”

分析：这个说法不对。职业经理人一般是指由董事会聘请的总经理、养老院的院长，以及副总经理、副院长。特大型养老机构的分公司的总经理、院长也可以称为职业经理人。

项目四　制订养老人才培养规划和激励制度

任务情景

对于一家中型养老机构的负责人来说：“养老机构人才培养主要是养老护理员的培养，中高级管理人才可通过社会招聘解决。”

情景分析

这个说法很不全面，养老机构的人才培养计划应该是全面的、完整的。

学习探究

任务一　制订养老人才培养规划

一、养老人才培养的重要性和要求

（一）养老人才培养的重要性

随着我国人口老龄化社会的到来，机构养老在养老服务中占据了越来越重要的地位，但同时养

老服务人才缺乏的矛盾也越来越突出。培养数量充足、素质较好的养老服务专业人才，是提高我国养老服务水平的重要保证。

（二）高职院校养老人才培养要求

目前，全国开设老年服务与管理专业的高职院校已达221所。本专业培养具有崇高价值追求、富有社会责任感，面向各级民政部门、老年机构、老年事业产业单位、老年社会团体领域第一线的，从事老年事业管理、老年产业经营、老年社团活动、老年大学教学与管理工作的，高素质、高技能的，具备老年事业与产业经营管理、老年心理分析与咨询、老年营养分析与调理、老年生活规划的开发与设计，以及老年文艺体育活动的策划与组织、老年产业创业等多方面的能力，能胜任一线管理工作的高技能应用型人才。

二、养老人才培养规划

（一）高职高专院校人才培养规划

根据高职高专院校对人才的培养计划，应尽快让学生从学校生活转为社会生活，因此制定以下人才培养规划：

（1）掌握本专业所必需的文化基础知识，包括马列主义理论、就业政策、应用文写作、英语、数学等知识。

（2）掌握本专业所必需的基本技能，包括创新能力、社交礼仪、计算机应用基础等。

（3）掌握本专业所必需的专业基础知识，包括老年学概论、管理学基础、基础医学、老年心理学、老年护理学、老年政策法规等。

（4）掌握本专业所必需的专业知识，包括老年人康复与训练、老年疾病预防与照护、营养与饮食保健、老年经济学、老年护理学、社区护理、职业素养与职业道德等。

（5）学校对学生进行不定期的校外社会实践活动，使得学生更早地从校园生活过渡到社会生活，提前适应社会。

（二）养老机构人才培养规划

养老机构人才培养规划一般包括人才全面培养发展规划、中长期人才培养发展规划、重点人才培养发展规划。人才培养规划要有可操作性、远见性，关键在于执行。

任务二　制订养老人才激励制度

激励制度最为主要。一个好的激励制度，可以提升技术人员的工作积极性和归属感，稳定技术队伍；发现优秀技术人才作为公司储备干部，留住优秀人才，激励全体员工；为机构发展和人才个人发展提供机制保障。根据养老机构对人才的激励制度，发现人才，用好人才，真正实现员工职业生涯道路的畅通。机构可实施后备人才培养计划，被纳入机构后备人才库的员工将享受机构给予的量身定做培训计划、轮岗、特殊培训等待遇，为机构快速扩张提供人才保障。

技术人员的薪资构成如下：岗位薪资 = 基础薪资 + 工作量工资 + 附加薪资。基础薪资：技术

人员根据专业职务、学识、经验、社会工资水准及人才的社会价值等因素确定其薪资福利。工作量工资：技术人员根据个人基数、产品月销售量领取工作量工资。附加薪资：技术人员在其岗位完成工作目标后而得到的补充薪资，是根据技术人员工作业绩、个人能力与素质而确定的。

工资、福利按时发放，在夏季、冬季等特殊季节或重大节日给予精神和物质的关怀。

依法享受国家法定假日休息，如有特殊安排需加班，按相关规定给予加班费用。

2019 年 3 月 29 日，《国务院办公厅关于推进养老服务发展的意见》（国办发［2019］5 号）明确提出“建立完善养老护理员职业技能等级认定和教育培训制度”，“建立养老服务褒扬机制”，“开展养老护理员关爱活动、加强对养老护理员先进事迹与奉献精神的社会宣传，让养老护理员的劳动创造和社会价值在全社会得到尊重”。

触类旁通

培养、用人、工资、激励都是鼓励人才发展的重要措施。

课堂练习

课堂讨论题：谈谈人才培养计划制订的重要性。

案例分析

案例简介：目前老年社工行业薪酬待遇普遍偏低，很难吸引和留住高端专业人才。以北京为例，医院护士有丰富的临床学习机会，职称可挂靠在医院体系。工资方面，一般编制外员工为 5 000 元左右，编制内员工则为七八千元，工作时间为 8 小时，偶尔加班。而养老机构的护理员不少人有初级护理员证，却工作几年了都得不到晋升，也不知如何晋升。她们待遇一般，工资为三四千元，包吃住，工作时间长，劳动强度大，多数来自下岗工人及农民工。

分析：除了薪酬待遇之外，主要在于缺乏有效的人才培养规划和人才激励制度，缺少完善的职称晋升渠道。职业发展和上升通道受阻是老年社工和护理员不足和流失的重要原因之一。

单元十八　税费保险和财务管理

单元概述

财务管理是养老机构保障正常运作的基本条件之一，是养老机构发展的重要管理方式。本单元主要学习研究养老机构财务制度基本内容，包括财务预算、成本控制、财务监管、合同管理和营利模式等内容。

学习目标

知识目标

（1）熟悉财务制度的内涵。

（2）熟悉财务预算制度。

（3）掌握购货合同和养老合同相关知识。

（4）掌握养老保险相关知识。

技能目标

（1）能够编制机构年度预算。

（2）能够承担机构财务制度起草或修订。

（3）能够起草合同。

（4）能够熟练应用税费标准。

情感目标

（1）培养热爱养老服务工作的情感。

（2）关心入院老年人和机构的利益。

（3）培养学习财务规章的热忱。

项目一　健全和规范财务制度

任务情景

某养老院建设初期定位为“中高档”养老院，装修较为上档次，设施较为先进，投入5 500万元人民币，资金成本较高，收费标准又上不去。虽然该养老院入住率达到88%，但是人月缴费3 000元，虽有微利，但不足以支付银行利息。运营第四年依然面临亏损，怎么办?

任务分析

上述任务情景中的养老院是个典型案例。目前，我国新建或改建的民营养老机构，大多数都面临这样的局面。分析原因，主要是由思维方式落后决定的：一是定式思维。以为“国家支持的产业总是不会亏损的”“跟着感觉走”。二是超前思维。把几年后，甚至十年后才能达到的目标提前实施，脱离实际。三是粗放式经营管理。缺乏经济预算和可行性研究，财务制度不健全。

学习探究

任务一　养老机构财务管理及制度

养老机构财务管理是指养老机构为其服务对象提供各种服务活动所发生经济关系的服务和协调过程。财务管理的依据是国家的有关法律法规和政策。财务管理实施标准是养老机构制定的各种规章、制度和规定。养老机构财务管理的内容包括本机构财务活动的事前决策、事中管理、事后监督，以及整个经济关系过程的预测、计划、账务、资产保管、核实、计算、协调、控制、考察等工作。

养老机构财务管理是靠制度进行管理的。因此，财务制度要求健全，没有漏洞、缺憾和可乘之机。

（一）资金使用保管制度

养老机构的资金有特别性，涉及几十、几百甚至上千位老年人的“养命钱”，一旦出现失误，会影响老年人的医疗和生活，后果不堪设想，责任重大。

（二）财务记载制度

财产往来、账务记录必须真实可靠，财务基础凭证票据必须真实有效，不得弄虚作假。账册保管符合国家规定。

（三）采购管理制度

养老机构采购物品一部分是直接用于老年人。生活用品、医疗保健用品、食品都必须保证质量，确保老年人使用得放心、舒心、开心。杜绝假冒伪劣产品，严防危害人身安全和身体健康的物品进入养老机构。

（四）差旅费报销制度

工作人员出差，多数时间单独在外，比较辛苦，制度规定既要能调动他们的工作积极性，又要保证公司财产不受损失。

（五）财物使用保管制度

养老机构财物使用保管应该有章可循，防止挪作他用和浪费。

（六）工资奖金制度

这是关系员工切身利益的大事，是调动员工劳动生产积极性的重要手段，是奖勤罚懒、鼓励先进的重要措施。

财务制度制定要切合实际、可操作性强、公平合理，既要简单可行，又要能照顾到全局。

任务二　财务制度的内容、目标和原则

一、财务制度的内容

（1）决策管理，即财务负责人参与养老机构管理决策的过程。

（2）资金管理，包括现金流、投资融资和工资奖金管理。

（3）财产管理，包括物产保管和使用管理。

二、财务制度的目标

财务制度的三大目标即日常财务管理目标，资金运营目标，以及利润和发展目标。日常财务管理目标是指确保资金进出等日常经济活动顺利进行。资金运营目标是指确保养老机构资金链运行流畅，任何情况下均资金充足，信誉良好。利润和发展目标是指确保公司具有适当的利润收益，为养老机构发展提供资金保障。

三、财务制度的原则

（一）资金效益最大化原则

要克服“养老机构是微利或福利性机构，效益多少关系不大”的错误观念。其实，养老机构的资金无论来自何种渠道，都非常宝贵，财务管理的基本原则就是资金效益最大化。

（二）资金收支平衡原则

我国养老机构不能追求“高利润”，更不能追求“暴利”，而是要求“微利”“薄利”“低利润”。其中一条根本原则便是保持收支平衡、略有盈余，不能造成资金链断裂，导致养老机构难以维持。

（三）节约成本和效益优先原则

在保证服务质量的前提下，减少不必要的开支，尽可能节约成本，实现效益的最大化是财务管理的基本原则之一。效益最大化的重点是服务质量最优化而不是以利润为唯一目标。

（四）利益协调原则

财务活动和财务管理的目的是养老服务的参与各方利益兼顾、公平有效，这样才能共赢和长久合作发展。养老产业发展是全社会的共同责任，国家相关部门、合作企业、入院老年人及其亲友、投资者、高中级管理人员、员工、供货商、媒体等，所有参与者的合理利益都要兼顾。

触类旁通

财务管理要依据国家法律法规，通过制订和执行健全的财务制度，保障财务活动参与各方的经济利益。

课堂练习

你怎样理解“战略眼光”“追求时尚”？财务管理与利益兼顾的关系是怎样的?

案例分析

案例简介：前面的任务情景中，某民办养老机构投入5 500万元人民币，建立380个床位，入院290位老年人，每人月缴费3 000元的养老院，经营3年10个月，年年亏损。为什么?

分析：按照通常的入住率来看，该养老机构应该是有一定营业额的，之所以亏损，重要原因之一是，筹建周期较长，负债较多，财务成本较高，所得利润连付银行利息都不够。

项目二　坚持财务预算制度

任务情景

某养老院用3年时间建成，开业7个月后，面临资金匮乏、生存困难的局面。大家分析时讲，这家养老院开始时风光一阵，想不到仅仅半年时间，就发生经营风险，其中，没有科学的财务预算制度是关键原因。

任务分析

企业如果没有健全、规范的财务预算制度，经营不善是正常的。有钱时无使用计划，缺乏科学规范的财务预算制度是原则性错误。

学习探究

任务一　财务预算及其作用

一、财务预算的定义

财务预算是财务管理的基本方法和工作要求，是将企业发展战略和经济活动程序结合的日程安排，是企业经济活动实施计划。财务预算的主要形式为年度预算，也有中长期预算。

二、财务预算的作用

财务预算是企业管理的一个工具。养老机构的财务预算是确保养老机构正常经营、顺利发展的基本条件。其作用主要有以下几个:

（一）保证财务目标系统化、量化和具体化

财务预算应使一个阶段，（如一年）的主要经营目标呈序列状态，使之系统化；财务管理可以报表形式加以量化；财务预算除有基本报表外，还要有必要的文字叙述，使财务目标具体化。

（二）发挥协调作用

养老机构管理日常工作虽然有一定的规律性，可以按部就班地运行，但是，养老机构常常会出现突发事件，财务预算应利用本身功能，协调各部门工作岗位之间的关系，保障各方面工作顺利进行。

（三）发挥有效控制作用

财务预算制定的过程就体现了对有效控制原则的坚持，预算编制会将全年的重要工作和日常工作条理化、程序化，将每个月需要办的事，需要花多少钱，排列出来，事前准备，按月检查，以达到有效控制的目标。

（四）发挥保障性作用

财务预算编制将一年内每个月的财务活动大事，以及日常和重大活动所需资金排列细化，从而保证各部门各司其职，和谐相处，确保工作顺利进行，特别是要保证资金链不会断裂，使养老机构的经济基础牢固。

任务二　编制财务预算的原则和方法

一、编制财务预算的原则

（一）科学性原则

财务预算编制要以国家法律、法规，以及公司章程、规章、制度为依据，要尊重科学和自然规律。例如，养老机构工作涉及医学知识，财务人员要尊重医、护、养人员的意见，搞好财务预算编制。

（二）合理性原则

财务预算要坚持合理性，要改变过去财务制度“合理不合法”“合法不合理”“生搬硬套”的混乱现象。要实行“以人为本”“人性化”管理，如在差旅费报销上，要消除财务人员蛮不讲理，自以为是等挫伤员工积极性的极端不合理现象。

（三）综合性原则

财务预算要全面考虑，综合分析，防止遗漏，以重点代替一般。养老机构各个部门、各个岗位都是为老年人服务的不可缺失因素，不可顾此失彼。

（四）灵活性原则

财务预算是人制定的，关键靠人去执行，养老机构诸多因素中，人的变化最大，人在学习中进步，人会不断提高和改变自己，人面对新情况、新问题，也会有新思维。一切管理的精髓在于原则性和灵活性相统一。

二、编制财务预算的方法

（一）传统的方法

传统的会计学原理十分重视性质、原则、地位、作用、范围、分类等概念和原理。从某种意义上看，有其合理因素，但是方法和实训尤其重要。编制财务预算的方法不是我们学习的重点，但是作为基本技能之一，还是需要掌握。一是可找到现在单位去年的财务预算做参考，在这个基础上修订，减去旧的已不适用部分，增加新内容；二是从互联网上下载和自己所在机构相似的财务预算，借鉴其优点，做出草稿，征求老同志意见后，修订就可以了。

（二）养老服务管理专业对财务预算的要求

一般情况下，财务预算是会计或财务部经理的主要工作职责，学习管理专业的人员也可以担任财务部经理或者参与审阅财务报表，因此也应该学习编制财务预算的方法，掌握编制财务报表的基本方法。

财务预算主要有两种形式：一是弹性预算，是将经营成本划分为变动成本和固定成本，固定成本在一定范围内保持不变，或者可称为“静态成本”，指相对变动小的成本状态。变动成本是随着业务量的变化建立与总成本、固定成本、业务量之间的正比例关系，利润成本和业务量之间的数量关系，从而编制预算。二是固定预算，是根据预算期内正常可实现的某一业务量编制的预算。这是一种传统的方法，一般适用于业务单一、稳定、费用结算简便的公司。由于其编制过程简单、易理解，目前常常使用此方法。

触类旁通

财务预算是财务管理的一个重要内容，我们主要应该掌握财务管理的基本知识。

课堂练习

课堂讨论题：谈谈财务预算的基本原则。

案例分析

案例简介：有一家民营的中型养老机构，财务预算中提出年财务支出是 800 万元，年终结算是 1700 万元，引起了公司的广泛讨论。

分析：第一可能是财务经理不懂财务；第二可能是在支出上有重大的项目遗漏。

项目三　财务控制是核心

任务情景

某市郊区一家中型的养老机构，财务制度很不健全，费用的支出和收入都由董事长一人确定。该养老机构经营两年以后资金链断裂，政府出面救助，才得以度过困难时期。

任务分析

财务控制是现代企业管理中的重要内容之一，个体户式经营是不会有好的结果的。

学习探究

财务控制是指人们依据一定程序和方法对公司经营状况、过程、效果进行统计、监督、调整。用系统调节来管理财务预算是财务控制的一种方法。

一、财务控制的特征

（一）价值控制手段

它是一种运用养老机构运营中各个财务预算指标，如资金、利润、现金流的价值形态来实现控制的手段。

（二）现金流量中心控制手段

它以现金流量为中心，始终依据现金流为标准，紧紧把握现金流入流出状况从而控制财务预算。

（三）结合业务控制手段

这是一种全面控制财务预算的方法。其特征是定时监督各部门业务开展情况，它是一种分层次、分部门、分岗位的全面控制手段。

二、财务控制的分类

财务控制对象分类是指财务控制目标的分类，如财务收支控制，是养老机构人员财务收入和支出活动的控制，目的是保证养老机构一切活动正常、现金收支平衡。现金控制是指对现金流出的控制，防止发生意外情况，防止现金流断裂。

控制方法分类是指财务控制所采取的不同方法，如定额控制法，也称为绝对控制法，是对养老机构财务指标使用绝对额控制的一种方法。定率控制法，也称为相对控制法，是对养老机构投入与产出比、开源与节流比的考察与控制。定额控制法没有弹性或者弹性很小。

控制时间分类是财务控制以时间发生先后顺序分类的方法。一般为事前控制、事中控制、事后控制三类。事前控制主要为事前财务活动和资金收支审核报批制度。事中控制主要为财务活动发生过程中依据财务预算进行监督，养老机构财务活动一般时间较短，控制要求高，不过对基本建设装修等时

间较长项目控制要求同样高。事后控制是对财务收支活动进行验收评价，并据此结果进行奖惩。

三、财务控制的作用和原则

（一）财务控制的作用

一方面，财务控制是实现和执行财务计划的手段。养老机构的财务计划要执行必须通过财务预算编制来分解和量化，财务控制是对养老机构财务活动必要的约束和调节。另一方面，财务控制是利用价值手段对养老机构经营活动进行有效控制，通过一系列连续的、综合的、有效的方法实现财务控制。

（二）财务控制的原则

一是目的明确原则，是指要有目标地进行财务管理活动，按照一定的财务标准实施财务管理，具体问题具体分析，对症下药，实现财务目的。二是保证财务预算目标实现原则，是通过财务控制，发现问题、分析原因、纠正错误、实现目标。

四、财务控制的制度和方法

（一）财务控制的制度

一是原始记录管理制度。包括：原始记录内容分类保管；复制保管；附件数量确认；原始凭证不得外借；原始凭证遗失处理方法；原始记录审核制度建立；审核内容齐全；审核的真实性、合法性、完整性；原始记录相关人员责任明确。二是会计档案管理。包括：建立会计档案保管制度；严格执行会计保管制度；确立会计凭证保管期限等内容。

（二）财务控制的方法

财务控制方法有：组织架构控制法，拥有合理的公司组织体系，实施监督控制机制；预算控制法，以财务预算标准控制的方法；授权控制法，要求授权明确，级别与授权一致，授权人公正、公道；措施控制法，其中包含政策制定控制法，养老机构依据国家方针政策文件规定，进行控制；文件记录控制法，由于我国养老机构从福利型走向市场化时间太短，国家不断出台文件，优惠政策不断，因此财务部门要用文件形式记录实际情况，保持财务的科学性和逻辑性；责任控制法，是以财务人员的岗位忠诚为保证的控制方式，养老机构员工是最可信任的人，依靠基层员工是现代社会的基本原则，他们的监督控制是最有效的控制。

触类旁通

财务管理关系人们的切身利益，所以非常重要。我们还会由此想到质量监督、安全保障等。

课堂练习

思考题：你会积极参加财务监督吗？

案例分析

案例简介：某县有一家民营的养老机构，一位员工的亲属，在一次聊天之中讲到养老机构工作

人员贪污之事。经调查核实那位员工的亲属所说属实。

分析：案例再次证明群众是监督的重要力量。

项目四　合同的全过程管理

任务情景

西部某县城一家民营养老机构，在员工工作半年以后还没有与之签订劳动合同，受到劳动管理部门的处罚。

情景分析

养老机构必须及时与员工签订正式的劳动合同。

学习探究

任务一　合同管理的重要性

养老机构的合同管理是财务管理的重要内容之一，是经济管理的主要形式，是企业生存的重要财务资料。

一、为什么要重视合同管理

我国是法制社会，养老机构的合同是最普遍的法律文件之一，也是数量最多的文件之一。因此，管理合同要有全局观念，要实行全过程管理、多重管理、全员管理。养老企业合同涉及公司经济利益、员工基本生活及入院老年人的切实利益，管理好合同是对公司、对老年人、对员工负责的重要工作，是财务控制、财务监督的重要内容之一，应该引起养老机构全体员工的高度重视。

二、合同的三重管理

所谓“三重管理”，是指财务部门、职能主管部门及办公室或者档案部门三个部门都要管理。三重管理的优势在于同样一份合同有三个部门保管，防止丢失损坏或者发生自然灾害情况下合同完全丧失，从而确保财务文件的完整性。

三、不同类型合同管理

（一）财务合同管理

养老机构财务合同往往涉及资金数量较大，保管显得格外重要，一旦出现财务纠纷，如果无法

调解，诉讼时间比较久，既浪费精力，又影响养老机构员工和入院老年人的情绪，还有损企业形象和声誉，甚至会带来重大经济损失。

（二）入院老年人合同管理

养老机构与入院老年人之间的合同十分重要，一方面，涉及老年人的切身利益、老年人的权益，关系到老年人亲友应尽的义务；另一方面，又与养老机构的经济利益、社会形象、企业声誉紧密联系。需特别注意的是，老年人智力不断退化，对时间较长久的合同内容遗忘很正常，一旦发生纠纷，老年人属于弱势群体，容易得到同情和照顾，损失大的还是养老机构一方，而且老年人随时可能因病失去记忆，甚至死亡，如果养老机构合同有缺失会造成工作困难。

（三）员工合同管理

员工是养老机构的主人，员工的切实利益应该受到保护，要想调动员工的工作积极性，就必须维护员工的经济利益，其中，合同是十分关键的文件。

触类旁通

根据教学计划规定，我们培养的是管理类的人才，而不是财务类的人才。因此我们必须注意：①财务管理的重要性，特别是养老机构，涉及老年人的“养命钱”不能出现任何差错。②财务管理的复杂性，涉及各方面的利益，必须严格管理。

课堂练习

练习一：养老机构财务控制的核心地位怎样？

练习二：怎样理解合同的全过程管理？

案例分析

案例简介：在税务改革管理以后，所有单位要开发票都必须注明税号，某家养老机构的采购人员，在一个月购物中所开的发票都没有税号。所有发票都不能正常报销。

分析：财务管理是一个非常细致的工作，只有认真负责才能做好工作。

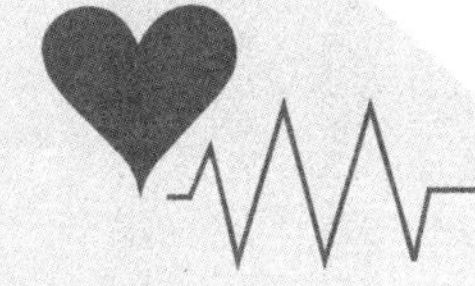

第五篇

养老机构的个性化经营与管理

单元十九　不同类型养老机构管理

单元概述

本单元介绍不同类型的养老机构的经营与管理。通过学习本单元，大家就可以尝试经营与管理养老机构了。

学习目标

知识目标

（1）掌握公办民营养老机构的基本管理方法。

（2）熟悉民办民营养老机构的管理模式选择。

（3）熟悉乡镇养老机构管理的方法。

技能目标

（1）能够为不同类型的养老机构制定基本的规章制度。

（2）能够灵活运用乡镇中小型养老机构的管理方法。

情感目标

（1）树立投身养老产业的理想。

（2）努力学好专业知识，在实践工作中去丰富和发展自己。

项目一　公办民营养老机构的经营与管理

任务情景

某县一家国营养老机构，长期经营不善。一位养老管理专家建议他们采取民营的方式，民政管理部门的负责人却说："这是不可能的。"

情景分析

这可能是一个外行的领导，经过进一步的调查得知，他刚从别的行业调过来不到5天。

学习探究

一、公办民营是公办养老机构的改革方向

公办民营是公办养老机构运营模式的一种，也是公办养老机构的改革方向之一，是指各级政府和公有制单位已经办成的公有制性质（国有）的养老机构，按照市场经济发展的客观要求进一步改制、改组和创新，与政府的行政管理脱钩，交给民间组织或社会力量去管理和运作（民营），

使养老机构在新型的体制下充满生机和活力。

二、公办民营养老机构的运行方式

（1）承包式：在不改变国有资产性质（所有制）的前提下，政府将公办养老机构的经营权转让给企业、非营利组织等民营方，政府收取一定的承包费，并对民营方进行监管。

（2）租赁式：政府将公办养老机构的使用权租赁给民营方，政府根据租赁合同收取一定的租金。

（3）委托经营式：将公办养老机构委托给民营方全权经营管理，政府进行监管。

（4）合营式：把公办养老机构的经营服务权分出一部分交给民营方经营，协商确定双方在服务管理上的职责范围，共同经营管理。

（5）股份式：对公办养老机构进行股份制改造，公办养老机构参与管理、与民营方分享股权，产权多元化、利益共享、风险共担。

以上五种运行方式均未改变国有资产的性质。

三、公办民营养老机构的操作步骤

要实现公办民营，具体而言，就要把市场经济的客观规律和运行机制引进并运用到养老服务领域，做到四个转变：①改变国家为公办养老机构定事业编制、定人员编制、定财政划拨经费的做法，引入多种经济成分参与改制，变公办养老机构的全民所有或集体所有为多种经济成分共同所有或其他非公有制成分所有。②变财政全额事业拨款为按一定机制、按运行情况由财政予以适量适度补贴。③管理和服务人员为全新的聘任制、合同制，引入市场竞争机制和灵活的激励机制，建立以事定岗、以岗定责、优胜劣汰、能进能出的人力资源管理体制。④工资分配制度为薪酬与绩效挂钩，按劳取酬的新分配制度。

公办民营的实施是一场真正意义上政事分离的变革，是养老服务领域管理体制、运行机制，以及用人用工制度、分配制度和资源配置方式的变革与创新。公办民营的推行必将会对养老服务业态的形成，对各类养老机构遵循市场经济规律、公平合理开展竞争、切实维护老年人的合法权益，以及养老服务业的健康快速发展，发挥巨大的推动作用，产生极其深远的影响。

四、公办民营养老机构的优势

（一）有利于促进政府政事分开

长期以来，政府公办养老服务机构除投入全部基建经费、经营管理经费外，还需占用人员编制，造成机制僵化、效率低下、竞争活力和发展动力匮乏等诸多问题。而公办民营模式可以把政府从不擅长的事务中解放出来，有利于促进政府事务的政企分离，改善公办养老机构经营不善的局面，盘活现有存量资源，同时有利于减轻政府的负担。

（二）有利于民营组织的发展

公办民营模式使得企业、非营利组织、个人等民营方得到政府的支持、政策的优惠，降低了资本投入，无形中降低了社会力量进入这个行业的“门槛”。在运行过程中，降低运营成本和资源消耗，有利于民营方专注于管理和服务，同时公信度的提高，有利于民营组织的大力发展。

（三）有利于缓解养老服务的供需矛盾

当今，中国正在经历历史上规模最大、速度最快的老龄化进程。养老服务的供求矛盾也达到

历史高峰。多个城区养老院“一床难求”现象已经屡见不鲜。目前国际社会机构养老通行的一般规律是养老床位约占老年人口总数的5%，按此标准计算，我国养老机构的床位不足实际需求量的1/10。面对日益增长的老年群体和巨大的床位缺口，如何养老成了摆在社会和老人家庭面前的难题。在公办养老院“一床难求”和民办养老院“门可罗雀”的尴尬境地中寻找到养老服务提供方式新的生机，缓解了养老服务的供需矛盾。

（四）克服公办养老院和民办养老院的固有弊端

公办养老院呈现出两极分化的趋势：一种是环境优越的养老院，入住难度非常大；另一种是规模小、条件差的养老院，老年人不愿意选择在此养老，入住率低。民办养老院的情况则不同，由于其收费高、监管差等诸多原因导致其入住率不高。

（五）有利于老年人享受专业化、人性化的养老服务

某些民营养老服务机构的专业化程度非常高，其发展目标是达到先进国家的专业标准和管理经验，精心呵护和照料老年人特别是失能老人，让他们体面地有尊严地养老。这些专业化的养老服务是公办公营和某些民办民营的养老机构所无法提供的。

因此，公办民营模式改变了我国现有公办养老院由政府全权负责、财政高额补贴的传统管理模式，改制后，养老服务机构在经营上相对独立，由过去依赖政府转向依靠市场，从而调动了经营者的积极性，促使经营者在管理上狠下工夫，想方设法完善内部管理制度，降低成本，提高效率；在服务上不断增强服务意识，提高服务质量，争取让更多的老年人入住。民营养老机构有其存在的可行性和必要性，但在运行的过程中存在服务兼管不到位、缺乏照顾弱势老年群体机制以及法律法规的约束与规范、专业护理人才缺乏等问题。可以从以下几个方面完善：①政府应大力培养和扶植非营利性组织参与公办民营模式；②完善公办民营机构养老服务模式的监管体系；③健全公办民营机构养老模式相关法律法规；④大力建设养老服务人才队伍；⑤规范公办民营养老机构的入住资格；⑥促进民营方优化、细化养老服务。

案例分析

案例简介：北京月坛街道敬老院是汽南社区的老龄委为了给社区居民提供方便的养老服务而设立的，投资22万元，向北京市福利彩票基金申请了200万元作为专项基金，于2005年10月正式成立。该敬老院有37张床位，成立之初的业务主要是日托，服务对象是完全自理的老人，投入运营后，入住率低、服务能力差，导致收不抵支，亏损严重，对政府依赖性强，濒临破产，后来汽南老龄委就将敬老院交给了月坛街道办事处。2006年3月，月坛街道办事处的负责人接触并了解了鹤童老年福利协会（简称“鹤童”），随后他主动与之联系并提出了合作意向，双方经过考察和协商终于在2006年12月8日正式签订了协议，“鹤童”正式接管运营月坛街道敬老院，双方开始了“公办民营”的合作。月坛街道办事处和“鹤童”采取的合作方式是委托经营，政府负责提供场地和设备，但月坛街道敬老院国有资产的产权性质不变，“鹤童”负责养老院的经营管理工作，可以独立决定人员安排、服务内容、范围，只收取敬老院每年收益的6%作为管理费用。政府对其进行监管。

分析：“鹤童”接管月坛街道敬老院后，将之前的以日托服务为主的敬老院转型做成可以接收阿尔茨海默症患者、常年瘫痪的失能失智老人的“护理院”，为这些老人提供专业化的服务。“鹤童”

凭借专业的护理团队和先进的管理能力仅仅用了 3 个月就实现了 90% 的入住率，实现了收支平衡，很快入住率达到 100%，经济效益和社会效益显著提高。敬老院不再是政府的“负担”，获得了可持续发展的能力。

项目二　民办民营养老机构的经营与管理

任务情景

厦门市 2014 年年底共有 62 家养老机构，其中民办 27 家、公办 35 家。该市总床位 6 563 张，其中民办养老机构床位占比 63.6%，公办养老机构床位占比 36.4%。民办养老机构占据着提供养老服务的重要位置。2014 年年底该市户籍总人口 200 万左右，则每千名老年人拥有养老床位 32.8 张。而我国截至 2013 年年底，每千名老年人拥有养老床位 24.4 张。可见，该市每千名老年人拥有养老床位在相近时期略高于全国水平。相比于全国的平均人均床位水平，该市确实要高，但是该城市有着很多吸引各地老年人养老的地方，所以提前格外重视养老问题是未雨绸缪。

该市政府一方面支持已有民办养老机构，另一方面鼓励社会人士兴办民办养老机构。对于已经成立的民办养老机构经费补助主要指服务对象补贴。该市政府对于已经成立的民办养老机构的补贴，即每个月每位老年人政府补贴 120 元。同时，政府对于民办养老机构的水、电、管道燃气费用是按居民标准收费的。而对于未成立的民办养老机构，政府则有建成补贴。在政府各种经济补贴逐步提高的情况下，当地养老机构经营状况正朝着好的方向发展。

任务分析

自 1999 年我国宣布进入老龄化社会以后，在养老机构建设上，就提出了公办、社会力量投资和外资相结合的基本方法和政策，这是非常正确的。但是在 2015 年以前，各地社会力量和外资投资兴办的养老机构，仍然处于数量还相当少、服务质量尚需提高的状况。

学习探究

民办民营养老机构是企业中的具有慈善性的特殊社会组织，主要是指由私人投资成立、在民政部门注册，有独立的法人资格，不以盈利为目的具有社会公益特征的养老机构。

一、民办民营养老机构的特点

（一）灵活的机制

民办民营养老机构往往根据市场的变化以最快的速度调整经营战略和竞争策略，以市场为导向，建立满足老年人需求的养老机构。

（二）时效的决策

养老机构需要迅速决策，快速地适应市场变化，才能更好地为老年人服务，保有竞争之位。公

办养老机构因体制僵化等原因，其决策速度可能跟不上市场变化，比如全国各个地区依靠政府投资建设投资兴办的星光养老院，就是因为市场变化太快，而经营决策太慢，导致停业。而民办养老机构不同于公办养老机构的经营体制的特殊性，可以迅速地根据市场变化做出决策。

（三）多功能的硬件设备

公办养老机构只能按照制度规定和本身的规模条件运作。而民办养老机构则不同，只要资金充足，可以根据老年人的需求置办高级的硬件设备，也可在其设备闲置甚至现有经营不理想时，对原有设备进行改装，扩大其使用功能，增加其他的用途。

（四）优越的人力资源配置

公办养老机构的招聘需依据国家规定进行。而民办养老机构只要资金允许、现有条件允许，是可以通过人才战略规划，引入市场竞争机制，竞争上岗，甚至与现有周边高校进行合作，提前为民办养老机构培育一批优秀的服务人员。

（五）无区域性限制，可实现规模经营

口碑效益好的养老机构，可谓是一床难求，而另一部分养老机构床位空置率却较高，资源配置没有实现最优化。民办养老机构可突破区域性的限制，把优异的经营经验传播出去，使资源实现最优化配置，进而实现规模经济效益。

虽然民办养老机构有如上特点，但并不是每个民办养老机构都可以充分发挥其独有的特点，或许存在某些制约其发展的因素。这也是本文想探讨的问题，通过发现其存在的经营问题，为其提供相应的经营策略，以谋得更好的发展。

二、民办民营养老机构的定位

我国民办养老机构虽然在政府支持方面远不及公办养老机构，但也有其优势所在，利用其优势，确定一个合适并独特的定位，是广大民办养老机构必须去做的。定位即要让消费者明白这是一家怎样的养老机构，要在消费者心中占据有利的位置，当老年人需要养老机构服务的时候会想起该机构。民办养老机构具有经营灵活等优势，并可适当地以市场需求为导向，根据老年人的需求调整经营策略。寻找合适并独特的定位，有了清晰的定位，才能在后期的经营过程中做出正确有效的决策，才能发展壮大。而养老机构功能定位，即养老机构选择怎样的目标市场，明确目标市场细分中老年人对养老服务有怎样的需求。从经营者的角度看，即做哪一种类型的养老机构；从消费者的角度看，即这是一家怎样的养老机构，是否能够满足消费者的需求；从市场的角度看，这家养老机构在市场中占据着怎样的一个角色（领导者或跟随者或其他），与其他养老机构有何差异。

根据需求层次理论，养老机构将不同健康程度的老年人进行区分，则可根据服务对象即老年人的健康状况、经济收入及其他特别需求提供不同类别的养老服务，甚至是定制化的服务。当然，民办养老机构也可实行集中化战略，比如只收养不能自理的老年人。不过市场是多样性的，实行多样化战略，收养不同类型的老年人也是不错的选择。根据老年人的健康状况来划分不同基本功能的定位，不同的民办养老机构可根据自身情况选择不同功能的定位。考虑到老年人对于具有特色的机构的接受程度问题，可以采用体验式营销，即对于有意愿入住的老年人，可请其在养老机构免费体验

3～4天，感受独特养老公寓的配套服务和娱乐活动等。试住7天后，需要适当地交纳伙食费，若满意，即可办理正式入住手续。具有特色的功能定位主要有两种：一种是旅游度假型独特养老机构，另一种是文化艺术型独特养老机构。

三、民办养老机构的发展措施

（一）提高管理水平

（1）提高管理者的自身素质。养老机构管理者（经营者）自身的问题对于其进一步发展是很不利的，而大多数民办养老机构管理者都存在这样或那样的问题，所以提高管理者的素质水平、专业性、管理技能，以及增强其法律意识对于其管理的养老机构至关重要。

（2）规范机构岗位设置并明确分工。很多民办养老机构也存在这种情况，经营者身兼数职，既要进行日常的机构管理工作，又要做诸如财务、采购、服务等杂活，事事都要兼顾，这大大分散了管理人员的精力，降低了机构的管理质量。所以，对岗位设置进行规范化，确定管理等级，明确各自的职责，建立相应的奖惩体制，形成一套行之有效的管理制度是很有必要的。

（二）合理运用机构资金并完善多元化资金投入机制

（1）合理运用机构资金。民办养老机构的经费主要来源于老年人交的入住费用，而支出主要是房租、水电费、伙食费和员工薪水等。一个机构要想取得长远发展，尤其是在机构成立的早期，需要学会“节流”。在仅有少量收益的经营状况下，房租的费用是没法节约了，但可以将多余的空地进行合理利用；而水费则可以通过水的二次利用来节约水资源，从而减少水费支出；可以通过多组织老年人到室外活动，在有益老年人身心健康的同时节约电；可以通过自己种蔬菜，或者与菜市场的商贩达成长期合作，以争取质量不变但更低价的菜品供给；员工薪水方面，可与高校进行合作，组织一批志愿者或者社会义工来机构帮忙，从而减少人员开支。

（2）完善多元化资金投入机制。首先，民办养老机构要吸引各类慈善机构来投入养老事业，管理者应多与慈善机构或捐赠组织联系，以获得更多的社会支持。其次，民办养老机构在自身资金不够的情况下，可借助现代化的资源，比如通过网络的众筹方式，为机构的发展争取一定的资金。最后，希望政府放宽民办养老机构向银行借贷的条件，也可建立专门为民办养老机构服务的金融组织或机构，同时加大福利彩票等对民办养老机构的资助。

（三）完善机构设施建设

（1）对已有设施进行维修、更换。民办养老机构中的很多设施都是当初建立的时候建设、置办的。在运营过程中，老化损坏现象时有发生，损坏和老化的设备为老年人的使用带来了不便，埋下了安全隐患，对此，应当对已老化、损坏的设施进行修理或更换，对正在使用的设施进行定期的检查，发现问题及时处理，对已有设备的负责就是对新的消费者负责。

（2）不断完善机构设施建设。许多养老机构入住率不高的原因之一是设施不够完善，为了提高老年人的生活质量，提高入住率，民办养老机构要不断完善自身的设施建设。首先，可以根据现住老年人对机构所缺设施的评比，适当增加所需设施。其次，可以提供专门的区域供老年人休闲娱乐，室外加花草种植，扩大绿地面积。再次，室内可以根据居住的老年人的兴趣爱好提供多样的娱乐工具，并不定期为老年人组织活动，如旅游活动等。

（3）医疗设施也需不断完善。机构应根据自身条件配备常用药、急救药等药品，体温计、血压

计等医疗器材。条件较好、资金允许的机构应当设置医务室，配备随院医生，在老人居住的房间里安装电子呼叫器、氧气接口等，并应定期组织入住老年人体检，了解老年人最新的身体状况。只有在经营中明确医疗设施不断完善，才能在实践中付出行动，让现有老年消费者满意，形成良好的口碑宣传，吸引更多的老年群体入住。

（四）提高护理人员专业技能并加大与高校合作力度

（1）加强护理人员专业培训，适当提高待遇。护理人员大多年龄较大，文化程度较低，护理技能不够专业，还缺少培训。民办养老机构需要定期对护理人员进行培训，以使其更好地服务老年消费者。如可聘请老师前来授课，讲授医学常识和护理急救知识。让做得好的更专业的护理人员，起到带领表率的作用，适当地在工作中培养其他的工作人员。还可组织知识竞赛等，并设定奖金，激励现有护理人员进行学习。

（2）开展校企合作，培养优秀的服务人员。调查发现，民办养老机构服务人员的学历为初中及以下者比例较高，学历普遍较低。民办养老机构可以尝试与当地的高职院校对应专业进行校企合作，培养员工的服务意识以及重视其专业技能的培训，并开通其到民办养老机构实习的通道，让其对该行业有一个更加充分的了解。通过开展校企合作，高校为民办养老机构输送相关专业并热爱养老事业的学生，一方面为社会解决了一部分就业问题，另一方面为民办养老机构培养了优秀、合适的人才。

触类旁通

经营无定式，管理有规章。作为养老服务和管理专业的职业院校学生，认真学好这门课是十分必要的。

课堂练习

思考题：怎样把养老服务与管理有机地结合起来。

案例分析

案例简介：某市一家公办养老机构，去年由一家民营企业承包经营以后，服务质量大大下降，引起了巨大的反响。怎么办?

分析：①政府主管部门应加强监督引导和指导；②限制期限整改；③根据合同相关条款终止承包管理合同。

项目三　乡镇养老机构的经营与管理

任务情景

西部某地级市郊区一家乡镇敬老院，承担三个乡镇三无老人和五保户的养老任务。敬老院有 60

多个床位，由个人承包，其中“三无”老人和“五保户”经常保持在25位左右，另接收社会老人25位左右，经营效果较好。

情景分析

他们的经验是，一是服从县民政局和乡镇领导的管理；二是通过接收社会老人养老，提高经济效益。

学习探究

一、乡镇养老机构的主要特点

（一）财政投资为主

特别是在东部经济发达地区，乡镇养老机构一般由县、市财政投入，经营条件较好，是当前我国乡镇养老的主要力量。

（二）承包经营为主

在我国东、中、西部地区乡镇养老机构基本上都是由民营企业承包经营。

二、乡镇养老机构的注意事项

（一）加大财政投入力度

特别在我国西部地区、革命老区、偏远山区、边境地区、少数民族地区，都应该加大养老财政投入力度。

（二）加强人才培养

我国广大农村乡镇的养老机构，管理人才和服务人员都十分匮乏，必须加大培养力度，鼓励相关专业毕业的大专学生到这些地区去工作，给予他们相对来说具有吸引力的经济补贴，以及社会荣誉表彰。

（三）加强服务

管理的本质就是服务。各级政府部门要加强对于乡镇养老机构的领导、指导和服务。

三、乡镇养老机构的基本状况

（一）总体状况

我国很多地区的村都建立了养老机构，在西部经济相对发达的地区农村养老机构比较多，且总体经营状况较好。

（二）注意事项

国家相关部门和领导应该更多地关心乡镇养老机构。这是数量最大、最能服务于广大农民的基层养老机构。鼓励养老人才到乡镇养老机构锻炼。对大学、高职院校毕业生到乡镇养老机构工作两

年以上的，应该在考研究生和考公务员等方面给予优惠政策。地方财政应加强经济补贴。对于乡镇养老机构，政府应该给以更多的扶持和帮助。

四、乡镇养老机构的管理方式

乡镇养老机构的基本类型有：国有公办公营型；国有民间资本联合经营型；财政补贴民间资本经营型；民间资本独立经营型；民间资本联合经营型。

公办养老机构管理方法：由县民政局直接派出公务员作为乡镇养老机构的院长，主要工作人员也是民政局的公务员或者事业编制的工作人员。此外，再招聘部分服务人员、辅助工等。由县民政局和乡镇联合选择决定乡镇养老机构的负责人，再由他主持建立养老机构领导班子和工作人员招聘。民办养老机构管理方法：由民办养老机构的投资者聘请专业的养老和医务工作者担任负责人，再招聘一些工作人员和辅助工开展工作。

触类旁通

在对我国养老机构的基本类型、管理方式、财务模式、盈利模式、人才选择、安全管理、风险防范措施等都已经有了初步了解后，再来学习我国乡镇养老机构的相关知识就比较容易了。

课堂练习

课堂讨论题：你愿意到我国的乡镇养老机构做志愿者吗？

案例分析

成都市新津县龙区老年服务中心成立于 2005 年 3 月，位于兴义镇广滩村九组，距离区委区政府所在地仅两公里，交通方便，占地约 3 700 平方米。床位 90 个，有单人间和双人间，每个房间都配备有独立的卫生间，并建设有多功能厅、餐厅、图书室等，以满足老年人休闲娱乐的需要，养老服务中心还专门租用了 8 000 平方米土地，种植花草树木，以及蔬菜，既美化了服务中心的环境，又为老年人提供了优质的有机蔬菜，受到有关方面好评。

分析：该老年服务中心采用合理的经营管理方式，从老年人的角度出发，努力满足其各方面的需求，为广大老年人创造了一个宜居的环境。

附　录

附录 A　常用政策法规一览表

法规名称	颁布文件	施行时间
中华人民共和国宪法	全国人民代表大会公告	1982 年 12 月 4 日
中华人民共和国老年人权益保障法（2018 修正）	中华人民共和国主席令第 24 号	2018 年 12 月 29 日
农村五保供养工作条例	国务院令第 456 号	2006 年 3 月 1 日
国务院办公厅转发全国老龄委办公室和发展改革委等部门关于加快发展养老服务业意见的通知	国办发〔2006〕6 号	2006 年 2 月 9 日
国务院关于加快发展养老服务业的若干意见	国发〔2013〕35 号	2013 年 9 月 6 日
国务院办公厅关于印发老年教育发展规划（2016—2020 年）的通知	国办发〔2016〕74 号	2016 年 10 月 5 日
国务院办公厅关于全面放开养老服务市场提升养老服务质量的若干意见	国办发〔2016〕91 号	2016 年 12 月 7 日
国务院关于印发“十三五”推进基本公共服务均等化规划的通知	国发〔2017〕9 号	2017 年 1 月 23 日
国务院关于印发“十三五”国家老龄事业发展和养老体系建设规划的通知	国发〔2017〕13 号	2017 年 2 月 28 日
国务院办公厅关于制定和实施老年人照顾服务项目的意见	国办发〔2017〕52 号	2017 年 6 月 6 日
国务院办公厅关于推进养老服务发展的意见	国办发〔2019〕5 号	2019 年 3 月 29 日
国务院办公厅关于同意建立养老服务部际联席会议制度的函	国办函〔2019〕74 号	2019 年 7 月 27 日
国务院办公厅关于印发全国深化“放管服”改革优化营商环境电视电话会议重点任务分工方案的通知	国办发〔2019〕39 号	2019 年 8 月 1 日
农村敬老院管理暂行办法	民政部令第 1 号	1997 年 3 月 18 日
农村五保供养服务机构管理办法	民政部令第 37 号	2011 年 1 月 1 日
养老机构管理办法	民政部令第 49 号	2013 年 7 月 1 日
财政部、国家税务总局关于对老年服务机构有关税收政策问题的通知	财税〔2000〕97 号	2000 年 10 月 1 日
全国老龄办司法部 公安部关于加强维护老年人合法权益工作的意见	全国老工办发〔2003〕4 号	2003 年 2 月 25 日
民政部、公安部关于加强社会福利机构消防安全工作的通知	民发〔2009〕156 号	2009 年 11 月 4 日
中华人民共和国住房和城乡建设部中华人民共和国国家发展和改革委员会关于批准发布《老年养护院建设标准》的通知	建标〔2010〕194 号	2010 年 11 月 17 日
民政部关于贯彻落实《农村五保供养服务机构管理办法》的通知	民函〔2011〕70 号	2011 年 3 月 12 日
民政部、国家民委关于进一步加强少数民族群众养老机构建设工作的通知	民发〔2011〕143 号	2011 年 8 月 30 日
民政部关于鼓励和引导民间资本进入养老服务领域的实施意见	民发〔2012〕129 号	2012 年 7 月 24 日
住房城乡建设部关于贯彻落实《无障碍环境建设条例》进一步加强无障碍环境建设工作的通知	建标〔2012〕154 号	2012 年 10 月 30 日
民政部、国家开发银行关于贯彻落实《支持社会养老服务体系建设规划合作协议》共同推进社会养老服务体系建设的意见	民发〔2012〕209 号	2012 年 11 月 6 日
商务部、民政部关于香港、澳门服务提供者在内地举办营利性养老机构和残疾人机构服务有关事项的通知	商资函〔2013〕67 号	2013 年 2 月 17 日
人力资源和社会保障部银监会证监会保监会关于企业年金养老金产品有关问题的通知	人社部发〔2013〕24 号	2013 年 3 月 19 日

（续）

法规名称	颁布文件	施行时间
财政部 民政部关于印发《中央专项彩票公益金支持农村幸福院项目管理办法》的通知	财综〔2013〕56号	2013年4月28日
民政部关于推进养老服务评估工作的指导意见	民发〔2013〕127号	2013年7月30日
民政部办公厅关于开展全国养老护理员远程培训工作的通知	民办函〔2013〕376号	2013年11月29日
民政部关于建立养老服务协作与对口支援机制的意见	民发〔2013〕207号	2013年12月13日
民政部关于开展公办养老机构改革试点工作的通知	民函〔2013〕369号	2013年12月13日
国家卫生计生委、民政部等5部门关于进一步做好计划生育特殊困难家庭扶助工作的通知	国卫家庭发〔2013〕41号	2013年12月18日
民政部办公厅、发展改革委办公厅关于开展养老服务业综合改革试点工作的通知	民办发〔2013〕23号	2013年12月27日
全国老龄办等24个部门关于进一步加强老年人优待工作的意见	全国老龄委发〔2013〕97号	2013年12月30日
民政部办公厅关于港澳服务提供者以独资民办非企业单位形式在广东设立居家养老服务机构有关事项的通知	民办函〔2014〕1号	2014年1月2日
国家发展改革委等部门关于加快实施信息惠民工程有关工作的通知	发改高技〔2014〕46号	2014年1月9日
民政部、国家标准委等五部门关于加强养老服务标准化工作的指导意见	民发〔2014〕17号	2014年1月26日
住房和城乡建设部、国土资源部、民政部、全国老龄办关于加强养老服务设施规划建设工作的通知	建标〔2014〕23号	2014年1月28日
民政部、中国保监会、全国老龄办关于推进养老机构责任保险工作的指导意见	民发〔2014〕47号	2014年2月28日
民政部、国土资源部、财政部、住房和城乡建设部关于推进城镇养老服务设施建设工作的通知	民发〔2014〕116号	2014年5月28日
教育部、民政部、财政部等9部门关于加快推进养老服务业人才培养的意见	教职成〔2014〕5号	2014年6月10日
国家发展改革委、民政部、国家卫生计生委关于组织开展面向养老机构的远程医疗政策试点工作的通知	发改高技〔2014〕1358号	2014年6月16日
民政部办公厅关于开展国家智能养老物联网应用示范工程的通知	民办函〔2014〕222号	2014年6月20日
住房和城乡建设部、民政部等5部门关于加强老年人家庭及居住区公共设施无障碍改造工作的通知	建标〔2014〕100号	2014年7月8日
民政部办公厅、发展改革委办公厅关于做好养老服务业综合改革试点工作的通知	民办发〔2014〕24号	2014年7月30日
财政部办公厅、商务部办公厅关于开展以市场化方式发展养老服务产业试点的通知	财办建〔2014〕48号	2014年8月4日
财政部、发展改革委、民政部、全国老龄办关于做好政府购买养老服务工作的通知	财社〔2014〕105号	2014年8月26日
国家发展改革委、民政部等10部门关于加快推进健康与养老服务工程建设的通知	发改投资〔2014〕2091号	2014年9月12日
国家卫生计生委办公厅关于开展计划生育家庭养老照护试点工作的通知	国卫办家庭函〔2014〕834号	2014年9月17日
民政部办公厅关于贯彻实施《精神卫生社会福利机构基本规范》行业标准的通知	民办函〔2014〕350号	2014年9月30日
民政部、国家发展改革委等6部门关于开展养老服务和社区服务信息惠民工程试点工作的通知	民函〔2014〕325号	2014年10月30日
国家卫生计生委办公厅关于印发《养老机构医务室基本标准（试行）》和《养老机构护理站基本标准（试行）》的通知	国卫办医发〔2014〕57号	2014年10月31日
商务部关于推动养老服务产业发展的指导意见	商服贸函〔2014〕899号	2014年11月14日

（续）

法规名称	颁布文件	施行时间
商务部、民政部关于外商投资设立营利性养老机构有关事项的公告	商务部民政部 2014 年第 81 号	2014 年 11 月 24 日
民政部、国家工商行政管理总局、国家统计局关于开展养老服务业统计工作的通知	民发〔2014〕251 号	2014 年 12 月 8 日
财政部民政部工商总局关于印发《政府购买服务管理办法（暂行）》的通知	财综〔2014〕96 号	2014 年 12 月 15 日
教育部办公厅、民政部办公厅、国家卫生计生委办公厅关于遴选全国职业院校养老服务类示范专业点的通知	教职成厅〔2014〕50 号	2014 年 12 月 15 日
财政部国家发展改革委关于减免养老和医疗机构行政事业性收费有关问题的通知	财税〔2014〕77 号	2015 年 1 月 1 日
国家发展改革委、民政部关于规范养老机构服务收费管理促进养老服务业健康发展的指导意见	发改价格〔2015〕129 号	2015 年 1 月 19 日
民政部、发展改革委等 10 部门关于鼓励民间资本参与养老服务业发展的实施意见	民发〔2015〕33 号	2015 年 2 月 3 日
民政部关于开展社会福利机构消防安全大检查的通知	民函〔2015〕65 号	2015 年 2 月 13 日
司法部全国老龄工作委员会办公室关于深入开展老年人法律服务和法律援助工作的通知	司发通〔2015〕29 号	2015 年 3 月 11 日
民政部关于加快推进养老服务工程建设工作的通知	民函〔2015〕93 号	2015 年 3 月 20 日
国家发展改革委办公厅关于印发《养老产业专项债券发行指引》的通知	发改办财金〔2015〕817 号	2015 年 4 月 7 日
民政部、国家开发银行关于开发性金融支持社会养老服务体系建设的实施意见	民发〔2015〕78 号	2015 年 4 月 14 日
国家发展改革委办公厅、民政部办公厅、老龄委办公室综合部关于进一步做好养老服务业发展有关工作的通知	发改办社会〔2015〕992 号	2015 年 4 月 22 日
民政部、公安部关于印发《社会福利机构消防安全管理十项规定》的通知	民函〔2015〕280 号	2015 年 8 月 28 日
民政部、公安部关于组织开展社会福利机构消防安全专项治理工作的通知	民函〔2015〕281 号	2015 年 9 月 6 日
中国人民银行、民政部、银监会、证监会、保监会关于金融支持养老服务业加快发展的指导意见	银发〔2016〕65 号	2016 年 3 月 3 日
民政部、卫生计生委关于做好医养结合服务机构许可工作的通知	民发〔2016〕52 号	2016 年 4 月 8 日
全国老龄办、民政部、财政部、中国保监会关于开展老年人意外伤害保险工作的指导意见	全国老龄办发〔2016〕32 号	2016 年 4 月 14 日
国家卫生计生委办公厅、民政部办公厅关于遴选国家级医养结合试点单位的通知	国卫办家庭发〔2016〕511 号	2016 年 5 月 17 日
教育部办公厅、民政部办公厅、国家卫生计生委办公厅关于公布首批全国职业院校养老服务类示范专业点名单的通知	教职成厅函〔2016〕31 号	2016 年 6 月 15 日
国家卫生计生委办公厅、民政部办公厅关于确定第一批国家级医养结合试点单位的通知	国卫办家庭函〔2016〕644 号	2016 年 6 月 16 日
民政部、国家发展改革委员会关于印发《民政事业发展第十三个五年规划》的通知	民发〔2016〕107 号	2016 年 6 月 24 日
人力资源社会保障部办公厅关于开展长期护理保险制度试点的指导意见	人社厅发〔2016〕80 号	2016 年 6 月 27 日
教育部等九部门关于进一步推进社区教育发展的意见	教职成〔2016〕4 号	2016 年 6 月 28 日
民政部办公厅、发展改革委办公厅关于开展以公建民营为重点的第二批公办养老机构改革试点工作的通知	民办发〔2016〕15 号	2016 年 8 月 19 日

（续）

法规名称	颁布文件	施行时间
国家卫生计生委办公厅、民政部办公厅关于确定第二批国家级医养结合试点单位的通知	国卫办家庭函〔2016〕1004号	2016年9月14日
中国残联住房和城乡建设部等13部门关于印发《无障碍环境建设“十三五”实施方案》的通知	无	2016年9月21日
全国老龄办、国家发展改革委等25部门关于推进老年宜居环境建设的指导意见	全国老龄办发〔2016〕73号	2016年10月9日
民政部、发展改革委等11部门关于支持整合改造闲置社会资源发展养老服务的通知	民发〔2016〕179号	2016年10月9日
民政部、工商总局关于印发《养老机构服务合同》（示范文本）的通知	民发〔2016〕208号	2016年11月7日
全国老龄办、最高人民法院等6部门关于进一步加强老年法律维权工作的意见	全国老龄办发〔2016〕102号	2016年12月28日
国家发展改革委、财政部、民政部关于印发《养老服务体系建设中央补助激励支持实施办法》的通知	发改社会〔2016〕2776号	2016年12月28日
国家卫生计生委、中宣部、中央综治办、民政部等22个部门关于加强心理健康服务的指导意见	国卫疾控发〔2016〕77号	2016年12月30日
民政部、国家发展改革委等13部门关于加快推进养老服务业放管服改革的通知	民发〔2017〕25号	2017年1月23日
工业和信息化部、民政部、国家卫生计生委关于印发《智慧健康养老产业发展行动计划（2017—2020年）》的通知	工信部联电子〔2017〕25号	2017年2月6日
民政部关于应用全国养老机构业务管理系统 加强养老机构发展监测的通知	民函〔2017〕56号	2017年3月21日
民政部、公安部、国家卫生计生委等6部门印发关于开展养老院服务质量建设专项行动的通知	民发〔2017〕51号	2017年3月22日
财政部、民政部、人力资源社会保障部关于运用政府和社会资本合作模式支持养老服务业发展的实施意见	财金〔2017〕86号	2017年8月14日
民政部、国家标准委关于印发《养老服务标准体系建设指南》的通知	民发〔2017〕145号	2017年8月24日
国家卫生计生委办公厅关于养老机构内部设置医疗机构取消行政审批实行备案管理的通知	国卫办医发〔2017〕38号	2017年11月8日
工业和信息化部、民政部、国家卫生计生委关于公布2017年智慧健康养老应用试点示范名单的通告	工信部联电子函〔2017〕588号	2017年12月19日
民政部、公安部、司法部、财政部、人力资源社会保障部、文化部、卫生计生委、国务院扶贫办、全国老龄办关于加强农村留守老年人关爱服务工作的意见	民发〔2017〕193号	2017年12月28日
民政部、公安部等8部门关于做好2018年养老院服务质量建设专项行动的通知	民发〔2018〕40号	2018年3月21日
国家卫生健康委员会、国家发展和改革委员会等部门关于印发促进护理服务业改革与发展指导意见的通知	国卫医发〔2018〕20号	2018年6月21日
工业和信息化部、民政部、国家卫生健康委员会关于公布第二批智慧健康养老应用试点示范名单的通告	工信部联电子函〔2018〕482号	2018年12月19日
民政部关于贯彻落实新修改的《中华人民共和国老年人权益保障法》的通知	民函〔2019〕1号	2019年1月2日
财政部税务总局关于明确养老机构免征增值税等政策的通知	财税〔2019〕20号	2019年2月2日
国家发展改革委等十八部门联合发布《加大力度推动社会领域公共服务补短板强弱项提质量 促进形成强大国内市场的行动方案》	发改社会〔2019〕0160号	2019年2月19日

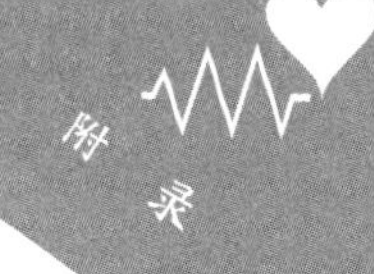

（续）

法规名称	颁布文件	施行时间
国家发展改革委、民政部、国家卫生健康委关于印发《城企联动普惠养老专项行动实施方案（试行）》的通知	发改社会〔2019〕333号	2019年2月20日
教育部等四部门印发《关于在院校实施“学历证书+若干职业技能等级证书”制度试点方案》的通知	职教成〔2019〕6号	2019年4月4日
人力资源社会保障部、教育部关于印发《职业技能等级证书监督管理办法（试行）》的通知	人社部发〔2019〕34号	2019年4月23日
民政部办公厅关于印发社会救助和养老服务领域基层政务公开标准指引的通知	民办函〔2019〕52号	2019年4月30日
财政部、税务总局、发展改革委、民政部、商务部、卫生健康委关于养老、托育、家政等社区家庭服务业税费优惠政策的公告	公告2019年第76号	2019年6月28日
国家卫生健康委员会、中国银行保险监督管理委员会、国家中医药管理局关于开展老年护理需求评估和规范服务工作的通知	国卫医发〔2019〕48号	2019年7月25日
国家卫生健康委员会、财政部、人力资源和社会保障部、国家市场监督管理总局、国家中医药管理局联合发布《关于加强医疗护理员培训和规范管理工作的通知》	国卫医发〔2019〕49号	2019年7月26日
民政部、发展改革委、财政部关于实施特困人员供养服务设施（敬老院）改造提升工程的意见	民发〔2019〕80号	2019年8月21日
国家卫生健康委办公厅关于印发老年失能预防核心信息的通知	国卫办老龄函〔2019〕689号	2019年8月23日
民政部、财政部、人力资源社会保障部关于进一步加强特困人员供养服务设施（敬老院）管理有关工作的通知	民发〔2019〕83号	2019年9月5日
教育部办公厅等七部门发布《关于教育支持社会服务产业发展 提高紧缺人才培养培训质量的意见》	教职成厅〔2019〕3号	2019年9月5日
国家卫生健康委办公厅关于印发阿尔茨海默病预防与干预核心信息的通知	国卫办老龄函〔2019〕738号	2019年9月17日
民政部印发《关于进一步扩大养老服务供给 促进养老服务消费的实施意见》	民发〔2019〕88号	2019年9月20日
人力资源社会保障部办公厅 民政部办公厅关于颁布养老护理员国家职业技能标准的通知	人社厅发〔2019〕92号	2019年9月25日
民政部关于印发《养老服务市场失信联合惩戒对象名单管理办法（试行）》的通知	民发〔2019〕103号	2019年10月25日
民政部办公厅关于进一步做好贫困地区农村留守老年人关爱服务工作的通知	民办函〔2019〕31号	2019年11月18日
民政部办公厅关于印发《养老服务质量信息公开标准指引》的通知	民办函〔2019〕137号	2019年11月27日
民政部、财政部、住房和城乡建设部、应急管理部关于印发《民办养老机构消防安全达标提升工程实施方案》的通知	民发〔2019〕126号	2019年12月18日
国家卫生健康委办公厅、民政部办公厅、国家中医药管理局办公室关于印发医养结合机构服务指南（试行）的通知	国卫办老龄发〔2019〕24号	2019年12月23日
国家市场监管总局、国家标准委关于批准发布《养老机构服务安全基本规范》国家标准的公告	2019年第16号	2019年12月27日
民政部关于加快建立全国统一养老机构等级评定体系的指导意见	民发〔2019〕137号	2019年12月31日
国家卫生计生委关于发布推荐性卫生行业标准老年人健康管理技术规范的通告	国卫通〔2015〕14号	2015年11月4日

附录B 常用服务标准一览表

标准名称	颁布文件或标准号	颁布实施时间
城镇老年人设施规划规范（2018年版）	GB 50437-2007	2008年6月1日
养老机构基本规范	GB/T 29353-2012	2013年5月1日
信息技术 用于老年人和残疾人的办公设备可访问性指南	GB/T 32417-2015	2017年1月1日
社区老年人日间照料中心服务基本要求	GB/T 33168-2016	2017年5月1日
社区老年人日间照料中心设施设备配置	GB/T 33169-2016	2017年5月1日
老年人照料设施建筑设计标准	JGJ450-2018	2018年10月1日
养老机构服务质量基本规范	GB/T 35796-2017	2017年12月29日
老年旅游服务规范 景区	GB/T 35560-2017	2018年7月1日
生态休闲养生（养老）基地建设和运营服务规范	GB/T 36732-2018	2019年4月1日
养老机构等级划分与评定	GB/T 37276-2018	2019年7月1日
国家市场监管总局、国家标准委关于批准发布《养老机构服务安全基本规范》国家标准的公告（2019年第16号）	GB 38600-2019	2022年1月1日
老年人社会福利机构基本规范	MZ 008-2001	2001年3月1日
养老机构安全管理	MZ/T 032-2012	2012年4月1日
老年人能力评估标准	MZ/T 039-2013	2013年10月1日
养老机构老年人健康档案技术规范	DB11/T1122-2014	2015年3月1日
老年机构社会工作服务指南	MZ/T 064-2016	2016年1月8日
疾病管理基本数据集第4部分：老年人健康管理	WS 372.4-2012	2012年9月1日
居家养老服务规范	SB/T 10944-2012	2013年9月1日
老年人健康管理技术规范	WS/T 484-2015	2016年4月1日
旅行社老年旅游服务规范	LBT 052-2016	2016年9月1日
养老服务认证技术导则	RB/T 303-2016	2017年6月1日
老年人膳食指导	WS/T 556-2017	2018年2月1日
养老服务常用图形符号及标志	MZ/T 131-2019	2019年12月12日
养老机构预防压疮服务规范	MZ/T 132-2019	2019年12月12日
养老机构顾客满意度测评	MZ/T 133-2019	2019年12月12日

附录C 职业教育老年专业国家级教学资源库

从2015年《教育部关于确定职业教育专业教学资源库2015年度立项建设项目及奖励项目的通知》（教职成函〔2015〕10号）到2018年《关于公布职业教育专业教学资源库2018年验收结果的通知》（教职成司函〔2018〕91号），老年服务与管理专业教学资源库建设工作在3年多1200多天、42所院校、54家行业企业、3家出版社共99家单位、近400人孜孜不倦的努力下，2018年7月5日，老年专业教学资源库建设工作（项目编号2015-6）终于迎来两个字——“通过”。

职业教育老年专业国家级教学资源库建设工作必将在推动职业教育教学改革，促进优质教学资源开发共享，带动教学方法和学习方式的变革，提高人才培养质量等方面发挥重要作用。

为有效推进该专业教学资源库的建设，根据老年服务与管理专业教学资源库建设总体方案要求，由北京社会管理职业学院、北京劳动保障职业学院和中国成人教育协会联合开展项目，设立

领导小组、秘书处、专业建设标准项目组、课程资源项目组、培训认证项目组、特色案例项目组、平台项目组、财务组、审计组和项目评估组等。资源库建成了“一大系统、四个服务群体（教师、学生、企业用户、社会学习者）、八大资源分库（专业园地、课题中心、微课中心、素材中心、培训中心、行业企业中心、品牌案例中心、拓展中心）、六种资源形式”组成的 36 门课程（其中学历课程 23 门，国际课程 2 门，培训包 10 个，乐龄大学堂综合课程 1 门）、980 门微课、2.45 万条素材、1.1 万条题目；注册学员 2.03 万人。

在课程方面，资源库建设课程与本专业创新课程联系紧密的网络在线学习资源有养老机构经营管理（http://www.icve.com.cn/portal/courseinfo?courseid=-oshabulqqtjxlnggwyxaa）、老年法律法规与标准应用（http://www.icve.com.cn/portal/courseinfo?courseid=cyleaegmtlbbx2q5ejhtga）、老年人活动策划与组织（http://www.icve.com.cn/portal/courseinfo?courseid=jvmfatans4vjddbeubaxaq）等。

智慧职教资源库平台（http://www.icve.com.cn/portal_new/portal/portal.html）

云课堂智慧职教 APP

智慧职教微信公众号

智慧职教资源库平台下的“老年服务与管理专业教学资源库”（http://www.icve.com.cn/portalproject/themes/default/sz-bah6llkhbygie7u79ja/sta_page/index.html?projectId=sz-bah6llkhbygie7u79ja）

智慧职教平台老年资源库

老年服务与管理专业资源库微信公众号

云课堂智慧职教 APP

老年福祉学院微信公众号

参 考 文 献

[1] 贾素平. 养老机构管理与运营实务 [M]. 2 版. 天津：南开大学出版社，2014.

[2] 许虹，李冬梅. 养老机构管理 [M]. 杭州：浙江大学出版社，2015.

[3] 江苏民康老年服务中心. 养老机构服务与管理实务 [M]. 南京：东南大学出版社，2017.

[4] 陆颖，冯晓丽. 全国养老服务机构实务管理指南 [M]. 北京：中国社会出版社，2011.

[5] 李传福. 养老机构经营管理实用手册 [M]. 上海：世界图书出版公司，2015.

[6] 黄明发. 长照机构经营与管理 [M]. 新北：杨智文化事业股份有限公司，2013.

[7] 刘慧冠，林秀真. 长照照护机构（安养、养护型）操作手册 [M]. 台北：双叶书廊有限公司，2014.

[8] 国家发展和改革委，民政部，全国老龄办. 走进养老服务业发展新时代 [M]. 北京：社会科学文献出版社，2018.

[9] 邹文开，赵红岗，杨根来. 全国健康养老保障政策法规和标准大全 [M]. 北京：化学工业出版社，2017.

[10] 杨根来. 老年政策法规与标准 [M]. 北京：北京师范大学出版社，2017.

[11] 杨根来. 日本介护福祉法规选编 [M]. 北京：中国财富出版社，2017.

[12] 邹文开，赵红岗，杨根来. 养老蓝皮书：中国养老产业和人才报告（2014-2016）[M]. 北京：北京师范大学出版社，2015.

[13] 臧少敏，杜庆. 老年人营养与膳食 [M]. 北京：中国人民大学出版社，2015.

[14] 王建军. 站位新时代加快老龄事业和产业发展 [J]. 中国民政，2017（24）.

[15] 杨根来. 职业院校：为老服务人才培养的主力军 [J]. 社会福利，2017（10）.

[16] 杨根来. 中国老龄政策法规建设 40 年成就概览 [N]. 中国老年报，2018-12-13.